国家社科基金高校思政课研究专项项目结项成果

高校思政课建设性和批判性相统一研究

RESEARCH ON THE UNITY OF CONSTRUCTIVENESS AND CRITICALNESS ON COLLEGE IDEOLOGICAL AND POLITICAL COURSE

孙宇伟 著

社会科学文献出版社
SOCIAL SCIENCES ACADEMIC PRESS (CHINA)

目 录

导　论

一　研究的目的和意义

习近平在学校思想政治理论课教师座谈会上提出推动思想政治理论课（以下简称思政课）改革创新要坚持“八个相统一”后，“坚持建设性和批判性相统一”问题便引起了学界的集中关注。“坚持建设性和批判性相统一”也就是传导主流意识形态与批判对青年学生产生不良影响的社会思潮和观点相统一，既是高校思政课的重要政治使命，也是高校意识形态工作和国家意识形态宣传工作的重中之重。而对高校思政课“坚持建设性和批判性相统一”有清晰的理论认知、历史认知、实践认知是做好这些工作的前提条件和基础。本研究要解决的是：立足高校思政课“坚持建设性和批判性相统一”所出现的问题，通过切实突出建设性的引领作用、增强批判性的解惑作用，探索立与破相交融的高水平统一方法，为思政课教学践行建设性和批判性相统一原则、落实立德树人的根本任务提供可行性建议。

二　基本概念的界定

青年学生：高校本科阶段大学生。

思政课：高校面向本科生所开设的思想政治理论课。

建设性：对青年学生传导主流意识形态。

批判性：批判对青年学生产生不良影响的社会思潮和观点。

三　国内外相关研究动态

（一）国内研究动态

在学校思想政治理论课教师座谈会提出思政课要“坚持建设性和批判性相统一”的概念和论断之前，高校思政课坚持建设性和批判性相统一问题就已引起学界关注，是用“传导主流意识形态和直面社会思潮相统一”的方式表达。2019 年 3 月 18 日，习近平在学校思想政治理论课教师座谈会上提出推动思政课改革创新要坚持“八个相统一”后，高校思政课建设性和批判性相统一遂成为学界集中关注的问题。国内学界近年对此问题的研究主要表现在以下几方面。

其一，提出建设性和批判性要统一。高校思政课是传导主流意识形态的主渠道和主阵地。同时，高校思政课要直面多元社会思潮提出的问题和带来的困惑（王易，2015）。

其二，关于建设性和批判性的概念。从思政课中具体表现看，建设性就是要传导主流意识形态，批判性就是要直面各种错误的观点和思潮（顾海良，2019）。从事物的性质而言，建设性，表现为积极促进事物发展；批判性，表现为富有洞察力、判断力、辨别力和敏锐智慧反思（卢黎歌、隋牧蓉，2019）。

其三，关于建设性和批判性的关系。建设性和批判性的关系本质上是立和破的关系（康沛竹、艾四林，2019）；建设性侧重思政课对主流意识形态发展发挥“立”的功能，而批判性侧重思政课对意识形态领域错误观点和思潮发挥“破”的功能（卢黎歌、隋牧蓉，2019）。

其四，关于高校思政课建设性和批判性相统一的必要性。高校思政课的本质要求建设性和批判性相统一，因为批判性既是马克思主义理论的本质特征，也是理论联系实际原则的重要体现（陈锡喜、刘伟，2019）。

其五，关于高校思政课建设性和批判性相统一的方法。在强化问题意识中坚持正确导向是实现两者相统一的可行路径（陈锡喜、刘伟，2019）。

其六，关于建设性和批判性相统一的具体措施。学界目前主要从学科建设、教师素养、学生培养等方面落实建设性和批判性相统一原则。从学科建设来看，马克思主义理论学科须明确并强化其资政育人的功能（陈锡喜、刘伟，2019）。从教师素养来看，一方面，要具备强有力的理性思辨能力和理论鉴别能力，做到理论上“强大”（张雷声，2019），要强化对马克思主义理论的真学、真懂、真信、真用（陈锡喜、刘伟，2019）；另一方面，要敢于直面各种错误观点和思潮，敢于亮剑（康沛竹、艾四林，2019），在讲课时把传道、授业和解惑相结合，旗帜鲜明地批判错误思潮，有的放矢地开展教学（林泰，2019）。从学生培养来看，要引导大学生对社会问题和错误思潮持科学批判精神（陈锡喜、刘伟，2019），要将批判发展为自我批判、自我反思和自我控制的精神状态，以人的自我发展为最终目的，形成长期有效的自我教育模式（徐春艳、项久雨，2013）。

（二）国外研究动态

国外学者很少直接关注我国高校思政课如何坚持建设性和批判性相统一，其所关注的大多与建设性相关，研究主要围绕我国高校积极传导主流意识形态的做法展开。

原哈佛大学燕京学社社长裴宜理（Elizabeth J. Perry）教授在其论文《当代中国的文化治理：重新确定党的宣传》（Cultural Governance in Contemporary China：“Re – Orienting” Party Propaganda）中对中国政府和高校合力推进爱国主义和民族传统文化教育表示赞同。澳大利亚莫纳什大学研究全球高等教育的专家安迪瑞·奥斯曼（Andrys Onsman）在《高等教育政策与管理》（*Journal of Higher Education Policy & Management*）上发文指出，鼓励奉献和为国家服务的儒家思想可以被视为区分中国高校与全球其他高校的特色思想资源。卡内基国际和平基金会中国项目访问学者约书亚·科兰滋克（Joshua

Kurlantzick）认为，中国政府在中国高等教育中积极推动中国传统文化传播是提高中国文化软实力的重要做法之一。美国波特兰州立大学荣誉教授万安玲（Linda Walton）在《现代中国》（*Modern China*）杂志上撰文指出，中国在发展过程中注重群众特别是青年群体的爱国主义教育，很多地方政府建立了地方的爱国主义教育基地，学校也经常在这些地点开展教育活动，并将这些活动纳入学校的道德教育课程中。

（三）相关研究述评

以上研究成果对本课题研究具有重要借鉴和启迪意义。但总体来看，在着力点上，对高校思政课建设性和批判性相统一的微观精细研究尚不多见，基本表现为对“八个统一”的宏观阐释。对建设性和批判性概念的研究，尚停留在对“3·18”讲话文本本身的词典意释阶段；对高校思政课建设性和批判性相统一具体措施的研究，多是从批判性角度展开，处于“应然”状态。高校思政课建设性和批判性相统一亟须从政治要求落实到学术研究层面、从宏观解读走向微观深化性阐释。

从学术角度看还有以下几个方面亟待强化。其一，研究的深度和广度存在拓展空间。建设的具体内容和批判的具体内容是什么？评价建设性的依据是什么？评价批判性的依据是什么？统一的总体思路是什么？建党百年来建设性和批判性相统一的历程、规律和启示有待挖掘，建设性和批判性相统一在新时代的实践逻辑有待研究；建设性和批判性相统一中建设的具体方法、批判的具体方法、“破与立”相结合的具体方法有待展开；当下如何在有效方法的指引下突出建设性和批判性有待详细论述。其二，还有一些方面存在争议。研究统一只侧重强调批判性，这是否就是正确思路和对策？教材上主流意识形态内容比较多、课堂上教师讲授主流意识形态内容比较多和建设性就做得好，是不是一个概念？批判性突出强调批判错误观点和思潮，那么要不要批判其他对青年学生产生不良影响的落后、消极的社会观点和思潮？本课题立足学术需求，坚持问题导向，重点对建设性和批判性相统一的理论蕴涵、历史逻辑、实践逻辑、科学方法等进行深入的学理性阐释，以此为基础回应争议问题。

四　主要内容和重要观点

（一）主要内容

一是高校思政课建设性和批判性相统一的理论蕴涵研究。明确高校思政课建设性的含义、目的、对象、评价依据和要注意的问题；明确高校思政课批判性的含义、目的、对象、评价依据和要注意的问题；分析高校思政课建设性和批判性相统一的必要性、思路、目标和方法论。

二是高校思政课建设性和批判性相统一的历史逻辑研究。梳理百年来高校思政课建设性和批判性相统一经历的发展阶段；提炼百年来高校思政课建设性和批判性相统一的历史规律；总结百年来高校思政课建设性和批判性相统一的经验启示。

三是高校思政课建设性和批判性相统一的实践逻辑研究。分析高校思政课建设性和批判性相统一的实践要求；提出高校思政课建设性和批判性相统一的实践方向。

四是高校思政课建设性和批判性相统一的科学方法研究。详细分析如何切实凸显高校思政课建设性的引领作用；详细分析如何自觉强化高校思政课批判性的解惑作用；详细分析如何积极促进高校思政课“立”与“破”相统一。

五是以问题意识为导向加强主流意识形态建设研究。逐一阐释问题意识导向下如何向青年学生传导马克思主义、共产主义远大理想、中国特色社会主义共同理想、社会主义核心价值观和中华优秀传统文化。

六是立足建设性加强对具体社会观点和思潮的分析批判研究。分析历史虚无主义、民族主义、丧文化、佛系文化和内卷化对青年学生成长成才的影响、原因并给予科学批判和引导。

（二）重要观点

一是要准确理解和把握高校思政课建设性的评价依据。习近平总书记在学校思想政治理论课教师座谈会讲话中提出“坚持建设性和批判性相统一”后，理论界在对建设性做各种研究和阐释的时候，提出了一些观点。对于高校思政课的建设性效果，还存在争议。一些专家学者很少谈建设性甚至不谈建设性，通篇谈批判性。他们默认当下思政课的建设性强而批判性弱，坚持高校思政课建设性和批判性相统一亟待增强批判性。要承认近年来各种社会思潮和社会问题的涌现对思政课的批判性提出了较高要求和期待，但同样不能忽视思政课传导主流意识形态中存在的问题。要对建设性的评价依据形成清晰的认识。例如，教材上主流意识形态内容比较多、课堂上教师讲授主流意识形态内容比较多和建设性效果好不是一个概念。习近平总书记在学校思想政治理论课教师座谈会讲话中用“传导主流意识形态”对建设性进行详细阐释，就说明建设性不是单方面强调传递主流意识形态这一过程，还表现为阐释主流意识形态真理性并获得效果，“传导”一词更强调和注重思政课教学效果。评价建设性时要全面考虑这些要素。不能仅把建设过程或者教材载体的建设性知识量作为建设性做得好不好的评价依据。

二是要准确理解和把握高校思政课所“批判”的对象。从对高校青年学生的影响来看，思想舆论领域黑色地带的错误社会思潮和观点、灰色地带的消极社会思潮和观点等，都在不同程度上影响青年学生对马克思主义、共产主义、中国特色社会主义和社会主义核心价值观等主流意识形态的政治认同。因此，发挥立德树人关键课程作用，对青年学生理想信念进行“全方位”的有力引导，就要批判黑色地带、争取灰色地带、扩大红色地带。目前学界一些研究认为高校思政课坚持批判性就是要直面思想舆论领域黑色地带的各种错误社会思潮和观点。这种观点忽视了思想舆论领域灰色地带的消极社会思潮和观点，没有将批判性的对象概括全面。高校思政课坚持批判性要紧密围绕对青年学生影响较大的社会思潮和观点，体现内容的针对性，既批判反对社会主义主流意识形态、颠覆社会主义制度、反对共产党领导的黑色地带错误社会思潮和观点，又批判充斥消极情绪，宣扬民族主义、“丧文化”、“佛系文化”的灰色地带消极社会思潮和观点。对影响青年学生的不良思潮和观点进行全面的批判，这是当今意识形态领域的复杂性对高校思政课坚持建设性和批判性相统一提出的现实要求，也是将高校思政课建设性和批判性相统一从政治层面落实到学术研究中的现实要求。

三是要准确把握高校思政课坚持建设性和批判性相统一的历史逻辑。虽然“坚持建设性和批判性相统一”的论断是在新时代由以习近平同志为核心的党中央明确提出，事实上“坚持建设性和批判性相统一”的原则已经实际地贯穿高校思政课建设的整体历史进程之中。对高校思政课的起点界定是一个需要澄清的前置问题。研究发现，新民主主义革命时期中国共产党创办的新式高等教育学校在专业设置、学生来源、教师队伍等方面已经具备普通高校的形式、特征和水平，政治课的开设是新式高等教育学校区别于旧式高校的显著标志。习近平总书记在学校思想政治理论课教师座谈会上也强调：“我们党历来高度重视思政课建设。在革命、建设、改革各个历史时期，我们党对思政课建设都作出过重要部署。”[①] 所以，“坚持建设性和批判性相统一”是中国共产党成立百年来不断推进高校思政课建设的宝贵经验，贯穿从新民主主义革命时期中国共产党在新式高等教育学校中开设政治课到新时代高校思政课改革创新的过程之中，经历了孕育、探索、发展、成熟四个发展阶段。在百年来的历史进程中，高校思政课建设性和批判性相统一取得了以马克思主义为指导、服务党的主要任务、立足具体实际的宝贵历史经验。在新

---

① 习近平：《思政课是落实立德树人根本任务的关键课程》，《求是》2020 年第 17 期。

的历史起点上，高校思政课建设性和批判性相统一要进一步汲取历史经验，坚持守正创新，不断彰显马克思主义的思想伟力、切实落实“立德树人”根本任务、强化问题导向。

四是要深刻认识新时代思政课坚持建设性和批判性相统一的实践要求和实践方向。坚持建设性和批判性相统一，既是新时代的时代要求，也是我国意识形态建设工作的要求，立足高校思政课本身发展的要求，立足青年学生健康发展的要求。归根结底，高校思政课的教学对象是青年学生，高校思政课的教学出发点是关心青年学生、培育青年学生和赢得青年学生，高校思政课的教学成效也需要由青年学生的培养质量来呈现，因此要明晰高校思政课建设性和批判性相统一的实践方向，从根本上讲就是要回答好高校思政课培养什么人、怎样培养人以及为谁培养人这一根本问题；具体而言，高校思政课建设性和批判性相统一的实践方向，就是要统一于思政课立德树人的根本任务、统一于着力培养担当民族复兴大任的时代新人、统一于德智体美劳全面发展的人才培养目标。

五是有针对性地提出高校思政课坚持建设性和批判性相统一的科学方法。教育部发布的《2020 年全国高等学校名单》显示，截至 2020 年 6 月 30 日，全国高等学校共计 3005 所。这 3005 所高校层次不一，思政课学科建设水平不同，十万名专职和兼职思政课教师的政治信仰、学历结构、学缘结构、职称结构、教龄、人生经历存在差异，授课水平也不尽一致。总体上，高校思政课建设性比批判性做得好。但在具体的高校思政课改革创新中涉及众多层次的学校和教师，无论是建设性还是批判性以及两者的统一都有进一步提升改进的空间。要深刻认识到当前高校思政课建设性方面“反向建设”“不会建设”“不愿建设”“应付型建设”“单向输出型建设”“迎合型建设”“一刀切建设”“僵化建设”“滞后建设”“建设不协同”现象或多或少存在。这些问题导致思政课建设性引领力不强，需要在深刻分析问题形成原因的基础上找出应对方案。要以注重阐释真理性、有学理支撑地建设，体现实效性、有价值引领地建设，强化针对性、有的放矢地建设，增强协同性、多方面共同建设的方法，全面突出高校思政课建设性引领作用。同时，还要深刻认识到当前高校思政课批判性方面不同程度存在着“反向批判”“不愿批判”“不会批判”“不敢批判”“为了批判而批判”“无鉴别批判”“情绪化批判”“无依据批判”等问题。这些问题导致思政课批判性解惑力不足，要在深刻分析问题形成原因的基础上找出应对方案，切实做到增强主动性、提升批判性地位，坚定政治性、及时地批判，突出方向性、有价值导向地批判，体现科学性、科学有效地批判，不断提升高校思政课批判性的解惑力。此外，思政课还存在着建设性和批判性统一融合水平不高的问题，限制和影响了思政课育人的效果。所以，建设性和批判性相统一不能满足于立与破两者简单相加，要倡导在思政课中实现立与破相融合、破转向立的高级水平的统一。

六是高校思政课具体如何实现建设性和批判性相统一。建设性和批判性相统一，要求在坚持建设性时融合批判性思维、做到以问题为导向，“对症下药”“有强烈针对性”。主流意识形态理论必须要有观照现实、解释现实的能力。研究真问题、解释真问题是主流意识形态理论的重要任务之一。所以，传导好主流意识形态，前提是一定要研究、把握思政课容易“跑偏”“忽视”的问题，不回避问题，敢于直面问题。传导好主流意识形态，也一定要把握青年学生的思想动态，学生点什么，教师端什么。总之，加强对主流意识形态的建设，必须突出问题意识，特别要注意紧密结合当下思政课出现的问题，紧密结合青年学生困惑的问题。从这一视角出发，本研究就高校思政课如何以问题意识为导向传导好马克思主义、共产主义远大理想和中国特色社会主义共同理想、社会主义核心价值观、中华优秀传统文化分别加以具体论述；同样，建设性和批判性相统一，要求在坚持批判性时立足建设性，真正实现批判性工作“立”的目的。习近平总书记在全国高校思想政治工作会议上强调：“做好高校思想政治工作，要因事而化、因时而进、因势而新”。坚持高校思政课的批判性，也要因事而化、因时而进、因势而新。2021 年版思政课教材对给青年学生造成不良影响的拜金主义、享乐主义、极端个人主义等错误思潮已经进行了批判，所以本研究本着有重点地进行补充的原则对以上社会思潮和观点不再赘述，而选取当下对青年学生影响较大的、高校思政课亟须积极回应的历史虚无主义、民族主义、“丧文化”、“佛系文化”、“内卷化”逐一进行分析与理性批判。这对增强青年学生对马克思主义、共产主义远大理想和中国特色社会主义共同理想、社会主义核心价值观等主流意识形态的认同，培育担当民族复兴大任的时代新人，具有较强的针对性和现实意义。

五　研究重点难点

重点：对建设性和批判性相统一的理论蕴涵进行宏观与微观、政治性与学理性的分析，澄清对基本问题的一些错误认识和片面认识。

难点：通过对当前高校思政课建设性和批判性相统一出现的问题进行全面考证，提出建设性的科学方法、批判性的科学方法以及两者融合统一的科学方法，并对当前高校思政课具体如何实现两者统一进行科学论证。

六　学术价值和应用价值

（一）学术价值

建设性和批判性相统一，指明了高校思政课意识形态建设的目标任务和基本原则。深入研究建设性和批判性相统一的理论蕴涵、历史逻辑和实践逻辑，全面考证高校思政课落实建设性和批判性相统一出现的问题，详细论证要采取怎样的总体思路来解决问题、怎样科学地应用方法来实现目标、怎样具体地进行建设和批判。此课题对高校思政课意识形态建设研究有着重要学术价值：有助于延展学界对思政课建设性和批判性相统一的理论界定；有助于总结提炼百年来高校思政课意识形态建设的历史经验和现实启示；有助于凸显中国特色社会主义新时代高校思政课意识形态建设的时代性和方向性；有助于形成对新时代高校思政课如何讲意识形态的理性认知，同时进一步丰富和深化思政课改革创新“八个相统一”的整体研究内容。

（二）应用价值

当前高校意识形态工作面临的最根本问题就是如何赢得青年学生。本研究对于深刻认识思政课在意识形态建设中的诸多问题，“对症下药”“有的放矢”地健全完善改革创新的政策体系、提高高校思政课科学传导主流意识形态和引领多样化社会思潮的教学实效，提升思政课教师教书育人能力素质，提升高校思政课课程质量和水平，落实思政课立德树人的本质要求，坚持不懈用习近平新时代中国特色社会主义思想铸魂育人，有着重要现实价值和指导意义。本成果能够为各高校落实思政课建设性和批判性相统一原则提供科学依据与对策建议，为做好高校青年学生的意识形态工作提供决策参考。本成果能够为高校思想政治工作做细做实、为一线思政课教师掌握授课方法和提高授课水平提供一定的理论参考和思路借鉴。本成果能够帮助普通读者深入理解思政课建设性与批判性的相关理论，正确认识传导主流意识形态和批判各种不良社会思潮的重要理论和现实意义，坚定政治立场，为建设社会主义现代化强国凝心聚力。

第一章
高校思政课建设性和批判性相统一的理论蕴涵

“坚持建设性和批判性相统一”在“八个相统一”中占有重要地位。研究高校思政课建设性和批判性相统一，首先要对“建设性和批判性相统一”中的基本要素和亟须注意的、带有普遍意义的重点问题有清晰的认识和把握。这是对高校思政课建设性和批判性相统一进行深入研究的前提基础。

第一节　高校思政课的建设性

研究高校思政课的建设性要回答清楚建设性的含义、目的、对象和评价依据，也就是什么是建设性、为什么要建设、建设什么、怎么来评价建设性的效果。同时，要进一步掌握思政课坚持建设性过程中要注意的问题。

一　高校思政课建设性的含义及目的

建设性是指对事态的正常发展有促进作用的性质，即积极促进事物发展的性质。生活中我们经常听到的有关建设性的描述是，针对某个问题或者某件事情给出建设性意见，即提出可以解决问题的方法或指引事物发展的意见。习近平总书记在学校思想政治理论课教师座谈会讲话中提出思政课"坚持建设性和批判性相统一"，这里的建设性是基于思政课改革创新要求提出的概念，即要发挥好思政课积极传导主流意识形态、开展强大的正面思想教育的作用，把党和国家的声音向青年学生传导好，把社会主义主流意识形态向青年学生传导好。坚持思政课建设性，着重强调的是思政课要在形形色色、纷繁复杂的多元意识形态现象中坚持传导并且传导好一元主流意识形态，坚决反对淡化、边缘化、解构思政课的意识形态性、政治性与思想性的现象。这要求每位思政课教师心怀信仰，政治立场坚定，守好自己的意识形态"责任田"，敢于讲主流意识形态，乐于讲主流意识形态，理直气壮地传导主流意识形态，充分彰显以马克思主义为指导的社会主义主流意识形态的真理性和吸引力。高校思政课坚持建设性的目的是培养青年学生的建设性思维，增强青年学生对主流意识形态的价值认同，引导青年学生掌握并运用马克思主义的立场、观点、方法分析和解决问题，促使青年学生成为信念坚定、志存高远、脚踏实地、具有时代责任意识和历史使命感的"时代新人"。

二　高校思政课建设性的对象和评价依据

要准确理解和把握高校思政课建设性的对象。党的十八大以来，习近平总书记站在治国理政和定国安邦的高度，多次强调意识形态工作是党的一项极端重要的工作，牢牢掌握意识形态工作的领导权、管理权、话语权是新的历史条件下伟大斗争中极其重要的一部分。党的十九大报告再次强调："牢牢掌握意识形态工作领导权"，"意识形态决定文化前进方向和发展道路"，[①]"必须坚持马克思主义，牢固树立共产主义远大理想和中国特色社会主义共同理想，培育和践行社会主义核心价值观，不断增强意识形态领域主导权和话语权，推

① 习近平：《决胜全面建成小康社会 夺取新时代中国特色社会主义伟大胜利——在中国共产党第十九次全国代表大会上的报告》，人民出版社，2017，第41页。

动中华优秀传统文化创造性转化、创新性发展，继承革命文化，发展社会主义先进文化，不忘本来、吸收外来、面向未来，更好构筑中国精神、中国价值、中国力量，为人民提供精神指引”[①]。《习近平新时代中国特色社会主义思想学习纲要》指出：“在意识形态斗争上，我们没有任何妥协退让的余地，必须取得全胜。必须高举马克思主义、中国特色社会主义伟大旗帜，巩固马克思主义在意识形态领域的指导地位，巩固全党全国人民团结奋斗的共同思想基础，建设具有强大凝聚力和引领力的社会主义意识形态，建设具有强大生命力和创造力的社会主义精神文明，建设具有强大感召力和影响力的中华文化软实力。”[②] 党的十八大以来，习近平总书记关于意识形态工作的一系列重要论述，为我们全面把握思政课进行主流意识形态教育的内容提供了指导和依据。

可以看出，传播马克思主义理论、进行理想信念教育、培育和践行社会主义核心价值观、传承和弘扬中华优秀传统文化等是高校思政课进行主流意识形态教育的重要内容。其中马克思主义在党和国家意识形态领域中占据指导地位，是主流意识形态的旗帜；共产主义远大理想和中国特色社会主义共同理想是全党全国人民团结奋斗的共同思想基础，是主流意识形态的信念引领；社会主义核心价值观是当代中国精神的集中体现，是中国特色社会主义的价值表达，是主流意识形态的基础工程；中华优秀传统文化是中华民族的魂和根，是中国特色社会主义根植的文化沃土，也是孕育主流意识形态的文化沃土。青年学生的建设性思维和行动不会自发产生。要炼就“时代新人”的“崇高信仰之心”“金刚不坏之身”，必须发挥好高校思政课传导主流意识形态、坚定青年学生理想信念、增强青年学生使命担当的作用。

---

① 习近平：《决胜全面建成小康社会 夺取新时代中国特色社会主义伟大胜利——在中国共产党第十九次全国代表大会上的报告》，人民出版社，2017，第 23 页。

② 《习近平新时代中国特色社会主义思想学习纲要》，学习出版社、人民出版社，2019，第 140 ~ 141 页。

要对建设性的评价依据形成清晰的认识，慎重分析评价建设性做得好不好的相关因素。要全面考虑到建设性是传递主流意识形态、阐释主流意识形态真理性和获得效果的统一。建设性具体来说是指“传导主流意识形态”。“传导”一词中“传”是指传播、宣传，“导”是指带领、指引和启发。“传导”一词既强调思政课要传播、宣传主流意识形态，又强调了思政课传播、宣传主流意识形态要起到指引、带领、启发青年学生的效果。思政课体现建设性的方法和课程效果是评价建设性时要重点考虑的因素。不能只把思政课传播、宣传主流意识形态的内容或者教材知识作为评价建设性效果的依据。所以，尽管思政课建设性的内容一直受到关注，思政课教材建设性的知识量也一直非常丰富，但不能因此就对思政课的建设性进行全面肯定。特别是目前学界有一些观点，在论述“建设性和批判性相统一”时，忽视思政课建设性的方法和教学效果出现的问题，只谈批判性的问题，这是值得注意的。

三　坚持建设性要注意的问题

（一）注意讲清主流意识形态政治性与科学性的统一

要从理论上说清楚主流意识形态的科学性和学理性。思政课的名称中内在包含了“思想”“政治”两个词，那么主流意识形态是不是只具有思想性和政治性而没有学理性和科学性？加之受一些社会不良风气的影响和个别高校老师对思政课的错误演绎，学生会产生传播主流意识形态只是政治宣传、主流意识形态没有学理性和科学性的错误认识。毛泽东曾强调：“科学研究的区分，就是根据科学对象所具有的特殊的矛盾性。因此，对于某一现象的领域所特有的某一种矛盾的研究，就构成某一门科学的对象。”① 杨瑞森教授也曾指出：“关于马克思主义理论教育中的思想性政治性同理论性科学性的

---

① 《毛泽东选集》第1卷，人民出版社，1991，第309页。

关系问题，作为教改中的深层次认识问题和政策导向问题，仍需进一步地深入研究和解决。……至今我们高校一些领导同志常常把马克思主义理论教育工作中的思想性政治性同理论性科学性对立起来或割裂开来，不把马克思主义理论教育视为严格的科学或学科，认为只是为维护学校和社会稳定的‘思政课’”。① 我们要引导学生认清马克思主义、共产主义远大理想等主流意识形态的科学性，认清主流意识形态这一科学理论与具体科学的区别。主流意识形态这一科学理论与具体科学的区别主要表现为研究对象和检验方式不同。具体科学以世界的某一特殊领域的具体规律作为自己的研究对象。主流意识形态是同党和国家密切相关、解决人民信仰问题的科学理论，其以整体的、普遍的、变化发展的事物和人的历史活动及其产物、人的政治活动、道德品质等作为确定的客观研究对象，形成了自己固有的理论体系。其学理普遍性突出、政治站位高，指导性意义重大。例如，马克思主义理论中的马克思主义哲学着重研究自然界、人类社会、人类思维的最一般规律，研究对象具有一般性和普遍性的特征。一方面，马克思主义哲学以各门具体科学为基础，并不断从具体科学的最新成果中吸取养料来丰富自己。另一方面，马克思主义哲学又为各项具体科学研究提供了世界观和方法论的指导。在检验方式上，马克思主义哲学的检验不限于田野调查、实验室及相关数据精确测算，主要由社会历史发展等宏观实践来实现。人类发展的历史特别是中国百年发展的历史已经表明，包括马克思主义在内的主流意识形态的科学性得到充分检验。习近平总书记强调：“在人类思想史上，就科学性、真理性、影响力、传播面而言，没有一种思想理论能达到马克思主义的高度，也没有一种学说能像马克思主义那样对世界产生了如此巨大的影响。这体现了马克思主义的巨大真理威力和强大生命力，表明马克思主义对人类认识世界、改

① 杨瑞森：《把思想性政治性同理论性科学性更紧密地结合起来》，《思想理论教育导刊》2019 年第 1 期。

造世界、推动社会进步仍然具有不可替代的作用。”①

（二）注意讲清传导主流意识形态并不是“中国特色”

部分青年学生有时会持有一些错误认识，认为修读思政课，学习主流意识形态，是中国特有的教育现象，是一种“洗脑”教育，而西方发达资本主义国家倡导言论自由，并没有形成较为集中的主流意识形态或者对国家主流意识形态传播并不重视，从而产生反感。知乎上有这样一句话，“其实当你发现或感觉自己被一群人洗脑时，那么恭喜你，你被另一群人洗脑了”。基于此，高校思政课教师在传导主流意识形态时，务必要向学生讲清楚，古今中外，无论何种社会制度的国家，在意识形态领域都存在主流意识形态，其指导思想都是一元的。“统治阶级的思想在每一时代都是占统治地位的思想。这就是说，一个阶级是社会上占统治地位的物质力量，同时也是社会上占统治地位的精神力量。支配着物质生产资料的阶级，同时也支配着精神生产资料。”② 主流意识形态是国家上层建筑的重要内容，为巩固和完善其社会制度提供理论指引、价值导向和精神支撑。正如习近平总书记2018 年5 月2 日在北京大学师生座谈会上的讲话中指出的那样，“古今中外，关于教育和办学，思想流派繁多，理论观点各异，但在教育必须培养社会发展所需要的人这一点上是有共识的。培养社会发展所需要的人，说具体了，就是培养社会发展、知识积累、文化传承、国家存续、制度运行所要求的人”。“古今中外，每个国家都是按照自己的政治要求来培养人的，世界一流大学都是在服务自己国家发展中成长起来的。”③ 可见，我国高校思政课宣传社会主义意识形态是与我国的社会主义政治制度相一致的。不断完善的中国特色社会主义制度对高校思政课教育工作提出了宣传社会

---

① 《习近平谈治国理政》第二卷，外文出版社，2017，第65 页。

② 《马克思恩格斯选集》第1 卷，人民出版社，2012，第178 页。

③ 习近平：《在北京大学师生座谈会上的讲话》，人民出版社，2018，第5 ~6 页。

主义意识形态的客观要求，这也反映出自古及今任何国家在教育目的认识问题上的共同规律。在当今西方发达资本主义国家，虽然各种社会思潮争相涌动，但任何主张改变资本主义社会制度的思想，都会受到攻击和限制，更不允许占主导地位。而且，西方发达资本主义国家不断地在青年学生中积极传播其主流意识形态。例如，美国开展公民教育，“美国从建国之初就十分重视公民教育。公民教育是支撑美国民主政治的重要基石，承载着培养美国民众国家精神、民主价值观念和公民意识的历史使命”。美国公民教育具有“目的的隐蔽性、内容的渗透性和方式的实践性等显著的特征”。[①] 当前美国的公民教育主要包括公民知识教育、公民技能教育、公民意向教育等内容。公民知识教育主要向学生介绍美国的国体、政体、国家与公民的关系、公民的权利和义务等。公民技能教育主要培养学生的思维判断能力与政治参与能力。公民意向教育则主要帮助学生树立美国的价值观、道德观。美国的公民教育具有参与广泛、注重隐性与渗透教育等特点。美国的学校、家庭、政党、社会都是公民教育的参与者。同时，公民教育渗透于各人文、社会科学课程之中，渗透于社区活动之中，其重视用“隐蔽课程”（hidden curriculum）来对学生进行政治观、价值观的教育。“在宣传方面，西方国家是很有一套的。他们表面上反对搞宣传，实际上搞起来比谁都更来劲、更在行、更不择手段，只是他们千方百计掩盖，做‘看不见的宣传’。事实上也确实这样，西方国家的策略就是让上乘的宣传看起来要像从未进行过一样，使最好的宣传要让被宣传对象沿着你所希望的方向走，却认为是自己在选择方向。”[②]

（三）注意讲清传导主流意识形态与发展个体思维能力并不冲突

以“00后”为主体的新时代青年学生，有着比较强烈的个性特

---

① 陈正桂：《美国公民教育的特征及对我国思想政治教育的启示》，《思想政治教育研究》2010年第3期。

② 朱继东：《新时代党的意识形态思想研究》，人民出版社，2018，第236～237页。

征。在中国特色社会主义进入新时代后，人们对美好生活的追求更加不局限于物质，而是体现为对精神、文化、公平正义、生态环境等方面追求的“全面开花”。其中，青年学生非常注重个体能力的发展，比较排斥一些“低调”和压抑自我的观念，而突显自我、张扬自我的意识逐渐增强，包括个体思维能力、个体选择能力在内的“个性”展现被不断重视。这在一定程度上体现了青年学生对自我尊严的维护和个人价值实现的要求。与此同时，在西方资本主义“个人主义”“解构主义”等社会思潮的传播和渗透下，加之一些高校思政课的“填鸭式”“宣传式”教学容易使青年学生误认为思政课传导主流意识形态就是要自己被动接受一些政治观点，是强制性地对其去“个体化”思维、抹杀个体思维能力的过程。这使学生对主流意识形态产生抵触、排斥心理，不利于思政课“立德树人”目标的实现。思政课要注意讲清传导主流意识形态与发展个体思维能力并不冲突，发展个体思维能力与主流意识形态对人的影响、塑造是辩证统一的。马克思曾强调：“人是一个特殊的个体，并且正是他的特殊性使他成为一个个体，成为一个现实的、单个的社会存在物，同样，他也是总体，观念的总体，被思考和被感知的社会的自为的主体存在”。[①] 人是社会的主体，社会是人的社会。思政课传导主流意识形态，对学生进行思想教育、政治教育、道德教育等，目的是要培养勇于承担时代责任、社会责任的社会主义建设者和接班人。其中尊重和培养个体思维能力是基础，特别是国家发展处于重大的“战略机遇期”，只有尊重与培养青年学生的个体思维能力，增强青年学生创新意识和创新能力，中国特色社会主义才能得到更加快速的发展和更加持续的进步。所以，培育大学生主体意识、独立人格和个体思维能力是思政课的重要功能之一。十七大报告在强调思想政治教育的基本内容时也指出：“加强和改进思想政治工作，注重人文关怀

① 《马克思恩格斯全集》第3卷，人民出版社，2002，第302页。

和心理疏导，用正确方式处理人际关系。”[①] 这意味着，心态教育和人际关系教育等同样成为思想政治教育的重要内容。思政课也要注意传导主流意识形态的方式。在进行主流意识形态教育时，可以多用一些讨论－引导双向互动的教育形式，使学生在自我表达中、朋辈分享中、与老师的互动中对社会主义意识形态形成较为全面客观的认识，培育好青年学生自觉主动接受思想政治教育的教学环境；也要在传导主流意识形态时鼓励学生以多种多样的形式全方位展现自己德、智、体、美、劳方面的闪光点，避免学生产生“主流意识形态教育仅强调‘德’育、束缚人的个性发展”的错误观点。与此同时，要引导青年学生认识到，尊重个体思维能力不等于崇尚“个人主义”。社会主义教育尊重和促进每一个人全面发展，其主旨是主张建立人与人合作之上的“社会”。而西方资本主义所宣扬的“个人主义”的本质是对私利的追逐和无限度的个人自由，这是一种对自己、对家庭、对社会都有害无利的错误价值观和人生观。

（四）把握好贴近青年学生、贴近生活、贴近社会的传导原则

现代青年学生对主流意识形态接受度低的原因表现为以下两个方面。一是由于受自媒体去深度化、去中心化、反权威化的影响，有些青年学生认为“信仰”“正能量”“榜样”“经典”“崇高”几乎就等于“虚假”“古板”“神化”“遥不可及”，反而对“低能量”“负能量”“解构崇高”“媚俗”感兴趣。二是一些思政课对主流意识形态“僵化传播”，无法吸引学生接受和认同主流意识形态。为了迎合青年学生的“口味”，个别思政课甚至以传播历史人物的隐私、缺点和错误来吸引学生，用一些低俗的语言、低劣的手段解构主流意识形态，导致主流意识形态无法发挥正确价值导向的作用。思政

① 胡锦涛：《高举中国特色社会主义伟大旗帜 为夺取全面建设小康社会新胜利而奋斗——在中国共产党第十七次全国代表大会上的报告》，人民出版社，2007，第 35 页。

课要坚决反对“解构崇高”，要注意处理好反对“解构崇高”与贴近青年学生、贴近生活、贴近社会的关系，把握好贴近青年学生、贴近生活、贴近社会的原则。“喜闻乐见”不能走样为“歪曲迎合”“媚俗化”，“生活化”不能走样为“庸俗化”“矮化”“黑化”，“社会化”不能走样为以社会问题为噱头，专挑“低能量”“负能量”传播。坚持好主流意识形态贴近青年学生、贴近生活、贴近社会的原则，重要的是要处理好“抽象”理论和“具体”的关系。例如，要讲清楚主流意识形态理论与主流意识形态理论主要创立者所处时代环境、人物成长经历和人物性格的关系。主流意识形态理论主要创立者和其他历史人物都是有血有肉的社会的人、鲜活的人、具体的人和普通的人。注意挖掘主流意识形态理论的“鲜活”与“生命力”。也要注意将主流意识形态理论与其产生的时代背景和时代需求结合起来讲，不要就理论讲理论，而是要从历史逻辑、实践逻辑的角度去阐述主流意识形态理论。

（五）把握好创新主流意识形态传导方式的原则

“00后”青年学生群体是在物质相对富足的环境中成长起来的，其精神生活也较为丰富，而主流意识形态普遍表现为相对严肃的政治话语，例如思政课某些“文件化”的教材内容，对青年学生的吸引力相对有限。尤其是当一些思政课仅采用单一的讲授形式宣传主流意识形态时，其结果是非但不能收到建设性的效果，反而容易起到相反的作用，给学生造成强行灌输的错觉。所以，要以时代的眼光和创新的精神去推动创新思政课的主流意识形态传导工作。在传播的媒介载体上，可以从青年人感兴趣的歌曲、动漫、动画、漫画、小说、影视剧、小视频、公众号文章等生活元素切入。以青年学生乐于接受、便于参与的方式激发青年学生的兴趣，打通走进青年学生、对青年学生进行宣传和教育的“最后一公里”。要坚持做到着力扩展传播载体、千方百计拉近与学生的距离，吸引学生的眼球和耳朵，从入眼、入耳到进一步入脑、入心。同时思政课需要注意的是，歌曲、动漫、动画、漫画、小说、影视剧、小视频、公众号文章作为载体可以充分利用，但要充分考察其所表现内容的客观性、精准性和全面性。党和国家主流媒体之外的一些文化作品，兼顾了艺术性、思想性和政治性。思政课可以运用其艺术性拉近与学生的距离，吸引学生的眼球。同时，必须重视主流媒体之外的文化作品政治导向的精准性。要在历史唯物主义和辩证唯物主义指导下，做好教学素材的研究和发掘，将歌曲、动漫、动画、漫画、小说、影视剧、小视频、公众号文章中包含的导向正确的元素加以提炼和补充，以保障传导主流意识形态时突出思想性和政治性。例如，根据国内军迷漫画家逆光飞行创作的爱国主义题材漫画而改编的动画《那年那兔那些事儿》，将中国近现代历史特别是中国共产党成立及中华人民共和国成立以来的一些军事和外交的重大事件通过动画的形式表现出来。2011 年漫画出品后便吸引了大量青年学生的关注，2015 年 3 月 5 日动画开始在 bilibili 弹幕网播出，更是吸引了大量青年学生追刷。《那年那兔那些事儿》把复杂的历史政治知识用二次元的方式表现出来，填补了国内没有历史政治动漫的空白，比较适宜吸引青年学生来了解党史和新中国史上的军事和外交大事件，也让青年学生懂得了建设祖国不是一句空话，是靠每个人一点一点的价值体现出来。但同时，《那年那兔那些事儿》只是在一定程度上反映了历史，与真实的历史还存在某些出入和距离。所以，思政课不能对其中不符合历史原貌之处听之任之，而必须对其素材中走样和缺失的事实进行纠正、补充和完善。

（六）在传导主流意识形态过程中要加强话语方式创新

习近平总书记在全国高校思想政治工作会议上强调："思想政治理论课要坚持在改进中加强，提升思想政治教育亲和力和针对性，满足学生成长发展需求和期待。"① 话语是思政课传导主流意识形态

① 《习近平谈治国理政》第二卷，外文出版社，2017，第 378 页。

的载体。主流意识形态话语的政治性、政策性、理论性较强，表现风格也比较沉稳庄重，容易让人产生“距离感”。提高主流意识形态话语的亲和力、传播力、感染力和认同力，需要对主流意识形态话语做时代化、生活化、大众化、日常化的“转译”。所以传导主流意识形态要紧跟时代话语创新的步伐，多用青年学生听得懂、听得进、喜欢听、记得住、传得开的话语。要顺时代的风气，接学生的地气，多讲集中展现国家、社会和青年人发展风貌的“时代新语”和“媒体热词”。一是在传导主流意识形态时要注意把握主流意识形态政治话语的创新。习近平总书记曾强调“人们从文风状况中可以判断党的作风，评价党的形象”。同样，青年学生从主流意识形态的话语创新中也可以判断党和国家的作风、评价党和国家的形象，进而认同党和国家的政策方针。近年来习近平总书记在主流意识形态话语创新上给我们很多启发。如，习近平总书记提出“江山就是人民，人民就是江山”“撸起袖子加油干”“我将无我，不负人民”“幸福是奋斗出来的”“扣好人生的第一粒扣子”“在青春的赛道上奋力奔跑，争取跑出当代青年的最好成绩”,这些话语既内涵深刻又形象生动、鼓舞人心。二是在传导主流意识形态时要注意把握青年学生的话语方式创新。青年学生的话语方式创新较快，传播很广，而且其经常以“共同语言”作为一种身份标识。比如，“早八”是指早晨八点的课，“午一”是指下午一点的课，“干饭人”表示对待美食的热情，“网上冲浪”代表上网，“划水”代表不认真做事，“绿茶”形容人表里不一，“官宣”意谓“正式宣布”，“锦鲤”指运气极佳的人，“教科书式”指“规范的”“典范的”“经典的”“示范的”“完美的”，“确认过眼神”是“确认过”“甄别过”的意思，“奥利给”是给力、冲、加油打气的代名词。思政课在传导主流意识形态时兼并吸收以上话语方式，会让青年学生觉得与时代和教师“无障碍”“零距离”，更乐意接纳、理解和认同主流意识形态。在全国宣传思想工作会议上，习近平总书记也指出：“要加强传播手段和话语方式创新，让党的创新理论‘飞入寻常百姓家’”。这一重要论述表明，用党的创新理论教育青年学生，必须加强话语方式创新。同时要注意主流意识形态传导的话语创新禁止采用粗俗的、肤浅的、不文明的和过于简化的语言。如广泛流行于青年学生中的“YYDS”“绝绝子”“天花板”“你永远可以相信”等文字表达，属于单一、贫瘠、范式化的表达方式，严重弱化了青年学生的情感表达能力，须加以反对。

（七）传导主流意识形态要结合实践

思政课课堂上学习的马克思主义等主流意识形态知识理论大多比较宏观、逻辑性较强，与现实会有一定的差距。要使青年学生从不同角度看问题，具备更加理性和冷静的政治思维，就一定要让他们去实践中历练，从现实的角度看问题。实践中得到的对主流意识形态的直接认识是从对书本和课堂的间接认识中无法得到的。实践使青年学生增长见识、开阔眼界、脚踏实地。1990 年，时任福州市委书记的习近平在和北大学生社会实践团座谈时就提出了学习马克思主义要立足实践，多到基层去。“年青人在成长过程中都是在一片空白中逐步形成自己的世界观。”“‘生活不容易’，年轻人对生活的结论不能下得太轻易、草率，只有在实践中才能不断提炼自己狂热、浪漫的想法。‘文革’中的一代人大都经历了从苦闷到重新批判、认识而后建立自己世界观的过程。习书记谈到当时他也是什么书都看，从《三国志》到黑格尔、亚里士多德的著作，而对马克思主义、社会主义的认识并不太清晰，真正树立马克思主义、社会主义的观点，是在自己过去认为最落后的地方，是在农村的七年插队生活中，带着问题看书、思考，经历了‘生活关’‘劳动关’的考验，最终体会到了其中真正含义。”“不要认为学校中学到的知识是高超、万能的，只有到社会中与群众打成一片、扭到一起后，产生了社会责任感，才能获得真知灼见。”“应该多创造机会让青年学生们认识社会，在实践中把握自己。”“同学们的忧国忧民，只有到基层中去、到实践中去、到人民中去，才能真正知道所学的知识如何去发挥、如何去为社会作贡献。”① 2016 年，习近平总书记在知识分子、劳动模范、青年代表座谈会上再次强调：“广大青年要如饥似渴、孜孜不倦学习，既多读有字之书，也多读无字之书，注重学习人生经验和社会知识。‘纸上得来终觉浅，绝知此事要躬行。’所有知识要转化为能力，都必须躬身实践。要坚持知行合一，注重在实践中学真知、悟真谛，加强磨炼、增长本领。”② 所以思政课在传导主流意识形态时，要鼓励学生参与各种各样的社会实践，使青年学生在脚踏实地、身体力行的实践中，在感受党和国家不断为人民做实事、谋福利的过程中，深刻地体悟到以马克思主义为指导的主流意识形态不仅能科学地解决许多实际问题，更是一门以增进人民福祉、创造理想社会为己任的真学问，进而坚定对主流意识形态的认同。

第二节　高校思政课的批判性

研究高校思政课的建设性和批判性相统一，还要对批判性的基本概念有清晰的认识。所以，还要回答清楚批判性的含义、目的、对象和评价依据，即什么是批判性，为什么要批判，批判什么，怎么来评价批判性的效果。同时，要进一步掌握思政课坚持批判性过程中应注意的问题。

一　高校思政课批判性的含义及目的

批判性是指富有洞察力、辨别力、判断力，还有敏锐智慧的回顾性反思；在哲学中也叫“斗争性”，即对现实保持一种质疑的态度。习近平总书记在学校思想政治理论课教师座谈会上提出思政课“坚持建

① 《习近平与大学生朋友们》，中国青年出版社，2020，第 102 ~ 103 页。

② 习近平：《在知识分子、劳动模范、青年代表座谈会上的讲话》，人民出版社，2016，第 11 ~ 12 页。

设性和批判性相统一”，其中批判性是对思政课改革创新提出的标准和要求。这里的批判性是指思政课要批判各种对青年学生产生不良影响的社会思潮和观点。习近平总书记把当前思想舆论领域划分为“三个地带”：“当今时代，社会思想观念和价值取向日趋活跃，主流的和非主流的同时并存，先进的和落后的相互交织，社会思潮纷纭激荡。我说过，思想舆论领域大致有红色、黑色、灰色‘三个地带’。红色地带是我们的主阵地，一定要守住；黑色地带主要是负面的东西，要敢于亮剑，大大压缩其地盘；灰色地带要大张旗鼓争取，使其转化为红色地带”。[①] 习近平总书记在谈到各种思潮对青年学生的影响时也曾指出：“长期以来，各种敌对势力从来没有停止对我国实施西化、分化战略，从来没有停止对中国共产党领导和我国社会主义制度进行颠覆破坏活动，始终企图在我国策划‘颜色革命’，他们下功夫最大的一个领域就是争夺我们的青少年。……争夺青少年的斗争是长期的、严峻的，我们不能输，也输不起。我们一定要警醒！”[②] “当前，世界范围内各种思潮交流交融交锋，国内各种矛盾和热点问题叠加出现，境内外敌对势力对我国实施西化、分化战略一刻也没有放松，这些都对青年的世界观、人生观、价值观产生着潜移默化的影响。综合看，当代青年面对着深刻变化的社会、丰富多样的生活、形形色色的思潮，更需要在理想信念上进行有力引导。”[③] 要全面考察纷纭激荡的社会思潮，其中既有宣扬社会主义主流意识形态的红色地带社会思潮，又有反对社会主义主流意识形态、颠覆社会主义制度、反对共产党领导的黑色地带社会思潮，还有充斥消极情绪，宣扬“丧文化”“佛系文化”“躺平”的灰色地带社会观点，“灰色地带容易成为黑色地带的潜在区域，必须要用社会主义主流意识形态的内容去转化”。[④]

① 习近平：《在全国党校工作会议上的讲话》，人民出版社，2016，第 20 页。

② 《十九大以来重要文献选编》（上），中央文献出版社，2019，第 648 页。

③ 《习近平关于青少年和共青团工作论述摘编》，中央文献出版社，2017，第 23 页。

④ 辛向阳：《习近平新时代中国特色社会主义思想大众化叙事的多维视角》，《北京社会科学》2021 年第 6 期。

当前青年学生的世界观、人生观和价值观尚未定型，他们的思想最活跃，对社会思潮和社会问题非常敏感，由于理性选择能力和是非辨别能力还不够强，因此其价值取向受各种不良社会思潮的负面影响也比较大。从对高校青年学生的影响来看，思想舆论领域黑色地带的错误社会思潮和观点、灰色地带的消极社会思潮和观点等，都在不同程度上影响青年学生对马克思主义、中国特色社会主义和社会主义核心价值观的政治认同。因此，要对青年学生理想信念进行“全方位”的有力引导，就要批判黑色地带、灰色地带，扩大红色地带。而目前有学者依据习近平总书记在学校思想政治理论课教师座谈会上的重要讲话文本，认为在高校思政课中批判性“是要直面各种错误的观点和思潮”①，这没有将批判性的对象概括全面。高校思政课坚持批判性的内容要紧密围绕对青年学生影响较大的社会思潮和观点，体现内容的针对性，对影响青年学生的不良思潮和观点进行全面的批判。这是当今社会意识形态对高校思政课坚持建设性和批判性相统一提出的现实要求，也是将高校思政课建设性和批判性相统一从政治层面落实到学术研究中的现实要求。

所以，思政课“坚持建设性和批判性相统一”，在批判性方面不仅仅指对错误社会思潮和观点的批判，事实上包括对所有影响青年学生的不良思潮和观点的批判，即落后、消极社会思潮和观点也是要批判的对象。批判性的含义是直面且批判对青年学生产生不利影响的错误的、落后的、消极的社会思潮和观点。高校思政课坚持批判性不是简单对影响青年学生的不良社会思潮进行批判，而是旨在培养青年学生的批判性思维，提升青年学生运用马克思主义的立场、观点、方法观察和分析社会问题的能力，提升青年学生对复杂社会思潮的洞察力、辨别力、判断力和斗争力，坚定青年学生的政治立

① 张楠：《理直气壮办好思政课 用习近平新时代中国特色社会主义思想铸魂育人——访教育部高校思想政治理论课教学指导委员会主任委员顾海良教授》，《思想理论教育导刊》2019 年第 4 期。

场和政治信仰。高校思政课批判性落脚于激发和培育青年学生对中华民族伟大复兴事业的使命担当感。

二　高校思政课批判性的对象和评价依据

社会思潮是反映社会发展变化的一个窗口。“人民论坛”曾跟踪研判2010~2019年我国重大社会思潮的流变，发现存在三十余种比较重大的社会思潮，如新自由主义、民族主义、文化保守主义、贸易保护主义、民粹主义、极端主义、“普世价值”论、历史虚无主义、消费主义、多边主义、生态主义、女性主义等。① 近年来随着中国国际地位的上升，各种社会思潮的影响力也发生了变化。“在国际金融危机及后续社会危机的冲击和影响下，西方新自由主义思潮呈现出周期性衰退迹象，至今仍未看到改变和逆转的态势；‘双重标准’的存在使得普世价值论的内在矛盾进一步凸显，引发人们的普遍质疑与反思；历史虚无主义逐渐失去蛊惑人心的能力，在消解历史文化传统、动摇理想信念和价值追求等方面影响力急剧下降。民粹主义一路高歌猛进，蛊惑性、传染性、煽动性、破坏性逐年增强；民族主义活跃之势不减，与其他思潮互动合流能力增强；消费主义对人们的价值观念和生活方式产生深远影响；生态主义在社会运动和政治活动层面持续产生影响。”②

同时，这些思潮的影响力起伏，有的与对青年学生的影响力起伏一致，有的并不完全一致。原因在于，青年学生的思想较为活跃但又处于价值观尚未成型阶段，与青年学生联系较多、较为紧密的社会思潮和观点更能对其造成影响。所以，虽然我国重大社会思潮多样，影响力也有变化，但是思政课要抓住那些对青年学生影响较大的社会思潮进行“有的放矢”的批判引导，而不是面面俱到地笼

---

① 《2010—2019：重大社会思潮十年演变》，人民论坛网，http：//www. rmlt. com. cn/2020/0120/567190. shtml。

② 《2010—2019：重大社会思潮十年演变》，人民论坛网，http：//www. rmlt. com. cn/2020/0120/567190. shtml。

统批判。例如，近年来西方新自由主义、西方“宪政民主”、“普世价值”论、西方新闻观、贸易保护主义、民粹主义等思潮在青年学生中的影响力急剧下降，青年学生甚至可以自觉对其进行科学的理论批判。尤其是在中美贸易摩擦、新冠肺炎疫情全球大流行和2020年美国总统大选期间，中国青年学生更加深刻地认清了西方国家“自由”“民主”的虚伪实质。“今天，许多中国年轻人不仅对美国的外交政策感到愤怒，而且对西方最根本的社会和政治理念越来越不屑。中国年轻人对西方模式的批评主要有两点。第一，最近美国境内针对华人的仇恨犯罪频发，这在中国引起密切关注，揭示了盎格鲁－撒克逊文化核心的‘白人至上主义’：对华裔的恐惧和对华人价值观的蔑视。第二，西方国家在遏制新冠疫情方面一败涂地，这证明所谓的自由民主制度不如中国的制度。两者结合产生了强有力的影响。”①

所以，高校思政课坚持批判性应围绕青年学生的思想现状展开，要着重批判如下不良社会思潮和社会观点：一是拜金主义、享乐主义、极端个人主义、历史虚无主义等给学生造成不良影响的错误社会思潮和观点；二是百年未有之大变局的历史条件下、新冠肺炎疫情全球大流行的现实情况下西方错误思潮和观点的新表现、新发展，其对青年学生具有较强迷惑性，如“制度类型与抗疫结果无关”论；三是既可能促进学生树立正确价值观，又可能使学生走入歧途的社会思潮和观点，比如民族主义；四是“丧文化”“佛系文化”“内卷化”等学生乐于传播但同时带有消极性质的社会观点。2019年，习近平总书记在纪念五四运动一百周年大会上对青年人提出要求：“面对复杂的世界大变局，要明辨是非、恪守正道，不人云亦云、盲目跟风。面对外部诱惑，要保持定力、严守规矩，用勤劳的双手和诚实的劳动创造美好生活，拒绝投机取巧、远离自作聪明。面对美好

① 《美媒：中国年轻人对西方“越来越不屑”》，搜狐网，https：//www.sohu.com/a/457267761_162758。

岁月，要有饮水思源、懂得回报的感恩之心，感恩党和国家，感恩社会和人民。要在奋斗中摸爬滚打，体察世间冷暖、民众忧乐、现实矛盾，从中找到人生真谛、生命价值、事业方向。新时代中国青年要自觉树立和践行社会主义核心价值观，善于从中华民族传统美德中汲取道德滋养，从英雄人物和时代楷模的身上感受道德风范，从自身内省中提升道德修为，明大德、守公德、严私德，自觉抵制拜金主义、享乐主义、极端个人主义、历史虚无主义等错误思想，追求更有高度、更有境界、更有品位的人生，让清风正气、蓬勃朝气遍布全社会！”① 坚持高校思政课的批判性，就是对那些影响青年学生的错误的、消极的、落后的社会思潮和观点进行批驳、回应，避免其对青年学生的干扰、误导，帮助青年学生在复杂的世界大变局中明辨是非、恪守正道。

批判性改革创新的关键问题是如何批判。直面和批判错误、落后、消极的社会思潮和观点，不是一个简单的告诉学生面对这些思潮和观点时持何种政治立场的过程，而是一个既强调批判，又讲清其错误、落后和消极的性质和缘由，从而培养学生洞察力、辨别力、判断力和斗争力的过程。② 而培养学生面对复杂社会思潮和观点时的洞察力、辨别力、判断力和斗争力，最终是为了增强学生的政治素养、坚定学生的政治立场。所以，批判错误、落后、消极的社会观点和思潮，是批判、讲清性质和缘由、达到目的的统一。评价高校思政课的批判性时，要注意其不是为了批判而批判，而是为了建设而批判。要以青年学生是否确立了批判性思维并将批判性思维内化为自己的知识结构，进而增强建设性意识、开展建设性活动作为检验批判性效果的标准，不能把思政课进行批判的过程作为评价批判性的依据。要引导青年学生用辩证、理性的思维方式看待国家和社

① 习近平：《在纪念五四运动100周年大会上的讲话》，人民出版社，2019，第11～12页。

② 孙宇伟、陶文昭：《高校思想政治理论课坚持建设性和批判性相统一：理论蕴涵、现实问题和科学方法》，《思想教育研究》2020年第10期。

会的发展。鼓励他们独立思考，积极建言，在争论中讲清楚道理，在问题研究中找出解决问题的钥匙，为改造世界贡献自己的力量。同时新时代的青年也要自觉担负起净化舆论环境的任务，对意识形态领域的重大政治原则和大是大非问题，敢于交锋、敢于亮剑。正如鲁迅在《热风·随感录四十一》中所讲：愿中国青年都摆脱冷气，只是向上走，不必听自暴自弃者流的话。能做事的做事，能发声的发声。有一分热，发一分光。就令萤火一般，也可以在黑暗里发一点光，不必等候炬火。①

三　坚持批判性要注意的问题

（一）不能回避批判性

思政课不能消极回避对学生产生较大影响的社会中的“非主流意识形态”“负能量”，以及隐藏的非马克思主义思潮或倾向。有些思政课教师因为缺乏深厚的理论知识，无法对教材和教学大纲之外的“非主流意识形态”等进行分析和批判。在面对一些热点问题、突发事件时，不能及时回应学生关切，不能正确进行舆论引导。所以，必须要增强高校思政课教师夯实理论功底的自觉意识，使其广泛涉猎和学习相关理论知识，以理论学习推动理论自信，在面对那些影响学生的“非主流意识形态”等思潮和观点时，能够从容“应对”和积极“亮剑”。同时还有一些思政课教师担心在课程中介绍一些“非主流意识形态”思潮，会对马克思主义的传播带来负面影响，会影响思政课的效果。从传播学理论看，这样的担心是没必要的。美国社会心理学家霍夫兰在1945年运用控制实验的方法，在美国士兵中做过一个实验。主要过程就是随机选取样本人群，分两个平行组多次实验，一组只给单面信息，另一组在给予正面信息后，也适当介绍反面信息。多次实验后，得出如下结论：第一，就传播效果

① 《初心：共产党员纪念册》，人民出版社，2018，第47页。

而言，传播对象的文化层次越高，双面信息比单面信息更有效；第二，在接收双面信息后，又收到反向宣传信息时，态度几乎没有发生明显变化，而只接收单面信息的人群，在接触到反向宣传信息后，受到的影响较大。[①] 由此可见，同时接收双面信息的人对反向宣传的观点具备一定程度的免疫能力，这种情况更有利于主流意识形态的传导。因此，作为思政课教师，在传导马克思主义时，对于社会中各种对青年学生影响较大的“非主流意识形态”思潮和社会问题，不能无视和遮遮掩掩，而要敢于和善于在课堂上进行批判。

（二）注意区分社会思潮和观点性质，不能不加区别地用同一种批判方式对待所有社会思潮和观点

要注意仔细廓清对大学生影响比较大的各种社会思潮和观点的实质和成因，而后分类进行批判引导。拜金主义、享乐主义、极端个人主义、历史虚无主义、民族主义、“丧文化”、“佛系文化”、“内卷化”、“制度类型与抗疫结果无关”论等社会思潮和观点中，有性质完全错误的社会思潮和观点，比如历史虚无主义、“制度类型与抗疫结果无关”论等；也包括既能促进学生建立正确价值观，又可能使学生走入歧途的社会思潮和观点，比如民族主义；还包括一些带有消极性质的社会观点，比如“丧文化”“佛系文化”“内卷化”等。对待不同的社会思潮和观点，要采用不同的方法，以不同的批判引导方式应对。弄清楚什么思潮和观点是要坚决反对的，什么思潮和观点是可以引导利用的。例如，对历史虚无主义这类错误社会思潮要坚决进行反对和批判。习近平总书记深刻地指出：“社会上很多意见和建议值得我们深入思考，但也有些意见和建议偏于极端。一些敌对势力和别有用心的人也在那里摇旗呐喊、制造舆论、混淆视听，把改革定义为往西方政治制度的方向改，否则就是不改革。

---

① 〔美〕沃纳·赛佛林、小詹姆斯·坦卡德：《传播理论——起源、方法与应用》，郭镇之等译，华夏出版社，2000，第176~180页。

他们是醉翁之意不在酒，'项庄舞剑，意在沛公'。对此，我们要洞若观火，保持政治坚定性，明确政治定位。"① 对于学生在政治原则的重大是非方面出现的思想认识问题，要通过耐心的思想教育和批评帮助的方式使其分清是非，统一思想。同时，对于一些青年学生在成长中容易出现的思想偏差，要允许学生在一定范围、一定时段内进行辨别和选择，不要武断粗暴地给青年学生扣帽子。因此，在坚持批判性过程中，那些该批判的就要坚决斗争到底，一些需要引导改进的问题，就要抓紧引导、及时改进，以此不断增强我国主流意识形态自信。

（三）要充分肯定青年学生，不能把对不良社会思潮和观点的批判与对学生的批判混为一谈

坚持思政课的批判性时要注意肯定青年学生的责任意识和思考力。"青年人阅历不广，容易从自身角度、从理想状态的角度来认识和理解世界，难免给他们带来局限性。这是青年成长的规律，我们要尊重这个规律。信任是理解的前提。要尊重青年天性，照顾青年特点。"② 一是要充分肯定青年学生心系国家、社会、人民的责任意识。"特别是高中和大学阶段，学生的理性思维高度发展，使他们更关注社会政治问题和思想理论问题。"③ 青年学生的主流是热爱党、热爱国家、热爱生活、积极向上的。麻木冷漠、颓废的青年学生，是不会关心党、国家和人民利益的，也不会对一些社会思潮和社会问题产生自己的观点或者判断。大多数青年学生关注社会思潮和社会问题的思想驱动力是：希望党和国家健康发展，希望社会快速进步，希望自我得到更多的权益保护、更多的尊重和更好的发展机会。同时，他

① 《习近平关于全面深化改革论述摘编》，中央文献出版社，2014，第 19 页。

② 习近平：《在纪念五四运动 100 周年大会上的讲话》，人民出版社，2019，第 13 页。

③ 刘建军、朱倩：《思政课要解决学生的理想信念问题——学习习近平"3·18 讲话"中关于理想信念的重要论述》，《思想理论教育导刊》2020 年第 12 期。

们的思想观念又没完全成熟，考虑问题尚欠全面与深入，在没有得到正确引导的情况下，易被一些不良思潮和社会观点影响，对一些社会问题极度敏感乃至反应过激。所以，在批判不良社会思潮和观点时，要充分肯定青年学生的爱国、担当、正义、对美好生活的追求等道德品质和向善向上之心，也即肯定他们关心国家社会发展，有价值准则，有衡量尺度，追求公理正义，追求美好生活。二是要充分肯定青年学生的思考力。没有思考力的青年学生，只会单向度地接收和接纳，而无法思考和质疑。有思考力的青年学生，才会参与评判身边的是是非非，才会勇于表达自己的态度和观点。所以，青年学生的思想有局限性并不可怕，可怕的是那些没有思想、行尸走肉、丧失了是非标准的人。

（四）要围绕学生关心的不良社会思潮和社会问题加以批判，避免批判对象与学生的困惑错位

批判性不是思政课教师想批判什么，擅长批判什么，就去批判什么。要克服某些思政课批判性同青年学生结合得不够紧密、脱离生活、不接地气的问题。坚持批判性，要有“要当先生，先当学生”的胸怀，有学生至上的情怀。一定要给予青年学生表达自己意见的空间和舞台，鼓励青年学生“大胆地说话，勇敢地进行，忘掉了一切利害，推开了古人，将自己的真心的话发表出来”。在充分倾听、了解青年学生的真实想法和真正思想困惑的基础上进行批判引导。所以，坚持批判性要做到青年学生哪里有迷惑、受什么思潮影响较大，就去批判什么和合理引导什么。勤沟通多互动，才能找准问题。要做好充分的课前调查研究，课程中要多保留一些互动环节，课后勤于同学生沟通。也要坚持经常性的换位思考，关心他们的基本权利是否得到了保障，他们的境遇是否公平，他们的诉求是否得到妥当的回应。只有和青年学生多接触、多去探究青年学生的思想动态，才能了解他们的所思所想所盼，从而找准切入点，进一步把握广大青年学生关心关注的社会思潮、观点和现实问题，特别是抓住其中的热点难点

问题。坚持用学生的疑惑点做思政课批判性内容的选题，将有价值、有说服力的理论及时送进青年学生的耳中、脑中和心中，如此才能使思政课批判性更具实效，使思政课建设性更具生命力和感染力。

（五）要引导学生将其“批判性思维”置于到实践中去完善，不能只停留在头脑中

很多青年学生认为自己并不缺乏“批判性思维”。但高校青年学生年龄尚轻，阅历不足。他们用来评判社会现象和观点的标准，多数从书本上来或者受网络舆论影响。这些青年学生通常是在“未知全貌”的情况下就予以置评。个别青年学生甚至不知道问题根源所在，就提出自己的观点，而且评判结论通常非黑即白，没有充分结合国家发展实际情况、没有考虑社会进步状况。这种“批判性思维”和思政课坚持批判性要培育青年学生形成的批判性思维并不一样。思政课要对青年学生这种以不知为知之、将社会问题简单化的思维给予积极引导，促进青年学生形成科学的批判性思维。国家和社会发展是复杂的，“纸上得来终觉浅，绝知此事要躬行”。要引导青年学生将知识面进一步“打开”“拓宽”，回到社会实践的复杂原貌中去，经过实践的反复验证得出的结论才够准确。否则就犯了“不做调查就发言”“人云亦云”“纸上谈兵”的主观主义和教条主义错误。社会的实践经历对青年学生形成科学的批判性思维非常重要。当青年学生接触了更广阔的世界、接触了更多的生活经历不一样的人之后，就会逐渐发现，曾经自己的观点是较为浅显、片面甚至不正确的。有了一定的社会实践经历之后，青年学生会自动修正自己并在以后遇到类似的社会问题的时候，表现得更为成熟、理性和稳健。学生会在实践中深刻认识到，企图一劳永逸地解决所有社会问题是激进的和不现实的，党和国家对社会问题的关注和治理、社会问题的解决都是由量变到质变的过程，需要一点一滴地促进、一丝一毫地修补，于促进和修补中缔造一个日趋完善的社会制度。改革从来不是一股脑砸烂一切现存事物，而是耐心地修补与精进。人性

有善也有恶，想彻底清除人性中的恶是不可能的，唯一的可能就是“抑恶扬善”，以自己的实际行动更多地激活善的潜能。

（六）要注意找准思政课批判性的切入点

习近平总书记在学校思想政治理论课教师座谈会讲话中强调：“实际上，有时候不一定讲得那么高大全，从一个问题切入，把一个问题讲深，最后触类旁通，可以带动很多关联问题，有可能是一通百通，提纲挈领。”① 思政课的批判要坚持从对青年学生影响较大的社会思潮和观点入手，不能搞大水漫灌，上成社会思潮课程。思政课的批判性与其他社会思潮课程的开设是有一定的区别的。因为思政课有自己的教学章节和教学内容，所以不可能对所有社会思潮进行批判。要善于把批判性问题进行提炼和细化，结合各门课程各章节的特点和知识点，结合各种社会思潮和社会问题的新变化新发展，有针对性地回应学生关注的社会思潮和社会问题。比如在新冠肺炎疫情全球蔓延时期，日裔美籍学者福山发表了《是什么决定了一个国家的“抗疫”能力?》《我们将回到1950－1960年的自由主义时代》《美国政治衰败的代价》《大流行病与政治秩序：国家的不可或缺》《恢复公共服务的荣誉》《特朗普加剧美国分裂》《与中国的漫长斗争已经开始，但我们不一定会输》等文章，继续强调“历史终结论”。在分析疫情管控结果时，福山提出了“制度类型与抗疫结果无关”论，认为疫情管控结果取决于国家要素而非制度，把美国控制疫情不力的锅甩给特朗普，不但不承认自由民主制在疫情期间所遭遇的危机，而且歪曲中国民主政治制度优越性。部分青年学生容易被福山的论调迷惑，认为美国疫情管控不好是特朗普的原因，同时淡化中国特色社会主义民主政治制度在防控中国疫情中的巨大优势。② 思

① 习近平：《思政课是落实立德树人根本任务的关键课程》，《求是》2020年第17期。

② 孙宇伟：《福山“历史终结论”最新形态评析——以新冠肺炎疫情期间福山言论为线索》，《当代世界与社会主义》2021年第4期。

政课要以《毛泽东思想和中国特色社会主义理论体系概论》教材第十章“五位一体”总体布局中“坚持走中国特色社会主义政治发展道路”的知识点为切口，融合习近平总书记关于疫情防控精神的系列讲话和习近平总书记关于中国特色社会主义全过程民主的论述，在批判福山“制度类型与抗疫结果无关”论虚伪本质同时，进一步坚定广大青年学生对中国特色社会主义的制度自信。所以思政课坚持批判性的关键是找好切口，找准意识形态问题的本质，以提纲挈领、微言大义为主旨。

第三节　高校思政课的建设性和批判性相统一

习近平总书记在学校思想政治理论课教师座谈会讲话中提出了思政课要“坚持建设性和批判性相统一”，那么高校思政课“坚持建设性和批判性相统一”的必要性是什么？思路是什么，目标又是什么？所贯穿的哲学方法论是什么？这些是研究高校思政课的建设性和批判性相统一要弄清楚的基本理论问题。

一　高校思政课建设性和批判性相统一的必要性

高校思政课改革创新要坚持建设性和批判性相统一，并不是无的放矢地进行强调，而是有其深刻的现实必要性。一是意识形态领域斗争的复杂性，要求高校思政课改革创新坚持建设性和批判性相统一。要深刻认识意识形态领域斗争的长期性、艰巨性、复杂性，看清新时代的新情况、新挑战，做好与西方资本主义争夺舆论阵地、争夺青年人才的长期斗争准备。二是新媒体对青年学生的影响和挑战，要求高校思政课改革创新坚持建设性和批判性相统一。新时代的青年学生依托手机终端的微博、微信、抖音等“掌上”新媒体平台获取信息。新媒体是意识形态领域斗争的重要阵地。亟待培养大学生对网络上泛化的各种政治舆论信息去伪存真、明辨是非的能力。

三是一些高校思政课在传导主流意识形态、塑造和引领青年学生的价值观上作用式微，要求思政课改革创新坚持建设性和批判性相统一。部分思政课照本宣科讲政治语言、回避意识形态领域各种不良社会思潮和观点、漠视社会热点问题，已经越来越不受青年学生欢迎。这样的做法，损害了新时代中国特色社会主义的声望，也降低了习近平新时代中国特色社会主义思想和民族复兴伟大事业对青年学生的吸引力。四是马克思主义的批判性，要求高校思政课改革创新坚持建设性和批判性相统一。马克思主义从诞生之日起就一直在揭示与批判形形色色的错误社会思潮，一直在揭示与批判资本主义社会的丑恶现象。马克思主义的批判性，要求我们在高校思政课改革创新中，既要坚持建设性，又要贯彻批判性原则，将两者牢牢统一。

二　高校思政课建设性和批判性相统一的含义

学界对现阶段高校思政课建设性和批判性的现状和两者相统一的含义以及实践指向存在不同理解。有观点认为，高校思政课批判性“强调不多、做得不够”[①]，高校思政课批判性是两者统一中的“短板”，要“以增强批判性为抓手”[②]促进两者统一。也有研究者认为现阶段两者的统一既要以增强传导的自信来强化建设性，又要以增强批判的自觉和勇气来强化批判性，“思想政治理论课教师在教学中，既要理直气壮地讲清楚正确的观点，又要敢于直面各种错误观点和思潮，敢于亮剑”[③]。以上观点的争议在于，当下思政课做到建设性和批判性相统一，是侧重增强批判性，还是将建设性和批判性一起抓。高校思政课从新民主主义时期开设以来，建设性的成效

① 陈金龙：《新时代思想政治理论课建设的思维方法——学习习近平总书记在学校思想政治理论课教师座谈会上的重要讲话》，《思想理论教育》2019年第4期。

② 李健、张英琇：《以增强批判性为抓手，推进思政课建设性与批判性相统一》，《社会主义核心价值观研究》2019年第5期。

③ 康沛竹、艾四林：《思政课改革创新的“八个相统一”》，《人民论坛》2019年第13期。

明显，切实提高了主流意识形态的凝聚力和引领力。同时应全面考虑到：我国有三千多所高校，高校层次不一，思政课学科建设水平不同，十万名专职和兼职思政课教师的政治信仰、学历结构、学缘结构、职称结构、教龄、人生经历存在差异，授课水平也不尽一致。总体上，高校思政课建设性比批判性做得好。但在具体的改革创新中涉及众多层次的学校和教师，无论是批判性还是建设性两者都需要进一步加强，而且需要掰开了、揉碎了详细研究，同时不能满足于两者简单相加的统一，而要更进一步地在两者相融合的高度上实现更高水平的统一。习近平总书记在学校思想政治理论课教师座谈会讲话中也强调，“思政课的任务是传导主流意识形态，建设性是其根本”。“思政课要在传播马克思主义立场、观点、方法的基础上用好批判的武器，直面各种错误观点和思潮，旗帜鲜明进行剖析和批判。”①

三　高校思政课建设性和批判性相统一的目标

建设性是指对青年学生传导主流意识形态，批判性是指直面、分析与批判各种影响青年学生的不良思潮和观点。建设性和批判性虽然任务各异，但最终目的都是增强主流意识形态的凝聚力和吸引力，促使青年学生成为信念坚定、志存高远、脚踏实地，具有时代责任意识和历史使命感、敢于担当中华民族伟大复兴大任的“时代新人”。思政课坚持建设性和批判性相统一的目标是服务学生成长成才、增强青年学生的“使命担当”。在坚持建设性和批判性相统一中，要坚决反对“脱离建设而批判”“为了批判而批判”的做法。要把握住实现思政课建设性和批判性相统一目标的几个关键。一是要统一于习近平新时代中国特色社会主义思想。习近平新时代中国特色社会主义思想是马克思主义中国化的最新理论成果，是与新时代

① 习近平：《思政课是落实立德树人根本任务的关键课程》，《求是》2020 年第 17 期。

青年学生思想和成长最贴近的理论成果，是向新时代的青年学生传导主流意识形态、分析和批判各种社会思潮和观点的最适合的理论抓手。二是要统一于中华民族伟大复兴的伟大梦想。生逢新时代的青年学生是实现中华民族伟大复兴中国梦的见证者和担当者，要用中华民族伟大复兴的中国梦感召青年学生，引领学生成长成才。同时通过客观地批判错误社会思潮和分析社会问题，引领学生了解实现伟大梦想的曲折性和艰巨性，激发青年学生的奋斗精神。三是要统一于积极、正向传导社会正能量。无论是建设性还是批判性，都是为了增强中国特色社会主义的理论自信和制度自信，推动中国特色社会主义事业充满活力、欣欣向荣。虽然批判性采用“破”的方式，但必须落脚于积极、正向地传导社会正能量。

四　高校思政课建设性和批判性相统一的方法论

坚持建设性和批判性相统一，将传导主流意识形态和直面各种影响学生的不良社会思潮和观点相结合，是坚持和运用辩证唯物主义方法论的典范。一是坚持了主客观相统一的观点。无论是弘扬主流意识形态，还是直面各种社会思潮和问题，都反映了从客观世界的实际出发，加强改造主观世界，又落脚于改造客观世界。二是体现了事物发展的前进性和曲折性相统一的观点。客观判断青年学生受各种意识形态或思潮影响的实际情况，既没有过于乐观，也没有过于悲观，既坚信主流意识形态的强大吸引力，又准备好迎战各种不良社会思潮和观点造成的困难和挑战。三是贯穿了立与破的矛盾辩证法。建设性的“立”，并不是纯粹的“立”，需要靠“破”去解疑释惑，增强“立”的真理性和实践性。同时批判性的“破”，也不是无根基的“破”，其要建立在“立”的基础上，最终是为了更好地“立”。

第二章 高校思政课建设性和批判性相统一的历史逻辑

在中国特色社会主义新时代，以习近平同志为核心的党中央提出，思政课改革创新要“坚持建设性和批判性相统一”。这一原则是对进入新时代以来高校思政课改革创新经验的深刻总结，是对改革开放40多年来在坚持和发展中国特色社会主义中探索和发展思政课历史经验的深刻总结，是对中华人民共和国成立70多年来在社会主义革命、建设和改革过程中探索和发展思政课历史经验的深刻总结，是对中国共产党成立百年来在带领中国人民推进伟大社会革命进程中探索和发展思政课历史经验的深刻总结。高校思政课诞生于中国共产党创办的新式高等教育学校，建设性和批判性相统一原则从高校思政课诞生之日起就运用于思政课教学，贯穿思政课百年发展历程。建设性和批判性相统一原则从新民主主义革命时期高校思政课创立到中国特色社会主义进入新时代，大致经历了孕育、探索、发展、成熟四个阶段。不同发展阶段，高校思政课建设性和批判性相统一在内容、两者地位和关系等方面有所不同。不断推进新时代高校思政课的改革创新，落实好建设性和批判性相统一原则，就必须认真梳理高校思政课建设性和批判性相统一的历史脉络，揭示历史规律，总结历史经验，挖掘当代启示。

第一节　百年来高校思政课建设性和批判性相统一的历史脉络

研究高校思政课建设性和批判性相统一的历史脉络，首先要澄清一个重要问题——高校思政课的起点界定。高校思政课究竟是以中华人民共和国成立后在全国高校普遍开设思政课为起点，还是以中国共产党在新民主主义革命时期创办的新式高等教育学校开设思政课为起点？研究发现，新民主主义革命时期中国共产党创办的新式高等教育学校从专业设置、学生来源、教师队伍等方面已经具备普通高校的形式、特征和水平。而政治课①的开设是新式高等教育学校区别于当时旧式高校的显著标志。中华人民共和国成立后，高校思政课在全国范围内普遍开设则是对这一时期经验和做法的运用、完善和发展。改革开放新时期，中国共产党进一步推进高校思政课的发展，使其不断与时代要求相适应。中国特色社会主义新时代，习近平总书记尤其重视思政课的发展，在多种场合强调思政课对培养中华民族伟大复兴“时代新人”所发挥的重要作用，并于2019年3月18日召开了中国共产党历史上第一次学校思想政治理论课教师座谈会，强调要不断增强思政课的立德树人实效。百年中高校思政课的名称也经历了“政治课”、“政治理论课”、“马列主义课”、“思想品德和政治理论课”、包含马克思主义理论课和思想品德课的“两

① 在新民主主义革命时期，党内文件普遍使用“政治课”这一表述。比如，1939年3月6日，《毛泽东等关于改进抗大分校教育计划的意见给朱德等的电报》中指出：“在政治课课程内容上，必须教列宁主义，这是政治上武装他们头脑的很基本的问题”。参见《建党以来重要文献选编（1921—1949）》（第16册），中央文献出版社，2011，第129页。成仿吾也指出，“政治课的学习是华北联合大学时期思想教育的主要渠道之一”。参见成仿吾《战火中的大学——从陕北公学到人民大学的回顾》，人民出版社，2014，第198页。

课”到“思想政治理论课”的变化发展。习近平总书记在学校思想政治理论课教师座谈会上也强调：“我们党历来高度重视思政课建设。在革命、建设、改革各个历史时期，我们党对思政课建设都作出过重要部署。”[①] 从新民主主义革命时期新式高等教育学校政治课的创立到新时代思政课改革创新，大致包括孕育、探索、发展、成熟四个阶段，对建设性和批判性相统一的研究也围绕这四个阶段展开。

一　新民主主义革命时期：孕育阶段

高校思政课最早的创立可以追溯到陕北公学。陕北公学是中国共产党在新民主主义革命时期创办的第一所新式高等教育学校。虽然中国人民抗日军政大学和中央党校在陕北公学之前创办，但这两所学校分别负责培养党的军事人才和党的高级干部，生源不是集中于青年学生，而是集中于中国工农红军中的高级干部。所以，陕北公学虽然不是中国共产党创办的第一所新式教育学校，但其是第一所面向青年学生开办的新式高等教育学校。其创办目的是把从全国各地来到革命圣地延安的大批爱国青年培养成为优秀的抗战干部。陕北公学除去抗战特殊历史条件所导致的特殊办学条件和学制期限，从生源方面看与现代意义上的高等学校几乎一致。之所以称之为新式高等教育学校，是因为其在指导思想、办学宗旨、培养目标、教学方式、教育宗旨方面与中国旧式教育、西方高等教育学校完全不同，新在始终以马列主义为指导，坚持大众化教育，注重教育与实践、理论与实践相结合，开创了马克思主义性质的政治课。陕北公学到华北大学的发展轨迹，能够映射出新民主主义革命时期高校思政课的发展轨迹。高校思政课在这一时期的实践中取得了巨大成就，积累了宝贵经验，奠定了中华人民共和国成立后在全国高校范围内

① 习近平：《思政课是落实立德树人根本任务的关键课程》，《求是》2020年第17期。

开展思政课的基础。因此，新民主主义革命时期高校思政课应是研究建设性和批判性相统一历史逻辑的起点。

（一）新民主主义革命时期思政课的建设性

新民主主义革命时期，高校思政课服务于革命战争的需要，为实现民族独立和人民解放事业培养革命先锋。① 毛泽东曾给陕北公学题词："要造就一大批人，这些人是革命的先锋队。这些人具有政治远见。这些人充满着斗争精神和牺牲精神。"② 高校思政课的建设性主要就是围绕"革命的政治教育"展开，坚持"七分政治，三分军事"的办学原则，传播了马克思主义理论和马克思主义中国化理论成果。在陕北公学开学典礼上，陕甘宁边区教育部长陈正人指出，陕北公学要用最进步、最科学的理论武装头脑，要学习马列主义和中国革命经验，学习游击战争的战略战术，等等。不同于抗大等以培训军事干部为目的的学校，陕北公学将自身定位为培训政治干部的学校，在教学内容上突出"政治性"，以革命的政治教育为主要教学内容，培养善于运用马克思主义理论指导和推动中国革命实践的青年人才。陕北公学的学制分为两种：学习期限为四个月的普通班和学习期限为一年的高级班。前者培养政治干部，后者培养师资。普通班开设"社会科学概论""抗日民族统一战线""游击战争""民众运动"四门课程，讲授马克思主义较为基本的概念、理论和抗日民族统一战线的具体策略与方法，注重将理论与实践相结合，帮助青年学生正确认识时局，迅速掌握抗战的基本理论、政策和方法。普通班尤其注重帮助青年学生形成对抗日民族统一战线的正确认识和培养其在斗争实践中灵活运用的能力，使青年学生经过四个月的学习能够成为"有一定政治觉悟和初步军事知识，有独立进行群众

① 张晓萌：《马克思主义中国化进程中党创办新型高等教育的历史探索》，《马克思主义研究》2020 年第 5 期。

② 《毛泽东 邓小平 江泽民论教育》，人民教育出版社、中央文献出版社、北京师范大学出版社，2002，第 11 页。

工作，政治工作能力的抗战建国干部”①。高级班开设了“中国革命运动史”“马列主义”“辩证唯物主义”“政治经济学”等课程，后来又逐渐增设了“世界革命运动史”“科学社会主义”“世界政治”“战区政治工作”等课程，课程更多，内容更深，也更加偏向理论化和专业化。这一时期，这些课程既是政治课，也是培养从事统战和抗日工作的干部的专业课，兼具两种性质。办学两年，陕北公学共培养6000多名学生，其中3000多名青年加入中国共产党。1939年夏，根据抗日战争形势发展的需要，中共中央决定将陕北公学与鲁迅艺术学院、延安工人学校、安吴堡战时青年训练班四校合并，成立华北联合大学。华北联大高度重视在全校普遍开设政治理论课，开设了“马列主义基本原理”“中国革命运动史”“中国共产党”“解放区建设”等课程，政治课的比重约占到全部课程的20%。除此之外，还开展一些思想、政策专门问题的讲座报告，以此来全方位引导青年学生树立共产主义理想信念，拥护中国共产党的领导，“给学生以社会发展规律的科学观念，树立共产主义社会必然实现的信心，懂得马列主义的基本原理，并通过革命历史，了解只有共产党的领导，才能创立新中国”②。伴随着解放战争节节胜利，党中央预见到，迎接全国胜利，急需培养大批中华人民共和国政治、教育、文艺和科研等领域的干部，遂将华北联合大学与北方大学合并成立华北大学。华北大学时期，除了马克思主义哲学和马克思主义政治经济学等马列主义基本理论，中国共产党的党建相关理论和新民主主义理论在政治课中的地位凸显。政治课注重讲授中国共产党在思想、政治、组织上的建设原则和中国共产党的最高纲领、最低纲领，新民主主义革命的任务、性质、动力和总路线等内容。从陕北公学到华北大学，高校思政课的地位和作用也在发生变化。其逐渐实现

① 成仿吾：《战火中的大学——从陕北公学到人民大学的回顾》，人民出版社，2014，第26页。

② 成仿吾：《战火中的大学——从陕北公学到人民大学的回顾》，人民出版社，2014，第156页。

从专业性、特殊性课程到普遍性、一般性课程的转变，从培养掌握马克思主义理论的“抗战建国干部”转向培养大批从事政治、教育、文艺和科研的中华人民共和国干部，突出对青年学生普遍进行政治理论教育，提高青年学生的思想政治觉悟。由于陕甘宁边区资源匮乏，思政课的教材往往是一个班集体共用的。教材主要包括以下几个类型：一是《马克思恩格斯丛书》《列宁选集》《斯大林选集》这些马列原著；二是党和边区政府的文件材料；三是艾思奇等人编写的《社会科学概论》等理论著作；四是《共产主义与共产党》这类常识读物。在当时，自学和讨论是政治课的重要环节和内容，教材是供学生自学用的。而教材之外的党的最新理论成果同样是当时政治课最主要的内容。如在陕北公学，毛泽东讲过《中国宪政运动》和《青年运动的方向》，在给学员讲国内国际形势时，他形象地列出了中国抗战胜利的公式：中国的团结 + 世界的援助 + 日本国内的困难 = 中国的胜利；周恩来讲过《大后方的抗战形势》和《平江惨案情况》；朱德讲过《敌后战场的开辟和发展》和《根据地经济》等。①

（二）新民主主义革命时期高校思政课的批判性

新民主主义革命时期，批判性是新式高等教育学校思政课最鲜明的特点。这种批判不仅包括对帝国主义、封建主义、官僚资本主义等错误思想和观点进行思想批判，更是带有强烈的现实批判指向。从陕北公学到华北大学，思政课的指导思想和主要内容都是围绕着阶级理论和革命理论展开，服务于革命胜利。同时，对青年学生思想中的小资产阶级思想、主观主义、宗派主义的批判也是这一时期思政课要批判的主要对象。

一方面，思政课对帝国主义、封建主义、官僚资本主义等反动势力及其思想进行现实批判和思想批判。在半殖民地半封建社会性

① 成仿吾：《战火中的大学——从陕北公学到人民大学的回顾》，人民出版社，2014，第 30 页。

质的旧中国，帝国主义、封建主义和官僚资本主义是压在中国人民身上的三座大山。新式高等教育学校思政课批判的对象和内容就是这三座大山。帝国主义侵略者、封建地主阶级和官僚资本主义不仅具体地在现实中对中华民族和中国人民进行奴役、压迫与剥削，还在思想观念上对中华民族和中国人民进行奴役、压迫与剥削。在抗日战争时期，中华民族与日本帝国主义的矛盾是社会最主要矛盾，日本帝国主义是思政课批判的最主要对象。日本帝国主义对中华民族和中国人民进行军事侵略和思想文化侵略。高校思政课对日本帝国主义的批判也包括这两个方面的批判。高校思政课对军事侵略的现实批判，既体现在培养抗战干部的教学目标上，也体现在紧紧围绕抗战的基本理论、政策和方法以及武装斗争等教学内容上，就是要用“批判的武器”造就一大批能够进行“武器的批判”的抗日革命干部。“陕北公学的毕业生响应学校号召，有的前往敌后根据地，有的潜伏在国统区或敌占区，还有一部分留在边区工作。尤其是陕北公学‘11 队’以后的毕业生，80% 以上被派往前线工作，为中国革命的胜利奉献了自己的青春甚至生命。”① 高校思政课同时对日本帝国主义思想文化侵略开展批判。邓小平曾指出：“敌人文化侵略的方法是多样的，……与敌展开激烈的思想战是今天的严重任务。”② 新式高等教育学校的政治理论课在反日本帝国主义奴化教育中发挥了重要作用。陕北公学的政治理论课鼓励青年学生走出课堂，筹建“陕公流动剧团”，用陕北方言编排《亡国恨》《放下你的鞭子》等街头剧。《华北联合大学章程》明确将“为抗日战争服务的一支文化纵队和推进华北抗战的一个有力杠杆”作为办学目标，青年学生纷纷投入对抗日根据地的人民进行民族的、爱国的宣传和教育中，打击和瓦解日本帝国主义的奴化教育与政策。在解放战争时期，中国

① 吴付来、杨子强：《抗战时期中国共产党创办新型高等教育的特点探析》，《中国高等教育》2017 年第 19 期。

② 《邓小平文选》第 1 卷，人民出版社，1994，第 23 页。

人民与大地主大资产阶级的矛盾成为社会最主要矛盾，国民党反动统治及其所代表的反动阶级是思政课批判的最主要对象。正如《在晋绥干部会议上的讲话》中毛泽东指出的："这个革命所要推翻的敌人，只是和必须是帝国主义、封建主义和官僚资本主义。这些敌人的集中表现，就是蒋介石国民党的反动统治"。[①] 这种批判，既体现在理论教学上，也体现在实践教学中。在理论教学方面，高校思政课以新民主主义革命理论为主要内容，以打破旧社会、破除旧思想、推翻旧制度为教学目标。在实践教学方面，高校思政课组织青年学生参与到反对封建主义和官僚资本主义的实际斗争中。比如，从"五四指示"到"中国土地法大纲"，华北联合大学的大部分师生全程参加了土地改革。通过参加土地革命，华北联合大学的青年学生对中国农村的阶级关系和农民在封建地主土地所有制下的悲惨生活有了更加深刻的认识，并实际地掌握了发动和组织群众的艺术和策略，思想觉悟迅速提高。不仅如此，华北联合大学还组织青年学生深入农村、深入工厂，与农民阶级和工人阶级站在一边，在与农民和工人的交流学习中进一步认识到国民党反动派反动统治的实质。

另一方面，思政课对青年学生思想中的小资产阶级思想、主观主义、宗派主义等错误思想和观点进行批判，清除其非马克思主义、反马克思主义的消极思想，使其树立马克思主义的世界观、人生观和价值观。在新民主主义革命时期，由于新式高等教育学校中的青年学生成长于旧社会，所受的教育和家庭环境使他们的思想不可避免地带有旧社会的印记。作为小资产阶级的一部分，青年学生虽然文化水平高、革命热情高，但政治水平和思想觉悟还有待提高，需要通过思政课加以改造，清除其思想中以小资产阶级思想为主的非无产阶级成分。在陕北公学成立之前，毛泽东在《为争取千百万群众进入抗日民族统一战线而斗争》一文中指出："我们党的组织要向全国发展，要自觉地造就成万数的干部，要有几百个最好的群众领

① 《毛泽东选集》第4卷，人民出版社，1991，第1313页。

袖。这些干部和领袖懂得马克思列宁主义，有政治远见，有工作能力，富于牺牲精神，能独立解决问题，在困难中不动摇，忠心耿耿地为民族、为阶级、为党而工作。党依靠着这些人而联系党员和群众，依靠着这些人对于群众的坚强领导而达到打倒敌人之目的。这些人不要自私自利，不要个人英雄主义和风头主义，不要懒惰和消极性，不要自高自大的宗派主义，他们是大公无私的民族的阶级的英雄，这就是共产党员、党的干部、党的领袖应该有的性格和作风"①。清除干部、群众和青年学生头脑中的非无产阶级思想，确立马克思主义的科学认识和理想信念，这也是创建陕北公学和创立思政课的目的所在。到了华北联合大学时期，由于青年学生的来源更加广泛、质量参差不齐、思想更加复杂，成仿吾指出，通过政治课的学习、专门问题的报告等渠道，"帮助同学清除旧中国的生活和教育给予他们思想意识上的影响，帮助他们认识世界和中国的过去和现在，认识人民群众并认识自己，以建立科学的世界观和历史观，建立为人民服务的人生观。实践证明，这种教育方法是比较有效的"②。在整风运动中，针对青年学生缺乏实际工作经验的情况，华北联合大学的思政课突出了"理论联系实际"的根本要求，注重清除青年学生头脑中的主观主义、宗派主义和党八股这些非马克思主义思想。

（三）新民主主义革命时期高校思政课建设性和批判性相统一

高校思政课的建设性和批判性是辩证统一的整体，两者相互交织、相互促进。在不同时期，两者的地位是不一样的。一般来说，建设性居于主导地位，是目的，批判性服务于建设性。习近平总书记强调，"思政课的任务是传导主流意识形态，建设性是其根本"。③

---

① 《毛泽东选集》第1卷，人民出版社，1991，第277页。

② 成仿吾：《战火中的大学——从陕北公学到人民大学的回顾》，人民出版社，2014，第199页。

③ 习近平：《思政课是落实立德树人根本任务的关键课程》，《求是》2020年第17期。

但在新民主主义革命时期，高校思政课的建设性服务于革命战争的需要，服务于对帝国主义、封建主义和官僚资本主义的批判。所以，这一时期批判性占据着主导地位。

一方面，高校思政课以建设性服务批判性。马克思在《〈黑格尔法哲学批判〉导言》中指出："批判的武器当然不能代替武器的批判，物质力量只能用物质力量来摧毁；但是理论一经掌握群众，也会变成物质力量。"① 新民主主义革命时期，高校思政课的开创就是提供并让青年学生掌握"批判的武器"，在实践中运用这一"批判的武器"对帝国主义、封建主义、官僚资本主义等进行"武器的批判"。这一时期，新民主主义革命理论是思政课所推出的"批判的武器"，主要目的是实现"武器的批判"，取得革命的胜利。

另一方面，高校思政课以批判性推动建设性。对当时的青年学生而言，马克思列宁主义是一个既陌生又新奇的理论。在教师的指导下，很多学生第一次了解到资本主义剥削的秘密，第一次从历史唯物主义视角分析和认识中国近代历史和中国社会。中国共产党将马克思列宁主义与中国具体实际相结合开辟出农村包围城市、武装夺取政权的革命道路，逐步取得对旧社会、旧制度批判的胜利，形成了新民主主义革命理论。1964 年 3 月 24 日，毛泽东在谈到《毛泽东选集》时说："这是血的著作。""血的著作，也是在血泊中找到的真理。面对强大残酷的敌人，要取得革命胜利，就逼迫着我们要制定正确的方针政策，形成正确的理论。是最残酷的革命实践让中国共产党以最快速度接近并找到真理。"② 所以，中国共产党带领中国人民结合中国的具体实际对旧中国、对资本主义、对帝国主义展开的"最残酷的革命实践"，促进了新民主主义革命理论的诞生，并取得了新民主主义革命的胜利，使马克思主义的真理性、科学性和人民性在实践中被不断证明，马克思主义的世界观与方法论更加深入

---

① 《马克思恩格斯选集》第 1 卷，人民出版社，2012，第 9 页。

② 戚义明：《新中国成立后毛泽东自我评价四则》，《湘潮》2016 年第 10 期。

人心，马克思主义的影响力不断增强和扩大。

二　社会主义革命和建设时期：探索阶段

中华人民共和国的成立，开启了中国共产党在全国高校范围内开设思政课的新历史时期。高校思政课实现了从点到面、从特殊到普遍、从零散到系统的全面发展。在社会主义革命和建设时期，高校思政课无论是在传导主流意识形态，还是在直面各种不良思潮方面，既取得了宝贵经验，也积累了深刻的经验教训。

（一）社会主义革命和建设时期高校思政课的建设性

在社会主义革命和建设时期，高校思政课前后分为两个发展阶段：第一阶段是大跨步式的快速发展时期，第二阶段是在曲折中发展和被迫停止时期。

在社会主义革命时期，高校思政课以马克思列宁主义为基本内容，紧紧围绕党的中心任务展开。从中华人民共和国成立到社会主义改造基本完成的七年时间里，中国共产党的中心任务就是要巩固新生的人民政权、恢复和发展国民经济、维护国家主权和安全、保持优良传统和作风、实现向社会主义过渡，即改造旧社会、建立新社会。从筹建中华人民共和国开始，中国共产党就十分注重思想文化领域的建设性。具有临时宪法性质的《中国人民政治协商会议共同纲领》提出，人民政府的文化教育工作，“应以提高人民文化水平、培养国家建设人才、肃清封建的、买办的、法西斯主义的思想、发展为人民服务的思想为主要任务”①。所以，中华人民共和国成立后，确立马克思主义在意识形态领域的主导地位，是中国共产党思想政治教育的首要任务。高校普遍开设思政课，是改造国民政府时期按照训政教育理念建立的旧社会大学的重要标志，要使这些没有

① 《建国以来重要文献选编》第1册，中央文献出版社，1992，第11页。

一所能够培养出“懂点马克思主义的知识分子”[①] 的旧大学转化成新型人民大学，实现确立马克思主义在意识形态领域的主导地位的目的。中华人民共和国的高校思政课最早在华北地区部分高校开设。1949 年 10 月 12 日，华北高等教育委员会颁布了《各大学专科学校文法学院各系课程暂行规定》，将“辩证唯物论与历史唯物论”“新民主主义论”“政治经济学”列为文法学院的公共必修课。随后，《人民日报》社论对高校政治课的开设进行了充分肯定，指出“这是改革大学课程一个重要的开端”[②]。同年 11 月，教育部明确提出加强政治课学习是当前课程改革的中心任务。1950 年，教育部颁布《关于实施高等学校课程改革的决定》，要求全国高校开设新民主主义的革命政治课程。1952 年，全国高校院系调整之后，教育部接着出台《关于全国高等学校马克思列宁主义、毛泽东思想课程的指示》，要求工、农、医等专门学校开设“新民主主义论”“政治经济学”课，综合性大学及财经艺术等学院在此基础上加开“辩证唯物论与历史唯物论”课，并要求各类高校自 1953 年起开设“马列主义基础”课程。1955 年，毛泽东和党中央根据党和国家工作重点的转移，提出社会主义建设时期要对全国人民进行辩证唯物主义和历史唯物主义教育、社会主义信念教育、集体教育和艰苦奋斗精神教育这四个方面的思想政治教育。1956 年 9 月，高教部颁布《关于高等学校政治理论课程的规定（试行方案）》，正式规定各高校开设“马列主义基础”“中国革命史”“政治经济学”“辩证唯物主义与历史唯物主义”四门政治理论课程。高校四门政治课的设立，标志着高校思政课体系初步构建起来。1956 年底，社会主义改造完成标志着社会主义基本制度在我国建立。由此，我国进入全面建设社会主义时期。高校政治课的任务也转变为培养“有社会主义觉悟的有文化的劳动者”。《论十大关系》、党的八大和《关于正确处理人民内部矛盾的问题》

① 张秋生：《刘少奇对北平工会工作的指示》，《北京党史》1992 年第 4 期。

② 《认真实施文法学院新的课程》，《人民日报》1949 年 10 月 14 日。

先后提出，要调动一切积极因素为社会主义事业服务。这一时期，高校思政课主动顺应社会主要矛盾的转变，在传导社会主义意识形态、调动一切积极因素为社会主义事业服务方面发挥了重要作用。正如毛泽东在《读苏联〈政治经济学教科书〉的谈话（节选）》中所说：“提高劳动生产率，一靠物质技术，二靠文化教育，三靠政治思想工作。后两者都是精神作用。”①

但是不久，在国内外形势和问题相互交织的影响下，国内政治氛围逐渐“左”倾，尤其是受到总路线、“大跃进”和人民公社“三面红旗”的影响，高校思政课在指导思想上和内容上逐渐脱离实际，步入了“左”的轨道。1957 年秋以后，受到全党整风运动和反右派斗争的影响，先是 1957 年下半年暂停原先四门政治课，只开设一门“社会主义教育”课，后是在 1958 年《对高等学校政治教育工作的几点意见（草稿）》中要求恢复“马列主义基础”“政治经济学”“辩证唯物主义与历史唯物主义”课程，但内容上已经发生重大调整。防修反修、消灭资产阶级思想、以阶级斗争为纲等“阶级斗争教育”成为高校思政课的主要内容。这些错误的教育内容严重损害了高校思政课的权威性。随着党在指导思想上“左”的错误不断发展，高校思政课最终淹没在“文化大革命”的洪流之中。

（二）社会主义革命和建设时期高校思政课的批判性

从中华人民共和国成立到“文化大革命”前的十七年时间，既是我国经济基础和政治上层建筑深刻变化的时期，也是意识形态领域深刻变化的时期。随着中华人民共和国成立和之后社会主义制度的确立，人们的思想观念和价值取向要从旧社会的转变成新民主主义社会的，再转变成社会主义社会的。1957 年，毛泽东指出：“我们现在是处在一个社会大变动的时期。……就性质说来，现在的变动比过去的变动深刻得多。……这样的大变动当然要反映到人们的思

① 《毛泽东文集》第 8 卷，人民出版社，1999，第 124～125 页。

想上来看。”[①] 毛泽东也深刻认识到思想转变的复杂性和长期性，指出这是一项“长期的、耐心的、细致的工作”[②]，还必须“进行经常的、艰苦的社会主义革命斗争和社会主义教育”[③]。要确立马克思主义在意识形态领域的指导地位，就必须破除各种旧的、错误的思想在人们头脑中的影响。教育领域，尤其是高等教育领域更是思想交锋的主战场。高校思政课在这一时期的核心任务就是破旧立新，推动青年学生革命化，坚定马克思主义的政治立场。但随着党的指导思想逐渐“左”倾，高校思政课的批判性也发生了偏离。从整体上看，社会主义革命和建设时期对非马克思主义思想的批判分为两个阶段。

第一阶段是中华人民共和国成立初期到社会主义改造结束。虽然新民主主义革命使帝国主义、封建主义和官僚资本主义的政治上层建筑和经济基础被摧毁，但帝国主义、封建主义和官僚资本主义的思想文化残余在一定时期和范围内依旧会存在。抗日战争时期日本帝国主义在占领区进行的奴化教育和国民党统治时期的训政教育所产生的消极影响，都是需要彻底清除的内容。在新民主主义社会中，经济结构中经济成分的多样性决定了思想文化领域中除了马克思主义还存在其他非无产阶级的思想观念。资产阶级和小资产阶级思想在思想文化领域，尤其是在知识分子和青年学生群体中具有相当大的影响。同时，中国革命取得基本胜利，但民主革命的任务并没有彻底完成。毛泽东早在党的七届二中全会上就指出：“中国革命在全国胜利，并且解决了土地问题以后，中国还存在着两种基本的矛盾。第一种是国内的，即工人阶级和资产阶级的矛盾。第二种是国外的，即中国和帝国主义国家的矛盾。”[④] 1952 年底，民主革命遗留任务基本完成，国内的阶级关系发生了重大变化。毛泽东提出：“在打倒地主阶级和官僚资产阶级以后，中国内部的主要矛盾即是工

---

① 《毛泽东文集》第 7 卷，人民出版社，1999，第 267 页。

② 《毛泽东文集》第 7 卷，人民出版社，1999，第 279 页。

③ 《毛泽东文集》第 7 卷，人民出版社，1999，第 268 页。

④ 《毛泽东选集》第 4 卷，人民出版社，1991，第 1433 页。

人阶级与民族资产阶级的矛盾。”[①] 党中央认为向社会主义过渡的时机已经到来，1953 年 6 月，提出了“一化三改”的总路线。1955 年，以《武训传》为导火索，党中央印发了《中共中央关于宣传唯物主义思想批判资产阶级唯心主义思想的指示》，在全国范围内掀起了宣传唯物主义思想、批判资产阶级唯心主义思想的运动。1956 年底，随着社会主义生产资料私有制改造的完成，我国基本上解决了资本主义所有制与社会主义所有制之间的矛盾，结束了几千年的剥削制度的历史，社会主义制度在我国基本建立起来。[②] 所以，在中华人民共和国成立初期到社会主义改造结束之前，中国意识形态领域情况十分复杂，帝国主义、封建主义和官僚资本主义的思想文化残余仍然广泛存在，无产阶级、资产阶级、小资产阶级等阶级的思想并存，思想宣传战线的斗争十分激烈。高校思政课站在革命与反动、先进与落后、科学与谬误较量斗争的最前线。思政课批判性的主要任务是对受过旧式教育的青年学生进行思想改造，清除封建的、买办的、法西斯主义的思想影响，同时对资产阶级和小资产阶级的错误思想进行批判。

第二阶段是全面建设社会主义时期。思政课批判性的主要任务本来应该是培养“有社会主义觉悟的有文化的劳动者”，但随着全面建设社会主义时期“左”倾错误不断加深，“以阶级斗争为纲”逐渐转变为主要任务。1956 年党的八大进一步明确当时社会主要矛盾是，人民对于建立先进的工业国的要求同落后的农业国的现实之间的矛盾、人民对于经济文化迅速发展的需要同当前经济文化不能满足人民需要的状况之间的矛盾。但是，这些认识并没有很好地坚持下来。随着国内外一些重大事件的发生，我们党对国内外阶级斗争的形势作出了过于严重的估计，党的八大二次会议改变了党的八

① 《毛泽东文集》第 6 卷，人民出版社，1999，第 231 页。

② 尚娜娜：《中国共产党研判、解决社会主要矛盾的百年图景》，《理论导刊》2021 年第 7 期。

大关于我国社会主要矛盾的正确判断，错误地认为在社会主义社会建成以前，无产阶级与资产阶级的矛盾、社会主义道路与资本主义道路的矛盾，始终是我国社会的主要矛盾。这是后来阶级斗争扩大化的重要原因。对社会主要矛盾错误的判断同时反映在高校思政课中，思政课开始以阶级斗争教育为主要内容。1964 年 9 月 14 日，中央宣传部、高教部党组和教育部临时党组印发《关于改进高等学校、中等学校政治理论课的意见》，指出："社会主义时期，存在着资产阶级和无产阶级的阶级斗争，存在着资本主义和社会主义两条道路的斗争，因而也存在着资本主义复辟的危险。"① 高校政治课"必须同国内国际的阶级斗争密切联系，坚决反对主要危险现代修正主义，同时也反对现代教条主义"②。《关于改进高等学校、中等学校政治理论课的意见》进一步强调，"在学校中同资产阶级争夺青年一代的任务，是十分艰巨的"③。为此，"形势与任务""中共党史""哲学""政治经济学"等课程都要以阶级斗争为主线展开教学。比如，"中共党史"课程要求以党内两条路线斗争为中心。高校政治课在"左"的错误批判的道路上越走越远，直到"文化大革命"中随着高等学校停止招生，思政课也一度停滞。

（三）社会主义革命和建设时期高校思政课建设性和批判性相统一

在社会主义革命和建设时期，高校思政课建设性和批判性相统一中建设性和批判性两者的地位不断变化；高校思政课建设性和批判性相统一的做法既有有益的一面，也有失误的一面。

一方面，高校思政课建设性和批判性在相统一的关系中地位不断变化。一般而言，在新民主主义革命已经取得胜利，战争人才不

---

① 《建国以来重要文献选编》第 19 册，中央文献出版社，1998，第 215 页。

② 《建国以来重要文献选编》第 19 册，中央文献出版社，1998，第 216 页。

③ 《建国以来重要文献选编》第 19 册，中央文献出版社，1998，第 216 页。

再是中国共产党创办的新式高校的主要人才培养目标的大环境下，在思政课建设性和批判性相统一的关系中，建设性在各个方面占据着主导地位，为传导主流意识形态提供良好的环境和途径；批判性在各个方面居于从属地位，直面各种不良观点和思潮，从“破”的角度阐述和维护主流意识形态的科学性和真理性，其目的是服务建设性的“立”。但在社会主义革命和建设时期，思政课的建设性和批判性相统一的关系更为复杂，既有建设性占主导地位的时期，又有批判性占主导地位的时期。在中华人民共和国成立初期，建设性占据着主导地位，批判性为建设性服务。高校思政课承担着思想上破旧立新的重要任务，在肃清帝国主义、封建主义和官僚资本主义思想以及资产阶级、小资产阶级思想的同时，加强爱祖国、爱人民、爱劳动、爱科学、爱护公共财产的教育，推动青年学生树立为人民服务的思想。破旧是手段，立新是目的。对青年学生进行思想改造的基本点是树立马克思主义的世界观、人生观和价值观。从党的八大二次会议开始，批判性占据着主导地位，建设性为批判性服务。在“以阶级斗争为纲”的错误思想的指导下，高校思政课的内容也以阶级斗争为中心，围绕阶级斗争展开。高校思政课的培养目标从“培养社会主义建设者和接班人”变为培养“坚强的革命接班人”。这里的“革命”即是阶级斗争的含义。在资产阶级作为一个阶级已经被消灭，人民内部矛盾成为国家政治生活主题的社会中，“以阶级斗争为纲”的错误指导思想让批判从手段变为目的。

另一方面，高校思政课建设性和批判性相统一的做法既有有益的一面，也有失误的一面。从中华人民共和国成立到党的八大，高校思政课的建设性和批判性相统一沿着正确的方向快速发展，为培养社会主义建设者和接班人，确立马克思主义在意识形态领域的指导地位做出了重大贡献，同时也为改革开放以后高校思政课的恢复与改革奠定了基础。从 1957 年到“文化大革命”结束，高校思政课的建设性和批判性相统一在曲折中发展，总体上呈现两种发展趋势。一种是正确的发展趋势。比如，强调思政课要与劳动生产相结合，不能脱离实际等。

另一种则是错误的发展趋势。这种错误的趋势是“左”的思想影响下形成的，脱离实际和违背客观发展规律，对思政课产生了负面效果。比如，思政课在建设性方面，宣传政治挂帅、片面强调人的主观意志和精神作用，大肆宣传急于过渡、急于求成的思想，极力鼓吹脱离实际的高指标、高速度，等等。[①] 这些思想和观点严重违背了马克思主义的基本原理，造成了青年学生思想的混乱。思政课在批判性方面，宣传“兴无灭资”的口号，使人民内部矛盾问题上升为阶级矛盾问题，强调用阶级斗争的方式分析和处理问题，将阶级斗争绝对化、教条化，严重束缚了青年学生的思想。这些错误的指导思想和教学内容严重损害了思政课的声誉和效果，造成恶劣的影响。

三　改革开放新时期：发展阶段

改革开放新时期，高校思政课经历了多个发展阶段，不断进行改革和调整，以适应社会经济发展和社会主义现代化建设的需要。高校思政课无论是传导主流意识形态，还是批判不良社会思潮和观点，能力和效果不断增强，建设性和批判性相统一的发展规律也更加明显。

（一）改革开放新时期高校思政课的建设性

恢复和重建时期：1977 年 7 月，邓小平第三次复出后，向党中央请缨分管教育和科技工作。早在复出之前，邓小平就向党中央提出，抓教育和科技工作，首要之举是坚决推翻教育战线的“两个估计”[②]，重新对全国教育战线十七年的工作进行评价。1977 年 8 月 8

---

① 《中国共产党思想政治教育史》，高等教育出版社，2016，第 179～180 页。

② “四人帮”一手炮制了“两个估计”论断。1971 年 4 月 15 日至 7 月 31 日，全国教育工作会议在北京举行。会议通过了《全国教育工作会议纪要》，其中提出了所谓“两个估计”，即解放后十七年“毛主席的无产阶级教育路线基本上没有得到贯彻执行”，“资产阶级专了无产阶级的政”；大多数教师和解放后培养的大批学生的“世界观基本上是资产阶级的”。“两个估计”否定了中华人民共和国成立之后十七年间教育战线的全部成果，也直接否定了高校思想政治课的成果。

日，邓小平在科学和教育工作座谈会上指出，对全国教育战线十七年工作的估计，“我看，主导方面是红线。应当肯定”。邓小平进一步指出：“特别是教育工作者，他们的劳动更辛苦。现在差不多各条战线的骨干力量，大都是建国以后我们自己培养的，特别是前十几年培养出来的。如果对十七年不作这样的估计，就无法解释我们所取得的一切成就了。”① 这就对中华人民共和国成立之后十七年的高等教育成果进行了肯定，也是对高校思政课的肯定。邓小平推翻了“两个估计”的错误判断，实现了教育战线的拨乱反正。高校思政课也迅速完成了重建与开设。1978 年 2 月，恢复高考制度后的首批大学生进入大学，对新时期大学生进行思想政治教育就十分重要和紧迫了。1978 年 4 月 22 日，邓小平在全国教育工作会议上强调：“学校要大力加强革命秩序和革命纪律，造就具有社会主义觉悟的一代新人，促进整个社会风气的革命化。”② 高校思政课开始积极承担起这一重要使命和任务。1980 年 4 月 29 日，教育部和共青团中央印发《关于加强高等学校学生思想政治工作的意见》，指出“在进行马列主义基本理论教育中，要着重进行坚持四项基本原则的教育。四项基本原则是立国的根本，是今后长期对学生进行思想教育的重要内容”③。同时还提出要大力进行革命理想教育和共产主义道德品质教育。1980 年 7 月，教育部印发了《改进和加强高等学校马列主义课的试行办法》，规定结合实践经验和现有条件，全国高等学校普遍开设“中共党史”“政治经济学”“哲学”这三门马列主义课。文科专业加开国际共产主义运动史或者科学社会主义。可以看到，高校思政课初步恢复阶段的课程设置基本上是对“文化大革命”前的课程设置的恢复和继承。但是高校思政课所面对的对象、所处的时代条件、所在的社会环境较“文革”时期都发生了深刻变化。高校思政

---

① 《邓小平文选》第 2 卷，人民出版社，1994，第 49 页。

② 《邓小平文选》第 2 卷，人民出版社，1994，第 105 页。

③ 《加强和改进大学生思想政治教育重要文献选编（1978－2014）》，知识产权出版社，2015，第 5 页。

课所面对的学生是与改革开放进程一同成长的青年学生。这些学生是在“文化大革命”的动乱中长大的，对“文化大革命”有着切身体会和思考；同时这些学生在改革开放的伟大进程中接受高等教育，思想解放，容易接受新鲜事物，也容易被新鲜事物影响。人们所处的社会是一个生活方式、就业方式、生产关系、价值观念都在发生深刻变化的社会，大量的新事物、新现象和新情况在改革开放的进程中不断出现。1984 年 9 月，《关于加强和改进高等院校马列主义理论教育的若干规定》和《关于高等学校开设共产主义思想品德课的若干规定》先后颁布，提出要在全国高等院校增设“中国社会主义建设基本问题”“共产主义思想品德”两门课程。由此，高校思政课实际上包含了“马克思主义理论课”和“思想品德课”（后简称“两课”）。

“85 方案”时期：在完成高校思政课恢复设立之后，为了适应我国社会主义现代化建设的需要，适应现代科学技术和经济政治的巨大发展变化，适应新时期大学生的心理发展的具体情况，以及各方面改革的需要，党和国家推动高校马克思主义理论课的改革。1985 年 8 月 1 日，党中央印发了《关于改革学校思想品德和政治理论课程教学的通知》。以这一文件为起点，高校思政课进入“85 方案”时期。“85 方案”提出：计划从 1986 年起，用 3 至 5 年的时间进行高校思政课教学改革工作，逐步开设新的课程。《关于改革学校思想品德和政治理论课程教学的通知》要求高校进行以中国革命史为中心的历史教育、马克思主义基本理论的教育，进行中国社会主义建设和改革的理论、政策和实际知识的教育。在进行上述各类教育中，要适时地穿插各种切合学生需要的时事教育、文学艺术教育以及向学生介绍当代政治经济的基本状况、国际关系的基础知识等。1986 年 3 月，国家教育委员会发布《关于在高等学校进一步贯彻〈中共中央关于改革学校思想品德和政治理论课程教学的通知〉的意见》，明确规定普通高校普遍开设“中国革命史”“中国社会主义建设”“马克思主义原理”“世界政治经济和国际关系”四门课。党的十三大明确了我国所处的社会主义阶段和党的基本路线，此时国际形势风起云涌，必须要加强大学生对国内外重大时事和党的路线方针政策的全面了解和把握。1987 年 3 月 17 日，国家教育委员会印发《关于进一步改革高等学校马克思主义理论课（公共课）教学的意见》，提出马克思主义理论教育的任务是“旗帜鲜明地坚持四项基本原则，深入、持久地反对资产阶级自由化，帮助青年学生逐步树立正确的世界观和人生观，沿着正确的方向健康成长”，强调“高等学校的马克思主义理论教育必须加强，决不能削弱”。为此，必须“要加快教学改革的步伐，根本改变马克思主义理论课‘三脱离’的状况，使马克思主义理论课真正具有说服力、吸引力、战斗力，成为受学生欢迎的课程”。[①] 针对“马克思主义理论课很难做到把学生的各种思想认识问题都包括进去，具体地加以解决”，文件指出“对学生应该进行个别的、深入细致的思想工作，但只靠个别思想工作也是不够的。”[②] 1987 年 10 月 20 日，国家教委颁布了《关于高等学校思想教育课程建设的意见》，针对学生普遍关心的形势、政策、人生、理想、道德、民主、法制、纪律等方面的问题，提出有计划地开设一些思想教育课程，将高校思想教育课程设置规定为五门：“形势与政策”与“法律基础”为必修课，“大学生思想修养”“人生哲理”“职业道德”为选修课。思想教育课主要是解答和讲授学生普遍关心的形势、政策、人生、理想、道德、民主、法制、纪律等方面的问题和内容。高校思政课“85 方案”的“两课”的课程设置格局基本形成。东欧剧变这样的国际政治大环境，与我国在改革开放的进程中处于急剧的社会转型之中各种社会问题和矛盾层出不穷的小环境相结合，我国在 1989 年春夏之交发生了严重的政治风波。这一事件的发生表明，国外敌对势力在意识形态领域同我们争夺青年一代的

① 《加强和改进大学生思想政治教育重要文献选编（1978 - 2014）》，知识产权出版社，2015，第 64 页。

② 《加强和改进大学生思想政治教育重要文献选编（1978 - 2014）》，知识产权出版社，2015，第 87 页。

斗争在高校表现得十分尖锐。我们党强调要把加强高校的马克思主义理论教育作为反对“和平演变”和培养社会主义事业可靠接班人的一项战略任务。在经历了1989年政治风波之后，我国高校思政课出现了新的转机。针对高校思政课存在“脱离国内外现实实际、脱离学生思想实际”的不足与问题，国家教委印发了《关于加强和改进高等学校马克思主义理论教育的若干意见》。该意见强调：“教学改革的重点是教学内容的改革，关键是在于加强理论联系实际，把理论教育同国内外现实实际和学生的思想实际紧密地结合起来。”①1992年党的十四大明确使用了“邓小平同志建设有中国特色社会主义理论”这一概念，确立了这一理论在全党的指导地位。1993年6月，国家教委思想政治工作司召开了“新形势下高校思想政治教育课程建设座谈会”。这次会议对“85方案”实施的经验教训进行了总结，并进行了调整：将“思想教育课”这一名称改为“思想政治教育课程”；将原来“大学生思想修养”“人生哲理”两门选修课合并成为“思想道德修养”这门必修课。1993年8月13日，中组部、中宣部和国家教委联合印发了《关于新形势下加强和改进高等学校党的建设和思想政治工作的若干意见》。这一文件对高校思政课教学内容的改革提出了两方面的要求：一是教学内容要贯彻建设有中国特色社会主义理论，吸收和反映建设有中国特色社会主义伟大实践中产生的新的科学理论成果；二是将理论和实践相结合，回答学生普遍关心的“热点”问题。1995年10月24日，国家教委印发的《关于高校马克思主义理论课和思想品德课教学改革的若干意见》进一步提出，“两课”教学要以邓小平同志建设有中国特色社会主义理论为中心内容，要把邓小平同志建设有中国特色社会主义理论“编成教材，进入课堂，用以教育武装青年学生”。同年，国家教委颁布《中国普通高校德育大纲》，规定了德育包含十个方面的教学内容：

---

① 《加强和改进大学生思想政治教育重要文献选编（1978－2014）》，知识产权出版社，2015，第114页。

一是马克思列宁主义、毛泽东思想和邓小平同志建设有中国特色社会主义理论教育；二是爱国主义教育；三是党的路线方针政策和形势教育；四是民主、法制教育；五是人生观教育；六是道德品质教育；七是学风教育；八是劳动教育；九是审美教育；十是心理健康教育。《中国普通高校德育大纲》同时提出要形成以爱国主义、集体主义、社会主义教育为核心的，相对稳定的教学内容体系。

“98 方案”时期：1997 年党的十五大正式使用“邓小平理论”，将其确立为党的指导思想并写入党章。根据党的十五大精神和《中共中央关于进一步加强和改进学校德育工作的若干意见》，邓小平理论“进教材，进课堂，进学生头脑”成为高校思政课的重大课题。1998 年 4 月 28 日，中宣部、教育部印发了《关于普通高等学校开设〈邓小平理论概论〉课的通知》，要求从 1998 年秋季开始，普通高校都要以“中国社会主义建设”课程为基础，开设“邓小平理论概论”课。1998 年 6 月 10 日，中宣部和教育部印发了《关于普通高等学校“两课”课程设置的规定及其实施工作的意见》，对高校思政课课程设置进行了明确的规定，积极推进邓小平理论“三进”工作。这标志着高校思政课“98 方案”的诞生。“98 方案”对“两课”的课程设置进行了新的规定：本科阶段马克思主义理论课开设“马克思主义哲学原理”“马克思主义政治经济学原理”“毛泽东思想概论”“邓小平理论概论”“当代世界经济与政治”；本科阶段思想品德课开设“思想道德修养”“法律基础”。“形势与政策”课在“两课”体系之外，但也是公共必修课。“两课”的八门课程概括起来就是进行马克思主义基本原理教育、马克思主义中国化理论成果教育和社会主义的世界观、人生观和价值观等道德品质教育三个层面的教育。2002 年党的十六大将“三个代表”重要思想确立为党的指导思想并写入党章。随后，教育部印发了《关于进一步深化“三个代表”重要思想“三进”工作的通知》，“三个代表”重要思想进教材、进课堂、进学生头脑成为高校“两课”教育教学的首要任务。2003 年 2 月 12 日，教育部印发了《关于进一步深化“三个代表”重要思想

“三进”工作的通知》，将“邓小平理论概论”课调整为“邓小平理论和‘三个代表’重要思想概论”课。

“05 方案”时期：经过 20 多年改革开放和社会主义现代化建设，我国社会经济发展水平迈上了一个新台阶，提前完成了“三步走”发展战略的前两步。党的十六大的召开标志着我国进入全面建设小康社会的新世纪新阶段。在实践方面，中国特色社会主义制度和道路的优越性越来越显著。在理论方面，党的十六大之后，中国共产党在以“三个代表”重要思想为指导全面建设小康社会的过程中，不断推进马克思主义中国化和时代化。在国内外形势深刻变化的时代环境中，以胡锦涛同志为总书记的党中央高度重视思想政治建设，对意识形态领域工作作出重要指示。高校思政课由此展开了新一轮的改革。2004 年 8 月 26 日，《中共中央 国务院关于进一步加强和改进大学生思想政治教育的意见》发布，强调要充分发挥课堂在大学生思想政治教育中的主导作用，提出了要全面加强思政课建设的任务。为了深入贯彻落实《中共中央 国务院关于进一步加强和改进大学生思想政治教育的意见》中关于高校思政课的意见，我国先后印发了《中共中央宣传部、教育部关于进一步加强和改进高等学校思想政治理论课的意见》和《〈中共中央宣传部、教育部关于进一步加强和改进高等学校思想政治理论课的意见〉实施方案》。以此为标志，高校思政课进入一个新的发展阶段，即“05 方案”时期，思政课开始被称为“思想政治理论课”。其中，《中共中央宣传部、教育部关于进一步加强和改进高等学校思想政治理论课的意见》提出，高校思政课要以马克思主义中国化的理论成果即毛泽东思想、邓小平理论和“三个代表”重要思想为中心内容，开展马克思主义人生观、价值观、道德观和法制观的教育，开展中国近现代史的教育，开展党的路线、方针和政策的教育。由此形成了“马克思主义基本原理概论”“毛泽东思想、邓小平理论和‘三个代表’重要思想概论”“中国近现代史纲要”“思想道德修养与法律基础”“形势与政策”这一高校思政课程框架。可以看出，该意见对高校本科生思政课的课程设置进行了大幅度的调整和整合，改变了过去“两课”体系，对课程数量进行了精简。2007 年，党的十七大提出了中国特色社会主义理论体系的科学概念，“中国特色社会主义理论体系，就是包括邓小平理论、‘三个代表’重要思想以及科学发展观等重大战略思想在内的科学理论体系”，同时把科学发展观写入党章。根据党的十七大提出的“中国特色社会主义理论体系”重大命题，教材《毛泽东思想、邓小平理论和“三个代表”重要思想概论》进行了新的修订，并改名为《毛泽东思想和中国特色社会主义理论体系概论》，课程名称也改为“毛泽东思想和中国特色社会主义理论体系概论”。2008 年 9 月 23 日，《中共中央宣传部、教育部关于进一步加强高等学校思想政治理论课教师队伍建设的意见》印发，提出要从本科思政课现有学分中划出 2 个学分开展思政课实践教学。这就明确了社会实践在高校思政课中的重要地位。2009 年 3 月 30 日，《教育部办公厅关于在高校思想政治理论课中开展科学发展观专题教育活动的通知》发布，提出坚持把科学发展观作为理论武装的重要内容，进一步加强理论教育，深入推进科学发展观进教材、进课堂、进学生头脑。[①] 总体而言，改革开放新时期高校思政课的建设性经历了从多样到统一的发展过程，建设性的科学性和有效性不断增强。

（二）改革开放新时期高校思政课的批判性

恢复与重建时期：恢复设立之初，高校思政课批判的对象集中在两个方面：一方面，高校思政课肃清林彪、“四人帮”的思想流毒，清除他们强加给马克思主义和毛泽东思想的错误内容，恢复马克思主义和毛泽东思想的原本面貌；另一方面，随着“文化大革命”的结束，一部分青年学生由于过去受错误思想的毒害，在思想上产

---

① 《教育部办公厅关于在高校思想政治理论课中开展科学发展观专题教育活动的通知》，中华人民共和国教育部，http：//www. moe. gov. cn/srcsite/A13/moe_772/200903/t20090330_80375. html。

生了迷茫无措、失去方向等问题。1980 年 4 月 29 日，教育部、共青团中央印发的《关于加强高校学生思想政治工作的意见》指出，一部分青年学生“过去受林彪、‘四人帮’极左思潮的影响，现在虽已感到自己的天真幼稚，立场、情感转变得也比较好，但往往由于思想方法片面、偏激，容易受社会上‘左’的或右的思潮的影响；有些人受了林彪、‘四人帮’的毒害，不能正确地总结经验，自谓‘看破了红尘’，对四项基本原则产生怀疑，对四个现代化缺乏信心；极少数人甚至打着‘反特权’、‘反官僚’的旗号，把矛头指向党的领导和社会主义制度”①，针对青年学生中存在的这些问题，高校思政课必须加以批判和引导，澄清青年学生思想上的困惑和迷雾，“划清社会主义民主和资产阶级民主的界限，反对无政府主义和极端民主化的倾向”②，坚定正确的政治立场和对社会主义的信心。

“85 方案”时期：随着对外开放步伐向前迈进，在学习和吸收世界先进技术和知识文化的同时，西方大量的思想理论、社会思潮以及一些腐朽生活方式和价值观念也趁机进入中国。与此同时，在社会急遽转变的改革时期，价值观念和道德品质在新与旧的碰撞之中不稳定性大大增强。此时，高校思政课所批判的内容却严重脱离学生的思想实际，脱离我国社会主义现代化建设的实际和脱离世界实际，致使思政课在青年学生中的影响力和可信度大大降低，导致学生对思政课不感兴趣。在青年学生中，“有些人缺乏远大理想，学习不努力，纪律松弛，个人主义严重。极少数人盲目崇拜外国，向往资产阶级自由化”③。对此，邓小平强调要“旗帜鲜明地反对资产阶级自由化”，“凡是闹得起来的地方，都是因为那里的领导旗帜不鲜

① 《加强和改进大学生思想政治教育重要文献选编（1978－2014）》，知识产权出版社，2015，第 5 页。

② 《加强和改进大学生思想政治教育重要文献选编（1978－2014）》，知识产权出版社，2015，第 5 页。

③ 《加强和改进大学生思想政治教育重要文献选编（1978－2014）》，知识产权出版社，2015，第 49 页。

明，态度不坚决。这也不是一个两个地方的问题，也不是一年两年的问题，是几年来反对资产阶级自由化思潮旗帜不鲜明、态度不坚决的结果。要旗帜鲜明地坚持四项基本原则，否则就是放任了资产阶级自由化，问题就出在这里”[①]。国家教委在1987年3月5日印发《关于在高等学校马克思主义理论课（公共课）教学中旗帜鲜明地坚持四项基本原则反对资产阶级自由化的通知》，要求马克思主义理论课教学，要依据各门课自身的特点，在保证科学性的前提下，与反对资产阶级自由化的斗争正确地结合起来。该通知提出了马克思主义理论课教学中需要从正反两个方面重点阐明的七个方面的问题。[②]此后，1989年政治风波进一步暴露出思想政治教育的薄弱和不足，邓小平总结问题所在，指出“如果说有错误的话，就是坚持四项基本原则还不够一贯，没有把它作为基本思想来教育人民，教育学生，教育全体干部和共产党员。这次事件的性质，就是资产阶级自由化和四个坚持的对立。四个坚持、思想政治工作、反对资产阶级自由化、反对精神污染，我们不是没有讲，而是缺乏一贯性，没有行动，甚至讲得都很少。不是错在四个坚持本身，而是错在坚持得不够一贯，教育和思想政治工作太差”[③]。这一次我们党痛定思痛，总结经

① 《邓小平文选》第3卷，人民出版社，1993，第194页。

② 《关于在高等学校马克思主义理论课（公共课）教学中旗帜鲜明地坚持四项基本原则反对资产阶级自由化的通知》指出，在教学中重点阐明以下几方面的问题：（1）社会主义是历史发展的必然；（2）我国要集中精力进行社会主义建设，必须有稳定的政治环境，必须有一个强力的领导核心，这就是中国共产党；（3）要争取一个安定团结的政治局面，没有人民民主专政不行；（4）坚持以马列主义、毛泽东思想为指导，是我国社会主义现代化建设事业的根本；（5）要全面、正确地理解党的十一届三中全会以来的路线；（6）正确认识知识分子的地位和作用以及当代青年知识分子的成长道路，批评挑拨知识分子和党及工人、农民关系的错误言论；（7）要根据第六届全国人大常委会第十九次会议颁布的《关于加强法制教育维护安定团结的决定》，进行以宪法为核心的法制教育，使学生掌握这一坚持四项基本原则、反对资产阶级自由化、维护安定团结的强有力的法律武器和思想武器。

③ 《邓小平文选》第3卷，人民出版社，1993，第305页。

验教训，在各方面增强了高校思政课的批判性。1991 年 8 月 3 日，国家教委在《关于加强和改进高等学校马克思主义理论教育的若干意见》中提出，高校思政课要把理论教育同国内外现实实际和学生的思想实际紧密地结合起来，“特别要引导学生树立马克思主义的群众观点、阶级观点、劳动观点、辩证唯物主义观点；要结合历史经验和现实斗争，进行反对国际敌对势力侵略、干涉、渗透、颠覆、和平演变的教育，增强学生识别、抵制和批判资产阶级意识形态的能力”①。

“98 方案”时期：由于我国处于社会主义初级阶段，在改革开放和社会主义现代化建设的过程中除了要面对来自西方世界“和平演变”的危险，也要面对封建主义愚昧邪说等糟粕沉渣泛起的危险。针对“法轮功”在人民生命安全、社会稳定、国家安全等方面产生的消极影响，教育部印发通知，提出要把马克思主义唯物论和无神论教育作为新学期政治理论学习的主要内容，并注意将其充实到“两课”及其他有关课程的教学中，使学生通过学习掌握辩证唯物主义和历史唯物主义的基本原理和基本观点，进一步划清唯物论与唯心论、无神论与有神论、科学与迷信的界限。此后，教育部党组、共青团中央还印发了《关于在各级各类学校广泛开展“校园决绝邪教”活动的通知》，提出大学应结合“法律基础知识”和“形势与政策”课开展教育，进一步教育和引导广大青年学生认清“法轮功”邪教本质。

“05 方案”时期：随着东欧剧变、苏联解体，社会主义中国成为西方敌对势力“和平演变”的首要目标，西方敌对势力利用人权、民主、宗教、民族等问题，采取多种手段接力对我国实施“西化”“分化”战略。与此同时，我国进入改革的攻坚阶段和发展的关键时期，社会情况发生了复杂而深刻的变化，经济、思想领域的矛盾不断增多，人们思想的多样性、独立性和选择性日趋复杂，这就为各

① 《加强和改进大学生思想政治教育重要文献选编（1978－2014）》，知识产权出版社，2015，第 114 页。

种不良社会思潮和观点传播提供了基础。互联网和多媒体等现代信息传播工具的迅速发展，更使这些不良社会思潮和观点有了传播媒介和生存空间。受此影响，一些大学生不同程度地存在政治信仰迷茫、理想信念模糊、价值取向扭曲、诚信意识淡薄、社会责任感缺乏、艰苦奋斗精神淡化、团结协作观念较差、心理素质欠佳等问题。为此，高校思政课不断推进改革创新，适应时代特点和需要，适应青年学生成长规律和心理特征，不断用马克思主义中国化的最新成果武装青年学生头脑，回答好改革开放和社会主义现代化进程中出现的各种重大的理论和实践问题，解决好青年学生思想和心理方面存在的各种问题。

（三）改革开放新时期高校思政课建设性和批判性相统一

回顾改革开放新时期高校思政课发展的历程可以发现，虽然高校思政课没有明确总结和提炼“坚持建设性和批判性相统一”的规律和要求，但高校思政课始终遵循着建设性和批判性相统一的规律不断向前发展。高校思政课恢复设立之后，首先对林彪和“四人帮”思想的余毒进行批判和肃清，然后逐渐与改革开放新时期的历史进程同步，与党的理论创新同步，与实践中的重大理论与实践问题相联系。在这一过程中，建设性和批判性相互影响、相互作用。

一方面，高校思政课建设性紧跟改革开放新时期党的创新理论发展，为批判性夯实理论基础。从“邓小平同志建设有中国特色社会主义理论”到“邓小平理论”“‘三个代表’重要思想”“科学发展观”“中国特色社会主义理论体系”，党的创新理论被及时吸纳进高校思政课建设性内容中，不断增强党和国家主流意识形态的理论性、权威性和解释力。党的创新理论为青年学生发现问题、分析问题和解决问题提供了坚定的立场、正确的观点、科学的方法，“批判的武器”更为锐利。

另一方面，高校思政课展开对各种不良社会思潮和观点的批判，维护建设性。在改革开放新时期，我国面临着诸多风险与挑战、困难与矛盾。国内外各种社会思潮的激荡以及现实的社会矛盾和社会问题对青年学生的思想意识产生了不良影响。高校思政课运用马克思主义理论、党的创新理论等主流意识形态对无政府主义、极端民主化、个人主义、资产阶级自由化、封建主义残余等错误社会思潮和价值观进行了及时、有力的批判，进一步凸显了马克思主义的科学性和真理性，进一步凸显了党的创新理论的科学性和真理性，进一步推进了主流意识形态入脑、入心、入行。

在这一过程中可以看到，建设性是批判性的基础，为批判性提供了强有力的武器，增强和拓展了批判性的力度和深度；与此同时，批判性为建设性提供了实践支撑，使建设性的内容落地生根，以实践检验了理论的真理性，增强了理论的说服力。在建设性和批判性互相促进、互相影响中，建设性占据着主导地位、是根本，批判性围绕着增强建设性开展。

四　中国特色社会主义新时代：成熟阶段

2019年3月18日，习近平总书记主持召开了学校思想政治理论课教师座谈会。由总书记亲自主持召开与一线教师特别是思政课教师的座谈会，这在中国共产党历史上和中华人民共和国历史上都还是第一次。座谈会上，习近平总书记用了“千秋伟业”“关键课程”“不可替代”等关键词来概括办好思政课的重大意义。总书记特别强调，办好思政课站位要高、视野要广，这充分体现了以习近平同志为核心的党中央对学生思想政治工作的高度重视。在学校思想政治理论课教师座谈会上，习近平总书记第一次明确提出思政课要坚持“八个相统一”，第一次明确提出“坚持建设性和批判性相统一”①，标志着思政课“坚持建设性和批判性相统一”在丰富的历史经验和实践基础上走向成熟。

① 习近平：《思政课是落实立德树人根本任务的关键课程》，《求是》2020年第17期。

（一）中国特色社会主义新时代高校思政课的建设性

党的十八大以来，高校思政课进入了新时代的发展阶段。2013年，中共中央办公厅印发《关于培育和践行社会主义核心价值观的意见》，强调用社会主义核心价值观引领社会思潮、凝聚社会共识；深入开展中国特色社会主义和中国梦宣传教育，不断增强人们的道路自信、理论自信、制度自信、文化自信，坚定全社会全面深化改革的意志和决心；加强社会思潮动态分析，强化对社会热点难点问题的正面引导，在尊重差异中扩大社会认同，在包容多样中形成思想共识。[①] 2016年，中共中央、国务院印发《关于加强和改进新形势下高校思想政治工作的意见》，强调加强和改进高校思想政治工作具有特殊重要性，高校是巩固马克思主义指导地位、发展社会主义意识形态的重要阵地。要强化思想理论教育和价值引领。“进一步办好高校思想政治理论课。充分发挥思想政治理论课的主渠道作用，深入实施高校思想政治理论课建设体系创新计划，完善教材体系，提高教师素质，创新教学方法，增强教学的吸引力、说服力、感染力。”[②] 随后，习近平总书记在全国高校思想政治工作会议上讲话强调：“要坚持不懈传播马克思主义科学理论，抓好马克思主义理论教育，为学生一生成长奠定科学的思想基础。要坚持不懈培育和弘扬社会主义核心价值观，引导广大师生做社会主义核心价值观的坚定信仰者、积极传播者、模范践行者。”[③] 同时，世界每时每刻都在发生变化，中国也每时每刻都在发生变化，我们必须在理论上跟上时代，不断认识规律，不断推进理论创新等。党的理论创新要跟上时代的步伐，高校思政课建设性要跟上党的理论创新步伐。从习近平总书记系列重要讲话精神到习近平新时代中国特色社会主义思想，

① 《十八大以来重要文献选编》（上），中央文献出版社，2014，第582页。

② 《十八大以来重要文献选编》（下），中央文献出版社，2018，第482~483页。

③ 《习近平谈治国理政》第二卷，外文出版社，2017，第377页。

高校思政课及时把马克思主义中国化的最新理论成果融入和吸收进教学之中。为了切实加强高校思政课建设，全面推进习近平新时代中国特色社会主义思想“三进”工作，培养担当民族复兴大任的时代新人，教育部于2018年4月印发了《新时代高校思想政治理论课教学工作基本要求》。这是党的十九大之后印发的直接针对思政课建设的重要文件，具有很强的现实针对性、指导性和可操作性。为推动习近平新时代中国特色社会主义思想“三进”工作，按照党中央统一部署，中宣部、教育部组织专家对高校思政课教材进行全面系统修订，《马克思主义基本原理概论》《毛泽东思想和中国特色社会主义理论体系概论》《中国近现代史纲要》《思想道德修养与法律基础》2018年修订版教材于2018年秋季学期投入使用。2019年3月18日，习近平总书记在学校思想政治理论课教师座谈会上明确提出了推动思政课改革创新的重要目标和“八个相统一”的重要原则，为高校思政课的改革创新指明了方向和路径。“八个相统一”是对思政课建设长期以来形成的一系列规律性认识和成功经验的科学概括。“坚持建设性和批判性相统一”在“八个相统一”原则中占有非常重要的地位。为了贯彻落实习近平新时代中国特色社会主义思想和党的十九大精神，贯彻落实习近平总书记在学校思想政治理论课教师座谈会上的重要讲话精神，2019年8月14日，中共中央办公厅、国务院办公厅印发《关于深化新时代学校思想政治理论课改革创新的若干意见》，提出在保持思政课必修课程设置相对稳定基础上，全国重点马克思主义学院率先开设“习近平新时代中国特色社会主义思想概论”课。同时，各高校要重点围绕习近平新时代中国特色社会主义思想，党史、国史、改革开放史、社会主义发展史、宪法法律、中华优秀传统文化等设定课程模块，开设系列选择性必修课程。新时代高校思政课在“05方案”的基础上开始构建以习近平新时代中国特色社会主义思想为核心内容的课程群。《关于深化新时代学校思想政治理论课改革创新的若干意见》同时提出了新时代思政课改革创新的六项基本原则：一是坚持党对思政课建设的全面领导，把加强和改进思政课建设摆在突出位置；二是坚持思政课建设与党的创新理论武装同步推进，全面推动习近平新时代中国特色社会主义思想进教材进课堂进学生头脑，把社会主义核心价值观贯穿国民教育全过程；三是坚持守正和创新相统一，落实新时代思政课改革创新要求，不断增强思政课的思想性、理论性和亲和力、针对性；四是坚持思政课在课程体系中的政治引领和价值引领作用，统筹大中小学思政课一体化建设，推动各类课程与思政课建设形成协同效应；五是坚持培养高素质专业化思政课教师队伍，积极为这支队伍成长发展搭建平台、创造条件；六是坚持问题导向和目标导向相结合，注重推动思政课建设内涵式发展，全面提升学生思想政治理论素养，实现知、情、意、行的统一。① 这一文件为新时代高校思政课改革创新提供具体的、可操作的指导。2020 年 12 月，为深入贯彻《关于深化新时代学校思想政治理论课改革创新的若干意见》精神，中央宣传部、教育部印发《新时代学校思想政治理论课改革创新实施方案》，突出强调全国重点马克思主义学院率先全面开设“习近平新时代中国特色社会主义思想概论”课，并要求全国所有高校本科阶段的大学生至少从党史、新中国史、改革开放史、社会主义发展史中选修 1 门课程作为选择性必修课程。同时，为充分体现习近平新时代中国特色社会主义思想和 2018 年以来党和国家各项发展成就，时隔三年中宣部、教育部再次启动了高校思政课教材修订工作。《马克思主义基本原理》②《毛泽东思想和中国特色社会主义理论体系概论》《中国近现代史纲要》《思想道德与法治》③ 2021 年修订版教材已于 2021 年秋季学期投入使用。

---

① 《关于深化新时代学校思想政治理论课改革创新的若干意见》，人民出版社，2019，第 3～4 页。

② 教材名称由原 2018 年版《马克思主义基本原理概论》改为《马克思主义基本原理》。

③ 教材名称由原 2018 年版《思想道德修养与法律基础》改为《思想道德与法治》。

（二）中国特色社会主义新时代高校思政课的批判性

进入中国特色社会主义新时代后，随着我国日益扩大开放，党和国家在经济、民主法治、思想文化、民生、生态文明、军队建设、港澳台工作、外交、治党方面取得了全方位的、开创性的历史成就，发生了深层次的、根本性的历史变革。中国特色社会主义取得的成绩从未像今天这样耀眼璀璨，但面临的意识形态领域的斗争和较量也从未像今天这样复杂尖锐。2013 年 8 月 19 日，习近平总书记在全国宣传思想工作会议上强调：改革开放以来，我们党始终强调物质文明和精神文明“两手抓、两手都要硬”。这样要求，主要有以下几个考虑。一是世界范围内各种思想文化交流交融交锋更加频繁，国际思想文化领域斗争深刻复杂，西方国家把我国发展壮大视为对其价值观和制度模式的挑战，加紧对我国进行思想文化渗透，我们在意识形态领域面临的斗争和较量是长期的、复杂的。二是国内一些错误观点时有出现，有的宣扬西方价值观，有的专拿党史国史说事，有的以“反思改革”为名否定改革开放，有的否定四项基本原则。三是在我国社会深刻变革和对外开放不断扩大的条件下，各种社会矛盾和问题相互叠加、集中呈现，人们思想活动的独立性、选择性、多变性、差异性明显增强，思想道德领域出现了一些不容忽视的现象，一些人理想信念不坚定，一些腐朽落后思想文化沉渣泛起，拜金主义、享乐主义、极端个人主义有所滋长，等等。因此，我们在集中精力进行经济建设的同时，一刻也不能放松和削弱意识形态工作。[①] 2014 年 10 月 15 日，习近平总书记在文艺工作座谈会上批评文艺创作中的乱象：如果“以洋为尊”“以洋为美”“唯洋是从”，把作品在国外获奖作为最高追求，跟在别人后面亦步亦趋、东施效颦，热衷于“去思想化”“去价值化”“去历史化”“去中国化”“去主流

① 孔新峰：《党政领导干部要强化直面、研究与引领社会思潮的能力》，《中国党政干部论坛》2014 年第 6 期。

化”那一套，绝对是没有前途的！[①] 2016 年 5 月 17 日，习近平总书记在哲学社会科学工作座谈会上强调：“社会上也存在一些模糊甚至错误的认识。有的认为马克思主义已经过时，中国现在搞的不是马克思主义；有的说马克思主义只是一种意识形态说教，没有学术上的学理性和系统性。实际工作中，在有的领域中马克思主义被边缘化、空泛化、标签化，在一些学科中‘失语’、教材中‘失踪’、论坛上‘失声’。这种状况必须引起我们高度重视。”[②] “高校思想政治工作实际上是一个解疑释惑的过程，宏观上是回答为谁培养人、培养什么样的人、怎样培养人的问题，微观上是为学生解答人生应该在哪用力、对谁用情、如何用心、做什么样的人的过程，要及时回应学生在学习生活社会实践乃至影视剧作品、社会舆论热议中所遇到的真实困惑。提升思想政治教育亲和力和针对性，满足学生成长发展需求和期待，是新形势下提高高校思想政治工作时效性的关键。”[③] 2019 年，习近平总书记在学校思想政治理论课教师座谈会上强调：“随着我国日益扩大开放、日益走近世界舞台中央，我国同世界的联系更趋紧密、相互影响更趋深刻，意识形态领域面临的形势和斗争也更加复杂。学校是意识形态工作的前沿阵地，可不是一个象牙之塔，也不是一个桃花源。……思政课要在传播马克思主义立场、观点、方法的基础上用好批判的武器，直面各种错误观点和思潮，旗帜鲜明进行剖析和批判。任何社会任何时期都会有各种问题存在，要教育引导学生正确看待、辩证认识、理性分析现实问题，辨明大是大非、真假黑白，在对社会假恶丑现象的批判中弘扬真善美。要坚持问题导向，学生关注的、有疑惑的问题其实也就几大类，要把这些问题掰开了、揉碎了，深入研究解答，把事实和道理一条条讲清楚。实际上，有时候不一定讲得那么高大全，从一个问题切

---

① 习近平：《在文艺工作座谈会上的讲话》，人民出版社，2015，第 25 页。

② 习近平：《在哲学社会科学工作座谈会上的讲话》，人民出版社，2016，第 10 页。

③ 《习近平首次点评“95 后”大学生》，《人民日报》2017 年 1 月 3 日，第 2 版。

入，把一个问题讲深，最后触类旁通，可以带动很多关联问题，有可能是一通百通，提纲挈领。要练就不怕问、怕不问、见问则喜的真本领，不能见学生提问就发怵。真理从来是在诘问和辩难中发展起来的，如果一问就问倒了，那就说明所讲的不是真理或者自己还没有掌握真理。"① 这就明确了批判性的理论内涵和科学方法，要对"各种错误观点和思潮""包含假恶丑现象在内的社会问题"，以"直面""旗帜鲜明"的态度，以"掰开了、揉碎了""提纲挈领"的"剖析和批判"的方式，使学生能"辩证认识、理性分析现实问题，辨明大是大非、真假黑白"，达到"弘扬真善美"的目的。而当今世界各种社会思潮有几十种，社会问题更是纷繁复杂，对于如何聚焦思政课批判的对象，习近平总书记也给出了指示，即"坚持问题导向"，以"学生关注的、有疑惑的问题"为中心，思政课教师要以"不怕问、怕不问、见问则喜"的担当精神和过硬本领，深入了解学生疑惑，而后解答学生疑惑。除了习近平总书记在系列讲话中强调意识形态领域中要坚持批判性，2013 年中共中央发布的《关于当前意识形态领域情况的通报》列举了"当前意识形态领域值得注意的'七大'突出问题"。② 这些重要论述和突出的现实问题给思政课所要批判的对象提供了明确的指导，即要批判对青年学生产生不良影响的各种观点和思潮、各种社会问题，如马克思主义过时的论调，拜金主义、享乐主义、极端个人主义思潮，西方"宪政民主"思想、西方"普世价值"思想，歪曲中国共产党史、新中国史、社会主义史、改革开放史的历史虚无主义思潮，"去思想化""去价值化""去历史化""去中国化""去主流化"的解构主义思潮。同时要认真分析、积极回应学生对一些社会问题的真实困惑、廓清学生对一些社会问题的模糊认识。

---

① 习近平：《思政课是落实立德树人根本任务的关键课程》，《求是》2020 年第 17 期。

② 转引自孔新峰《党政领导干部要强化直面、研究与引领社会思潮的能力》，《中国党政干部论坛》2014 年第 6 期。

（三）中国特色社会主义新时代高校思政课建设性和批判性的统一

2019 年 3 月 18 日，习近平总书记在学校思想政治理论课教师座谈会上提出，推动思政课改革创新要做到“八个相统一”，“坚持建设性和批判性相统一”被明确提出。习近平总书记强调：“思政课的任务是传导主流意识形态，建设性是其根本。同时，彻底的批判精神是马克思主义本质特征，马克思主义就是在同各种错误思潮的不断斗争中开辟前进道路的。”“思政课要在传播马克思主义立场、观点、方法的基础上用好批判的武器，直面各种错误观点和思潮，旗帜鲜明进行剖析和批判。”“在对社会假恶丑现象的批判中弘扬真善美”，“真理从来是在诘问和辩难中发展起来的”。习近平总书记的这些论述主要包含了五个方面的要点：一是体现了思政课建设性和批判性是相辅相成、相互促进、互相统一的；二是思政课坚持建设性和批判性相统一是传承了马克思主义的精神特质；三是思政课坚持建设性和批判性相统一具有强烈的现实必要性；四是中国特色社会主义新时代历史背景下的“建设性和批判性相统一”中，建设性是根本，批判性服务于建设性、为建设性开辟道路；五是要立足于问题导向，学生哪里有困惑，哪里有问题就去哪里用建设性和批判性，回应、分析、解释清楚。同时，根据习近平总书记对思政课坚持建设性和批判性的要求，新时代高校思政课坚持建设性和批判性更加“理直气壮”，在高校本科四本思政课教材里，以主流意识形态为批判的武器，批判了影响青年学生的各种社会思潮和观点。主要是：丰富了“马克思主义的当代价值”的论述，增加了“学习马克思主义唯物辩证法，不断增强思维能力”“树立大历史观和正确党史观”“涵养积极进取开放包容理性平和的国民心态”“新冠肺炎疫情中每一个生命都得到护佑”的建设性内容，以及关于“共产主义决不是‘土豆烧牛肉’那么简单？”“中国特色社会主义是社会主义而不是别的什么主义？”“当代青年还需要艰苦奋斗吗？”“道德模范太高大，不可学吗?”的思想明辨；增加了对当代青年“躺平”论的分析与批判，突出了对资本主义的“平等、民主”、西方“普世价值”、“拜金主义、享乐主义、极端个人主义”、“历史虚无主义”、“极端民族主义”、“道德万能论”、“道德无用论”、“传统道德复古论”、“传统道德虚无论”、“路怒症”的批判。同时，批判对青年学生产生不良影响的社会思潮，不等于对国外的理论、概念、话语等搞“关门主义”。在哲学社会科学座谈会上习近平总书记曾强调：“要开门搞研究。对人类创造的有益的理论观点和学术成果，我们应该吸收借鉴，但不能把一种理论观点和学术成果当成‘唯一准则’，不能企图用一种模式来改造整个世界，否则就容易滑入机械论的泥坑。一些理论观点和学术成果可以用来说明一些国家和民族的发展历程，在一定地域和历史文化中具有合理性，但如果硬要把它们套在各国各民族头上、用它们来对人类生活进行格式化，并以此为裁判，那就是荒谬的了。对国外的理论、概念、话语、方法，要有分析、有鉴别，适用的就拿来用，不适用的就不要生搬硬套。哲学社会科学要有批判精神，这是马克思主义最可贵的精神品质。”①

综上，中国特色社会主义新时代高校思政课坚持建设性和批判性的统一，重点推进习近平新时代中国特色社会主义思想的“三进”工作，提升主流意识形态的号召力和引领力，积极回应了学生对一些社会思潮和社会问题的真实困惑、廓清学生对一些社会思潮和社会问题的模糊认识，有效地减弱和清除了不良社会思潮和观点对青年学生的影响，使不良社会思潮和观点失去了立足之地。

第二节　百年来高校思政课建设性和批判性相统一的历史规律

从新民主主义革命时期中国共产党在独立创办的新式高等学校

① 《十八大以来重要文献选编》(下)，中央文献出版社，2018，第324～325页。

中开设思政课到新时代高校思政课的改革创新，高校思政课的发展贯穿中国共产党领导人民进行革命、建设和改革的全过程。这一过程体现出鲜明的历史规律：一是建设性与批判性相统一是高校思政课百年历史中始终贯穿的原则；二是建设性与批判性的地位会随着党的历史任务和对社会主要矛盾判断的变化而变化；三是建设性和批判性呈相辅相成、互相促进的关系；四是两者统一的效果取决于对待马克思主义的态度。

一　建设性和批判性相统一一以贯之

高校思政课既是传导主流意识形态的主阵地，也是直面各种错误、消极思潮的主战场。高校思政课自诞生之日起就肩负着这一根本任务。

建设性是贯穿高校思政课发展始终的主要脉络。列宁的灌输理论是马克思主义政党进行思想政治教育的重要理论基础，即工人阶级只能自发地形成工联主义思想，社会主义意识必须从外部灌输给工人阶级。作为中国共产党开展思想政治教育的重要阵地，高校思政课从诞生之日就明确了将马克思主义灌输给青年学生，用马克思主义改造和武装青年学生的思想观念。马克思主义既是高校思政课的理论基础，也是贯穿高校思政课发展始终的主要内容。关于马克思主义基本原理、中国近现代史、马克思主义中国化理论成果，不同时期开设的课程数量和课程名称有所区别，但这些主要内容贯穿始终，并随着时代的发展和实践的深入而不断丰富和发展。尤其是马克思主义中国化两大理论成果——毛泽东思想和中国特色社会主义理论体系，是高校思政课建设性始终围绕的主题。

批判性是贯穿高校思政课发展始终的主要武器。马克思主义从本质上来说是批判的、革命的理论，是改造世界的理论。在高校思政课的发展脉络中，马克思主义一开始就是作为批判的武器传授给青年学生，让青年学生以此武器批判和改造旧中国。使青年学生在掌握马克思主义立场、观点、方法的基础上发现问题、分析问题和解决问题，是贯穿高校思政课始终的教学目标和教学要求。批判性是高校思政课的灵魂，是思政课之所以具有意识形态属性和政治性的重要源泉。高校思政课的百年发展历程始终贯穿了批判性，并不断地增强和深化批判的力度、广度和深度。

建设性和批判性相统一贯穿高校思政课发展始终。高校思政课不仅重在传导以马克思主义为指导的主流意识形态，而且引导青年学生用马克思主义的立场、观点、方法去发现问题、分析问题、解决问题。在新民主主义革命时期，高校思政课培养了大批掌握马克思主义立场观点方法、掌握中国革命理论的党的领导干部和革命青年，重点批判了帝国主义、封建主义、官僚资本主义等阶级敌人和反动思想，以及教条主义对待马克思主义、将苏联革命经验神圣化、对革命前途持悲观论调的错误观点，为新民主主义革命的胜利提供了坚实的人才保障。在社会主义革命和建设时期，高校思政课将对马克思主义基本原理和毛泽东思想的讲授与社会主义建设的实践相结合，反思了国际社会主义运动中所犯的错误，激发了广大青年学生投身社会主义建设事业的积极性和主动性。改革开放新时期，高校思政课将对理论的讲授与对改革开放和社会主义现代化建设过程中遇到的新情况、新变化的分析相结合，与国内外现实情况和学生的思想实际紧密地结合，在马克思主义理论课体系的基础上增加了思想教育课，着重批判了“资产阶级自由化”“普世价值”等错误思潮，进一步增强了广大青年学生对中国特色社会主义事业的认同和信心。中国特色社会主义新时代，高校思政课将全面推进习近平新时代中国特色社会主义思想“三进”工作，加强青年学生马克思主义理论思维能力、大历史观和正确党史观的培养与实现中华民族伟大复兴中国梦征程上出现的新矛盾、新问题相结合，着重批判了西方“普世价值”、“拜金主义、享乐主义、极端个人主义”、“历史虚无主义”、“极端民族主义”、“文化复古主义”等错误思潮，在用党的创新理论分析和解决现实中遇到的重大理论与实践问题的过程中，激发广大青年学生成为自觉担当民族复兴大任的时代新人。

二　建设性和批判性的地位会发生变化

在建设性和批判性相统一的辩证关系中，两者的地位不是固定不变的。总体而言，思政课作为高校思想政治教育的主阵地，建设性即传导主流意识形态处于主导地位，批判性是服从和服务于传导主流意识形态这个根本任务。但是，在不同的历史时期，高校思政课建设性和批判性的关系会随着党的历史任务和对社会主要矛盾判断的变化而变化。

在新民主主义革命时期，中国共产党领导中国人民进行反帝反封建的革命实践，决定了在建设性和批判性相统一中，高校思政课批判性占主导地位，建设性服务于批判性。毛泽东在《论新阶段》中提出："一切文化教育事业均应使之适合战争的需要。"① 陕北公学的创办和高校思政课因此而孕育。这一时期思政课被称为"政治课"。作为抗日战争时期诞生的"以抗日救国为目标"的新课程，批判性是这一时期高校思政课最显著的特征。其目的就是要用马克思主义这一"批判的武器"武装革命青年的头脑，使革命青年能够用这一锐利的"批判的武器"对日本帝国主义进行"武器的批判"。在整个新民主主义革命时期，批判性在两者的关系中占据着主导地位。批判性作为思政课的首要目的，批判的对象是压在中国人民身上的帝国主义、封建主义和官僚资本主义三座大山，是青年学生头脑中的小资产阶级思想、脱离实践的教条主义思想等一些非马克思主义思想。要实现批判的目的，就必须要拥有"批判的武器"，也就是马克思主义的立场、观点、方法。思政课的建设性正是提供了这一武器。因而，在新民主主义革命时期建设性服从和服务于批判性。

社会主义革命和建设时期，思政课的建设性和批判性相统一的关系比较复杂，既有建设性占主导地位的时期，又有批判性占主导

① 《建党以来重要文献选编（1921—1949）》第15册，中央文献出版社，2011，第618页。

地位的时期。这一时期，中国共产党带领中国人民恢复经济建设，进行社会主义改造，开始全面建设社会主义，在建设性和批判性相统一中，高校思政课本应逐渐转向建设性为主、批判性为辅。但党的八大二次会议对中国社会主要矛盾做了错误的判断，导致批判性为主、建设性为辅。所以，思政课的建设性和批判性相统一呈现两个阶段。第一阶段，中华人民共和国成立初期到党的八大二次会议前，思政课的主要任务从培养适应革命战争需要的人才转变为培养社会主义建设需要的人才，高校思政课建设性逐步占据主导地位，批判性为建设性服务。虽然这一时期高校思政课的任务也包含着“除旧布新”，但“除旧”是为了“布新”。对青年学生进行思想改造的基本点是使之树立马克思主义的世界观、人生观和价值观。第二阶段，从党的八大二次会议开始，批判性占据着主导地位，建设性为批判性服务。在“以阶级斗争为纲”的错误思想的指导下，高校思政课的讲授内容也以阶级斗争为中心，围绕阶级斗争展开。“以阶级斗争为纲”的错误指导思想让批判性从手段变为目的。

在改革开放新时期，中国共产党带领中国人民在思想领域拨乱反正，开启改革开放新的伟大革命、成功开辟和推进中国特色社会主义伟大事业的改革任务，决定了在建设性和批判性相统一中，高校思政课建设性占主导地位、批判性服务于建设性。高校思政课恢复以来，党中央明确了其根本任务是为改革开放和社会主义现代化事业培养一批又一批有理想、有道德、有纪律、有文化的建设者和接班人。这恢复了高校思政课“建设性为主、批判性为辅”的发展态势。改革开放以来，高校思政课不断改革发展，形成了从恢复时期到“85 方案”、“98 方案”再到“05 方案”的发展轨迹。在这一发展过程中，高校思政课随着党的理论创新而不断改革发展，建设性的根本地位日益鲜明、不断增强。马克思主义中国化最新成果“进教材、进课堂、进学生头脑”工作持续推进，高校思政课传导主流意识形态的自信和底气不断增强。与此同时，高校思政课批判性随着建设性的增强而增强。改革开放以来，意识形态领域的斗争更加复杂尖锐。作为意识形态斗争的最前线，高校思政课以马克思主义中国化最新成果为武器，以改革开放所取得的伟大成就为底气，发挥马克思主义的批判精神，对改革开放中遇到的新问题、新矛盾和新情况作出科学的回答，对各种不良社会思潮和观点作出系统的批判，有效地清除了不良社会思潮和观点对青年学生的影响，进一步增强了主流意识形态传导的效果。

进入中国特色社会主义新时代，中国共产党带领中国人民决胜全面建成小康社会、开启建设社会主义现代化国家新征程，明确了新时代高校思政课改革创新要坚持建设性和批判性相统一。新时代以来，高校思政课面对“培养什么人、怎样培养人、为谁培养人”这一根本问题，明确了“立德树人”的根本任务，肩负起“培养担当民族复兴大任的时代新人”的历史使命。党的十八大以来，高校思政课进入新一轮的改革创新，教育部先后印发《普通高校思想政治理论课建设体系创新计划》《高等学校思想政治理论课建设标准》《新时代高校思想政治理论课教学工作基本要求》等文件，推动高校思政课朝着体系化、规范化、标准化方向发展和完善，进一步促进了建设性和批判性相统一。2019 年 3 月 18 日，习近平总书记在学校思想政治理论课教师座谈会上提出，推动思政课改革创新要做到“八个相统一”，“建设性和批判性相统一”被明确提出，讲话还明确了其理论内涵、内在逻辑、科学方法等。随后中共中央办公厅和国务院办公厅印发的《关于深化新时代学校思想政治理论课改革创新的若干意见》提出，坚持思政课建设与党的创新理论武装同步推进，全面推动习近平新时代中国特色社会主义思想进教材进课堂进学生头脑，把社会主义核心价值观贯穿国民教育全过程。建设性的根本地位更加突出。与此同时，高校思政课批判性更加“理直气壮”，以习近平新时代中国特色社会主义思想为武器主动出击，批判历史虚无主义等错误社会思潮，批判拜金主义、享乐主义等错误价值观，直面中美贸易摩擦、香港暴乱事件、新冠肺炎疫情全球蔓延等重大现实问题，使不良社会思潮和观点失去了立足之地。在建设性和批判性相统一中，高校思政课落实“立德树人”根本任务的能力进一步增强。

三　建设性和批判性互相促进

在建设性和批判性相统一的辩证关系中，建设性和批判性呈现相辅相成、互相促进的特点。

一方面，建设性越强，批判性就越强。批判，在哲学意义上是指分析，即用一种理论对事物、问题、现象或者另一种理论等进行理性的分析。这种分析是一种先解构再建构的过程。批判要想彻底，那么批判所依据的理论就必须彻底。批判性的力度取决于建设性的厚度。建设性的厚度包含两个方面内涵。一是主流意识形态本身的厚度，即理论本身是否彻底，理论能否有效地解释世界和改造世界。如果理论薄弱，批判就难以站稳脚跟。二是主流意识形态传导的程度，即高校思政课教师、教材、教学能否准确有效地表达、阐释和传导主流意识形态，使青年学生全面了解、深刻领悟、系统掌握主流意识形态。教师传导得不准确、学生掌握得不全面，会影响批判性的效果。所以，增强建设性的厚度是有力回应错误思潮和观点的根本。从高校思政课的发展历程中可以看到，建设性效果强的时候，也是批判性效果强的时候；建设性效果弱的时候，往往也是批判性效果弱的时候。

另一方面，批判性①越强，建设性就越强。主流意识形态的传导不是自说自话、自吹自擂。建设性的效果，取决于批判的广度和深度。所谓广度，就是要对青年学生普遍关心的问题、社会长期存在的矛盾和现象、当前发生的各种热点事件和其他对学生产生不良影响的思潮和观点等作出及时、有效的关切和回答。所谓深度，就是

① 这里的批判性指的是正确的、科学的批判。对社会主要矛盾做出错误判断而进行的错误批判（例如阶级斗争扩大化），因为批判本身的错误和不科学，不纳入此处关于批判性与建设性关联的判断之中。

对问题和现象的分析论证要逻辑清晰、论据充分、结论有力，对错误思潮和观点的问题所在要一针见血、一语道破。当主流意识形态对错误思潮和观点作出了令人折服的分析与批判，其结果必然是“敌退我进”。在高校思政课的发展历程中可以看到，批判性效果强的时候，也是建设性效果强的时候；批判性效果弱的时候，往往也是建设性效果弱的时候。

四　相统一效果取决于对待马克思主义的态度

从新民主主义革命时期到新时代中国特色社会主义时期，高校思政课建设性和批判性相统一的效果呈现总体上前进、阶段性失误的运动轨迹。坚持马克思主义，坚持马克思主义中国化，把马克思主义基本原理同中国具体实际相结合、同中华优秀传统文化相结合，运用马克思主义的立场、观点、方法研究和解决中国革命、建设、改革中的实际问题，是总体上前进的主要原因。违反马克思主义，放弃马克思主义的中国化，是阶段性失误的主要原因。从百年来历史发展轨迹可以看到，高校思政课建设性和批判性相统一的效果始终取决于有没有以科学的态度对待马克思主义、发展马克思主义。

新民主主义革命时期，思政课建设性和批判性相统一逐渐实现从专业到普遍、从特殊到一般的发展是与马克思主义和马克思主义中国化理论成果在中国大地从星星之火到燎原之势的发展轨迹相一致的。特别是，马克思主义中国化理论成果在解决中华民族与帝国主义之间的民族矛盾、中国人民与大地主和大资产阶级的矛盾过程中，展现出了强大的真理性、科学性、人民性和实践性的力量。《反对本本主义》《实践论》《矛盾论》《新民主主义论》《论持久战》等一系列马克思主义中国化重要文献成为中国共产党新式高校政治课的主要内容，为中国革命及之后建设中华人民共和国培养了大批人才。

社会主义革命和建设时期，思政课建设性和批判性相统一逐渐在全国高校范围内轰轰烈烈展开，同时经历了曲折发展。中华人民共和国成立，是马克思主义的真理力量在中国大地的充分展现。在新民主主义社会向社会主义社会过渡的背景之下，“新民主主义论”“中国革命史”等成为高校思政课的主要教学内容，高校思政课体系初步构建起来。受到马克思主义真理力量的推动，青年学生的社会主义信念和集体主义精神、艰苦奋斗精神显著增强。在全面建设社会主义时期，《论十大关系》、党的八大和《关于正确处理人民内部矛盾的问题》先后提出，要调动一切积极因素为社会主义事业服务。高校思政课的任务也转变为培养“有社会主义觉悟的有文化的劳动者”，在调动一切积极因素为社会主义事业服务方面发挥了重要作用。此后我们党的理论和实践逐渐发生“左”倾，背离了马克思主义一切从实际出发、实事求是的观点，尤其是受到“三面红旗”“文化大革命”的影响，高校思政课逐渐脱离实际，自身的科学性和权威性也受到了损害。思政课建设性和批判性相统一的效果在背离马克思主义的错误理论指导下，呈现下降趋势。

在改革开放新时期，随着党的十一届三中全会开展拨乱反正和《关于建国以来党的若干历史问题的决议》的通过，高校思政课开始恢复设立，并在不断发展中逐步壮大，建设性和批判性相统一效果日益凸显。与此同时，时代主题的转变、世界格局的变化、社会的快速发展和急剧转型，给马克思主义和马克思主义中国化理论成果提出了许多前所未有的、重大的理论和实践课题。高校思政课建设性和批判性相统一的效果随着我们党对共产党执政规律、社会主义建设规律和人类社会发展规律认识的不断深化，随着一以贯之地坚持中国特色社会主义而有所增强。

进入中国特色社会主义新时代，马克思主义中国化最新理论成果——习近平新时代中国特色社会主义思想，成为高校思政课建设性和批判性的底气和自信之源。高校思政课建设性和批判性相统一也第一次被党中央在文件中明确提出，高校思政课建设性和批判性相统一在具有更加坚实理论底气的基础上，效果更加明显。“自信、豪迈、奋进”成为高校思政课建设性和批判性相统一“新的精神面貌和精神状态”。刘建军教授针对思政课教材建设曾指出：“以往我们在编写教材时，由于苏东剧变和世界社会主义低潮压在心头，精神上处于压抑状态，对中国社会主义未来的信心也不像现在这样充分，因而在说理方式上常常采取一种自我辩解的方式，没有很好地体现马克思主义的理论自信。”① 在党的十八大之前，这种理论不自信不仅是教材编写所面临的问题，更是整个高校思政课面临的问题。理论不自信，建设性和批判性的效果就要减弱，建设性和批判性相统一的效果就要打折扣。而进入中国特色社会主义新时代以来，这种不自信的心理状态随着中国特色社会主义理论与实践上的伟大成就、随着思政课重要性的增强而烟消云散。

第三节　百年来高校思政课建设性和批判性相统一的经验启示

回顾中国共产党成立百年来高校思政课建设性和批判性相统一的发展脉络可以发现，高校思政课尽管在不同历史时期、面对不同历史任务，建设性和批判性的内在关系有所不同，但始终坚持以马克思主义为指导、服务党的中心工作、立足具体实际。这些历史经验对新时代高校思政课改革创新具有重要的借鉴意义。

一　百年来高校思政课建设性和批判性相统一的历史经验

高校思政课建设性和批判性相统一在中国共产党成立百年的发展历程中积累了丰富的历史经验。具体来说，就是坚持以马克思主义为指导、坚持服务党的中心工作、坚持立足社会现实。

---

① 《〈马克思主义基本原理概论〉（2018 年版）修订说明》，《思想理论教育导刊》2018 年第 5 期。

（一）坚持以马克思主义为指导

马克思主义是我们立党立国的根本指导思想。坚持马克思主义在意识形态领域的指导地位，是中国共产党思想文化建设的根本要求。百年来高校思政课无论是传导主流意识形态，还是直面各种错误、消极观点和思潮，自始至终都以马克思主义为指导。

1. 马克思主义是高校思政课坚持建设性的指导思想

马克思主义以其科学性、人民性、实践性和开放性，揭示了人类社会发展规律，指明了人类实现自身解放的前进方向，提供了认识和改造世界的科学武器。中国共产党自诞生以来，就始终将马克思主义基本原理与具体实践相结合、与中华优秀传统文化相结合，不断推进马克思主义中国化、时代化，使马克思主义始终具备强大的生命力和战斗力。高校思政课是进行系统的、全面的马克思主义理论教育的主渠道。坚守马克思主义在建设性中的指导地位，传导好马克思主义是思政课坚持建设性的最基本要求。从新民主主义革命时期陕北公学等中国共产党创办的新式高校开设“辩证唯物主义”“科学社会主义”“政治经济学”“抗日民族统一战线”“游击战争”等课程，到社会主义革命和建设时期全国高校普遍开设“马列主义基础”“政治经济学”“辩证唯物主义与历史唯物主义”等课程，到改革开放新时期逐步稳定推进高校思政课程开设，探索出“马克思主义基本原理概论”“毛泽东思想和中国特色社会主义理论体系概论”“中国近现代史纲要”“思想道德修养与法律基础”“形势与政策”等思政课程框架，再到中国特色社会主义新时代不断推进习近平新时代中国特色社会主义思想“三进”工作，形成“马克思主义基本原理”“毛泽东思想和中国特色社会主义理论体系概论”“中国近现代史纲要”“思想道德与法治”“形势与政策”，加任选一门“四史”，同时全国重点马克思主义学院首先开设“习近平新时代中国特色社会主义思想概论”这一成熟的思政课程体系，马克思主义和马克思主义中国化的理论成果始终是高校思政课教育教学的主要内容。

2. 马克思主义是高校思政课坚持批判性的精神根源和理论根源

习近平总书记指出："彻底的批判精神是马克思主义本质特征。"① 高校思政课的批判性精神源于马克思主义彻底的批判精神。马克思主义同时也为高校思政课提供了直面各种错误、消极观点和思潮的"批判的武器"，即理论根源。从新民主主义革命时期对帝国主义、封建主义、官僚资本主义进行现实批判和理论批判，对影响青年学生的小资产阶级、教条主义等非马克思主义、反马克思主义的错误思想进行理论批判，到社会主义革命和建设时期对影响青年学生的封建、买办、法西斯主义旧思想的肃清与改造，到改革开放新时期对影响青年学生的"资产阶级自由化""法轮功"等错误思潮的批判，再到中国特色社会主义新时代对影响青年学生的西方"宪政民主"、"普世价值"论、"历史虚无主义"、"文化复古主义"、"躺平"论等不良思潮和不良观点全面、深入的剖析与批判，高校思政课始终将不断发展的马克思主义作为"批判的武器"。

3. 马克思主义是高校思政课建设性和批判性相统一的理论支撑

高校思政课建设性和批判性不是独立的，而是"相统一"的。这种统一是以马克思主义为理论依据，是在掌握和运用马克思主义立场、观点和方法基础上的统一。因为马克思主义是科学的理论，具有"理论的彻底性和充分的说服力"，是认识世界和改造世界的有力武器。所以，无论是新民主主义革命时期批判性占主导、建设性服务于批判性，还是中华人民共和国成立以来逐渐确立的建设性为主导、批判性服务于建设性，两者之间的统一都是建立在马克思主义理论支撑基础之上。如果背离了马克思主义理论，高校思政课建设性和批判性相统一也就无从谈起。如，十年"文化大革命"时期，对社会主要矛盾的判断背离了毛泽东思想实事求是的灵魂，毛泽东

① 习近平：《思政课是落实立德树人根本任务的关键课程》，《求是》2020 年第 17 期。

“违反了他自己正确的东西”[①] ——一位伟大的马克思主义者正确的东西，导致高校思政课的建设性和批判性偏离了正轨。

（二）坚持服务党的中心工作

高校思政课建设性和批判性相统一的发展变化，是与党的中心工作的变化紧密联系在一起的。高校思政课建设性和批判性相统一始终紧随党的历史使命和工作重心的变化而变化。

1. 党的中心工作是高校思政课坚持建设性的指挥棒

中国共产党的中心工作确立了高校思政课坚持建设性的方向和坐标。高校思政课坚持建设性的侧重点取决于党的中心工作的需要，并随其变化而调整。在新民主主义时期，围绕中国共产党领导广大人民进行反帝国主义、反封建主义、反官僚资本主义的根本任务和进行抗日战争和解放战争的中心工作，高校思政课开设“党的建设”“中国革命运动史”“游击战争”“统一战线”“民众运动”等课程，新民主主义革命理论是讲授重点；在社会主义革命和建设时期，围绕中国共产党领导广大人民恢复经济建设、进行社会主义改造和全面建设社会主义的中心工作，“辩证唯物论与历史唯物论”“政治经济学”“社会主义教育”等课程普遍开设，社会主义革命和建设理论是讲授重点；改革开放新时期，围绕改革开放和社会主义现代化建设的需要和国际形势的变化，高校思政课实现了从恢复设立到“85方案”到“98方案”到“05方案”的不断改革，“中国社会主义建设”“世界政治经济与国际关系”“邓小平理论概论”“思想道德修养”“法律基础”“形势与政策”“邓小平理论和‘三个代表’重要思想概论”“毛泽东思想和中国特色社会主义理论体系概论”“中国近现代史纲要”等课程逐步开设，中国特色社会主义理论体系、社会主义的道德和法律是讲授重点，同时注重解答青年学生关心的国际形势等问题；中国特色社会主义新时代，围绕实现中华民族伟大

---

① 《十八大以来重要文献选编》（上），中央文献出版社，2014，第693页。

复兴中国梦的需要和世界百年未有之大变局的变化，高校思政课实现进一步的改革创新，主流意识形态的最新成果——习近平新时代中国特色社会主义思想的“三进”工作持续推进，习近平新时代中国特色社会主义思想是讲授重点，同时注重全面分析和批判对青年学生产生不良影响的社会思潮和观点。

2. 党的中心工作是高校思政课坚持批判性的服务对象

党的中心工作指明了高校思政课的批判对象和批判方式。高校思政课坚持批判性始终为不断推进党的中心工作而服务。在新民主主义革命时期，中国共产党创办的新式高等学校的思政课将马克思主义及毛泽东关于中国革命战争的系列理论经由青年学生转化为物质力量，对压在中华民族和中国人民身上的“三座大山”进行批判、对各种“非马克思主义”“反马克思主义”进行批判，目的是服务中国革命、为中国革命培养人才；在社会主义革命和建设时期，新中国的高校思政课精准聚焦旧教育、旧思想在高等教育领域的消极影响，对青年学生头脑中残余的封建、买办、法西斯主义的思想和资产阶级、小资产阶级的思想进行批判，实现对青年学生的思想改造，目的是服务社会主义革命和建设，为社会主义革命和建设培养人才；改革开放新时期，高校思政课对意识形态领域的斗争批判出现过失误，同时从失误中得出了深刻的教训，开始加强对影响青年学生的无政府主义、资产阶级自由化等错误思潮的批判，目的是服务中国特色社会主义事业，为中国社会主义现代化和改革培养人才；中国特色社会主义新时代，高校思政课注重全面分析和批判对青年学生产生不良影响的“普世价值”、历史虚无主义、享乐主义等社会思潮和观点，引导青年学生“正确看待、辩证认识、理性分析现实问题，辨明大是大非、真假黑白”①，目的是服务中华民族伟大复兴历史任务的完成，培养中国特色社会主义伟大事业的建设者和接班人而不

① 习近平：《思政课是落实立德树人根本任务的关键课程》，《求是》2020 年第 17 期。

是“掘墓人”。

3. 党的中心工作是高校思政课建设性和批判性相统一的方向指引

高校思政课的建设性和批判性不是条块分割并行的，而是串联“相统一”的。在“相统一”关系中，建设性和批判性地位的变化由党的中心工作所决定。党的主要任务指明了建设性和批判性相统一内在关系的发展方向。正是党的主要任务经历了从“反对帝国主义、封建主义、官僚资本主义，争取民族独立、人民解放”到“实现从新民主主义到社会主义的转变，进行社会主义革命，推进社会主义建设”到“继续探索中国建设社会主义的正确道路，解放和发展社会生产力，使人民摆脱贫困、尽快富裕起来”到“实现第一个百年奋斗目标，开启实现第二个百年奋斗目标新征程，朝着实现中华民族伟大复兴的宏伟目标继续前进”的转变，即实现了由革命的“破”到建设、改革、复兴的“立”的转变，在两者相统一关系中批判性由主导方向降为服务性因素、建设性由服务性因素上升为主导方向。

（三）坚持立足具体实际

坚持建设性和批判性相统一是对高校思政课历史经验的总结，也是对高校思政课出现问题的反思。从百年来高校思政课建设性和批判性相统一的历史过程看，思政课对青年学生是否有感召力关键在于有没有贴近实际、立足具体实际。在这方面，高校思政课既有宝贵经验，也有深刻教训。

1. 具体实际是高校思政课坚持建设性的立足点

马克思主义之所以在中国实现了从星星之火到燎原之势再到在意识形态领域居于指导地位，就在于中国共产党始终将马克思主义同革命、建设、改革各个时期具体实际相结合，回答了时代之问、解决了人民之需，赢得了人民群众的衷心认同。总体上中国共产党建立百年来思政课的建设性扎根于中国革命、建设、改革的具体实际，但我们也存在高校思政课建设性脱离具体实际的深刻教训。在社会主义建设探索时期，很长一段时间内高校思政课在指导思想和内容上都逐渐脱离了中国社会发展的具体实际，步入了“左”的轨道，片面强调人的主观意志和精神作用，防修反修、消灭资产阶级思想一度成为高校思政课的主要内容；在改革开放初期，由于恢复设立的高校思政课在建设方面延续了“文革”之前的传统，但高校思政课所面对的青年学生、所面临的中国社会环境和时代主题都已经发生了深刻变化，高校思政课在传导主流意识形态方面出现了“三脱离”的现象，即脱离学生的思想实际，脱离我国社会主义现代化建设的实际和脱离世界实际，导致学生对思政课不感兴趣，高校思政课建设性效果因此大打折扣。所以，思政课的建设性只有立足具体实际，作出有效的理论分析和阐释，才能显示以马克思主义为指导的主流意识形态的真理性和科学性，使这一思想武器在实践中进一步被青年学生掌握和认同。高校思政课与青年学生思想的具体实际、中国社会的具体实际、世界形势的具体实际联系越紧密，建设性效果就越好，反之亦然。

2. 具体实际是高校思政课坚持批判性的出发点

马克思主义从本质上来说是革命的、批判的学说，马克思主义和马克思主义中国化都是在直面和解决不断出现的社会矛盾、社会热点问题以及与错误、消极社会观点思潮的斗争中不断前进和发展的。对高校思政课而言，传导以马克思主义为指导的主流意识形态，传导的不仅仅是知识，而且是思想的武器，既是广大青年学生认识和改造主观世界的武器，也是广大青年学生认识和改造客观世界的武器。“批判的武器”的作用是在实践中体现的，不将其运用于实践之中，或者无法对世界作出合理的解释、无法对世界进行深刻的改造，“批判的武器”就会失去意义，成为空话。在社会主义建设探索时期的很长一段时间内，思政课在批判性方面以“兴无灭资”思想为主要内容，向学生灌输错误的社会主要矛盾论断，强调用阶级斗争的方式分析和处理问题，将阶级斗争绝对化、教条化，严重束缚了青年学生的思想；而改革开放初期爆发的两次学潮，暴露出我们的政治思想战线上存在着软弱、混乱的现象，许多高等学校不同程度地忽视了思政课的批判性。当思政课对现实重大问题和青年学生最关心的思潮、观点和社会问题解释力不足时，青年学生就无法感受主流意识形态作为“批判的武器”的强大力量。从具体实际出发，是高校思政课批判性发挥作用的核心所在。

3. 具体实际是高校思政课建设性和批判性相统一的实践基础

高校思政课的建设性和批判性不是割裂的，而是“相统一”的，这种“相统一”是以具体实际为基础的。马克思主义的科学性和真理性源于其是实践的理论。在新民主主义革命时期，思政课立足中国革命的具体实际和青年学生的具体实际，充分地实现了建设性和批判性相统一，将“批判的武器”与“武器的批判”相结合，既推动了革命斗争的发展，又在这种发展中巩固了马克思主义的指导思想地位和走新民主主义革命道路的坚定信心和信念。直面具体实际是沟通高校思政课建设性和批判性的桥梁，也是实现建设性和批判性“相统一”进行化学反应的催化剂。高校思政课只有立足建设性，正视社会现实、直面社会问题，发挥批判作用，消除不良社会思潮和观点的影响，才能将学生头脑中的建设性从理论知识转为政治意识和科学方法，引导青年学生自觉地认同和信仰主流意识形态。否则，脱离实际的理论和批判，就成了无源之水、无本之木，成了抽象的、空洞的说教。而空洞的说教就会使青年学生产生抵触心理，也直接削弱高校思政课的影响力、战斗力和说服力，损害马克思主义的真理性和科学性。因而，高校思政课教育取得成功的关键就在于敢于接受现实考验，使建设性和批判性相统一。

二　百年来高校思政课建设性和批判性相统一的当代启示

在新时代，以习近平同志为核心的党中央统揽两个大局，从坚持和发展中国特色社会主义、实现中华民族伟大复兴的高度出发，立足思政课“立德树人”的根本任务，明确提出思政课改革创新必须“坚持建设性和批判性相统一”。高校思政课要在汲取“建设性和批判性相统一”历史经验的基础上坚持守正创新，更好地推动高校思政课改革创新。

（一）坚持以马克思主义为指导，彰显马克思主义的思想伟力

马克思主义既是高校思政课建设性和批判性相统一的理论之源，也是核心要素。在新时代，高校思政课建设性和批判性相统一，要继续牢牢坚持以马克思主义为指导，让青年学生深刻感悟马克思主义的思想伟力。

1. 彰显马克思主义的思想伟力，就要传导好马克思主义的真理性

马克思主义的真理性既体现在马克思主义基本原理之中，也体现在马克思主义中国化的理论成果之中。高校思政课要讲清楚中国共产党为什么能、中国特色社会主义为什么好、马克思主义为什么行等重大问题，引导青年学生深刻理解只有社会主义才能救中国、只有中国特色社会主义才能发展中国、只有坚持和发展中国特色社会主义才能实现中华民族伟大复兴、只有中国共产党才能领导中国的道理。与此同时，要经得起青年学生的提问与质疑。习近平总书记强调：“真理从来是在诘问和辩难中发展起来的。”① 高校思政课必须回答好、解决好青年学生的疑惑与问题，使马克思主义真理越辩越明。

2. 彰显马克思主义的思想伟力，就要传导好马克思主义的人民性

人民性，是马克思主义的理论魅力之所在。高校思政课要从中国共产党全心全意为人民服务的根本宗旨中、从“为人民谋幸福、为民族谋复兴”的百年征程中、从新时代中国共产党以人民为中心的发展实践中，展现马克思主义的人民性。讲清楚马克思主义把人民放在心中最高位置，既为了人民，又依靠人民。正是植根于人民群众，马克思主义才获得源源不断的生机活力。与此同时，高校思

---

① 习近平：《思政课是落实立德树人根本任务的关键课程》，《求是》2020 年第 17 期。

政课要深刻揭露不良社会思潮和观点的虚伪性和阶级实质，讲清楚人民性是马克思主义与以往一切在社会上占统治地位阶级的思想在政治立场上的根本区别。

3. 彰显马克思主义的思想伟力，就要传导好马克思主义的实践性

马克思指出："哲学家们只是用不同的方式解释世界，问题在于改变世界。"[①] 马克思主义的真理性和人民性最终要落脚到实践性，在实践中加以体现、检验和发展。高校思政课要将对主流意识形态的传导与中国特色社会主义事业的伟大实践相结合，加强实践性教学，拓展思政课"大课堂"，引导青年学生用马克思主义的观点、立场、方法发现问题、分析问题、解决问题，在实践中使僵硬的概念温暖起来、枯燥的原理生动起来、抽象的方法实用起来。

（二）坚持服务党的中心工作，落实"立德树人"的根本任务

党的中心工作，是高校思政课建设性和批判性相统一的出发点和落脚点。在新时代，面向实现中华民族伟大复兴的新征程，高校思政课建设性和批判性相统一，要紧紧围绕落实"立德树人"的根本任务。

1. 落实立德树人，就要全面贯彻党的教育方针

高校思政课建设性和批判性相统一要始终围绕解决好"培养什么人、怎样培养人、为谁培养人"这个根本问题展开。高校思政课要明确自身的立场就是"为党育人、为国育才"，"培养担当民族复兴大任的时代新人，培养德智体美劳全面发展的社会主义建设者和接班人"[②]。高校思政课要引导青年学生增强"四个自信"，厚植爱国情怀，将个人的奋斗与中国特色社会主义伟大事业结合起来，将个人的梦想与实现中华民族伟大复兴的中国梦结合起来。高校思政课在发挥主渠

① 《马克思恩格斯选集》第 1 卷，人民出版社，2012，第 136 页。

② 习近平：《思政课是落实立德树人根本任务的关键课程》，《求是》2020 年第 17 期。

道作用的基础上必须坚守好意识形态的主阵地，旗帜鲜明地批判各种歪曲、污蔑和否定马克思主义、中国共产党的不良社会思潮和观点。

2. 落实立德树人，就要满足青年学生成人成才的发展需要

青年学生是高校思政课的服务对象。习近平总书记指出："青少年阶段是人生的'拔节孕穗期'……最需要精心引导和栽培。"① 高校思政课建设性和批判性相统一要始终围绕青年学生成人成才这一中心任务展开。高校思政课要传导主流意识形态，将正确的思想传授给青年学生，引导青年学生树立马克思主义世界观、人生观、价值观，引领青年学生走正路，帮助青年学生"扣好人生第一粒扣子"。高校思政课在对青年学生进行价值引导的过程中对社会发展要"既报喜又报忧"。"在教学中可以讨论问题，更要讲清楚成绩；可以批评不良社会现象，更要引导学生正面思考；可以讲社会主义建设的复杂性和艰巨性，更要引导学生对社会主义前景充满信心。无论怎么讲，最终都要落到引导学生树立正确的理想信念、学会正确的思维方法上来。"②

3. 落实立德树人，要树立起坚持建设性和批判性的自觉自信

习近平总书记指出："思想政治理论课是落实立德树人根本任务的关键课程。"③ "关键课程"深刻指明了思政课在高校课程体系中的重要地位。同样，高校思政课坚持建设性和批判性要有自觉、有自信、有底气，要理直气壮。在新时代，习近平新时代中国特色社会主义思想为高校思政课坚持建设性和批判性提供了最坚实的理论底气。高校思政课建设性和批判性要以这一思想为武器，敢于说理、敢于亮剑，"以透彻的学理分析回应学生，以彻底的思想理论说服学

① 习近平：《思政课是落实立德树人根本任务的关键课程》，《求是》2020年第17期。

② 习近平：《思政课是落实立德树人根本任务的关键课程》，《求是》2020年第17期。

③ 习近平：《思政课是落实立德树人根本任务的关键课程》，《求是》2020年第17期。

生，用真理的强大力量引导学生”①。有自觉、有自信、有底气地建设和批判，是高校思政课肩负起立德树人这一重要使命的关键所在。

（三）坚持立足具体实际，必须强化问题导向

具体实际，是高校思政课建设性和批判性相统一的立足点。在新时代，面对纷繁复杂的社会现象和问题，高校思政课建设性和批判性相统一，坚持立足具体实际，就要增强问题导向。

1. 强化问题导向，就要从“两个大局”入手

高校思政课建设性和批判性相统一既要有细致入微的人文关怀，又要有胸怀天下的宏大叙事。当前，中国人民和中华民族正经历“实现中华民族伟大复兴战略全局”和“世界百年未有之大变局”。要把“两个大局”看似宏大的叙事转化为对每一位青年学生真真切切的影响，使“两个大局”成为最鲜活、最能调动青年学生情感的大环境。高校思政课建设性和批判性相统一要置身“两个大局”中，讲出理想信念、讲出家国情怀、讲出理论自信、讲出责任使命，使青年学生在情感上产生深深共鸣。

2. 强化问题导向，就要从社会热点问题入手

在信息爆炸的时代，无论是正面内容还是负面消息，都会在网络上迅速传播，这既给高校思政课建设性和批判性相统一造成了挑战，也给高校思政课建设性和批判性相统一提供了丰富的素材。社会热点问题在网络空间往往具有很高的讨论度，也是思想最活跃的青年学生群体、作为网络原住民的青年学生群体关注度较高的问题。思政课可以选取一些社会热点问题作为案例，用马克思主义的立场观点方法加以评析，既给青年学生提供正确的思想导向，又启发青年学生用“批判的武器”独立自主地进行思考与分析。

3. 强化问题导向，就要从学生最关心的问题入手

习近平总书记指出：“实际上，有时候不一定讲得那么高大全，

---

① 习近平：《思政课是落实立德树人根本任务的关键课程》，《求是》2020年第17期。

从一个问题切入，把一个问题讲深，最后触类旁通，可以带动很多关联问题，有可能是一通百通，提纲挈领。”① 高校思政课建设性和批判性相统一要贴近学生的具体实际，从学生关注的、有疑惑的问题着手，以小见大、以微知著，激发青年学生的兴趣，增强其进一步了解和学习的意愿。

① 习近平：《思政课是落实立德树人根本任务的关键课程》，《求是》2020 年第 17 期。

第三章
高校思政课建设性和批判性相统一的实践逻辑

如前一章所述，高校思政课建设性和批判性的辩证统一，在建党百年来的实践历程中积累了丰富的历史经验，得到了宝贵的现实启示。同时，在历史发展的维度之中，需要紧扣现实把握中国特色社会主义新时代高校思政课建设性和批判性相统一的实践特色，即新的历史方位对思政课坚持建设性与批判性相统一提出了哪些实践要求？立足这些实践要求需要什么样的路径方向？

第一节　高校思政课建设性和批判性相统一的实践要求

习近平总书记对思政课改革创新作出了“八个相统一”的部署，明晰了新时代思政课的前进方向。其中坚持建设性和批判性相统一，既是立足新时代的时代要求，也是立足我国意识形态工作的要求，立足高校思政课本身发展的要求，立足青年学生思想健康发展的要求。

一　立足新时代的时代要求

要理解时代要求，就要明晰新时代的高校思政课建设性与批判性有着怎样的新内涵、新目的和新对象。

（一）建设性和批判性在新时代的“新”

建设性就是要传播、阐释和弘扬以马克思主义为指导的社会主义主流意识形态，根本目的是希望青年学生能够越来越认同社会主义主流意识形态，在新时代主要体现在要吸引和鼓励青年学生为实现中华民族伟大复兴中国梦而奋斗。建设性的对象不断发展和丰富，在不同的历史时期，面对不同的国内国际局势，我们社会主义的主流意识形态也在不断创新和发展。例如，其既包括经典马列主义理论，又包括马克思主义中国化进程中不断丰富和发展的理论成果，一些尚未进入高校思政课教材的主流意识形态成果，如党的十九届六中全会精神也应包含其中。这些是高校思政课所不断“立”的内容。唯有紧跟理论创新动态地传导主流意识形态，方能够引领青年学生为实现中华民族伟大复兴中国梦而不懈奋斗。值得注意的是，传导主流意识形态的实践过程并非简单地照本宣科，评价其传导效果也并非简单地进行知识记忆考察。要让学生从根本上认同主流意识形态的科学性和真理性，使学生学会用马克思主义的立场、观点和方法来分析问题和解决问题，激发学生积极投入“改造世界”的实践中。否则，如果只是浮于表面来传导主流意识形态，那么很容易造成学生对主流意识形态“学完、背完、考完、忘完”，而无法入心、入行。

批判性是指高校思政课要能够直面影响青年学生的各种错误、消极、落后社会思潮和观点，并及时地对影响青年学生的不良社会思潮和观点进行分析、批判和引导，在批判各种不良社会思潮和观点的过程中帮助学生增强自身的判断力和斗争力。同建设性的对象一样，批判性所针对的对象也处于动态变化中，因为随着世情、国情、党情的不断变化，外来的或是内生的不良社会思潮与观点也在不断发生变化。在西方国家长期以来实行和平演变政策的背景下，对历史虚无主义、文化虚无主义等错误观点一定要加强批判；同时自2020年以来，新冠肺炎疫情在全球蔓延，中国交出了一份优秀

“答卷”，而西方国家的表现不尽如人意，这也使西方国家的“反华”情绪加剧，把新冠病毒起源和数据造假之类无中生有的“黑锅”都扣在中国头上。除了以上这些外来思潮和观点之外，还有一些内生的不良思潮和观点，例如近几年在青年学生群体中广为传播的“激进民族主义”“丧文化”“佛系文化”“内卷化”等。坚持批判性就是要对上述的这些不良社会思潮和观点进行分析、批驳、回应，避免其对青年学生产生干扰、误导。当然，要坚持好批判性，重点在于让思政课的批判在青年学生群体中入耳、入脑、入心。因为很多青年学生对这些思潮和观点的接受并非基于认同，而是觉得新奇、有趣甚至是随波逐流。思政课一讲批判性反而会被他们认为是树了“假想敌”，过于“上纲上线”。因此既要强调批判，又要强调为什么批判，讲清不良社会思潮和观点错误、消极、落后的性质和危害，从而更好地培养青年学生对复杂社会思潮的洞察力、辨别力、判断力和斗争力。

（二）高校思政课建设性与批判性相统一要服务新时代党和国家中心工作

高校思政课建设性与批判性相统一要服务党和国家的中心工作，这是建党百年来高校思政课建设性与批判性相统一的历程留给我们的历史经验和现实启示。新的历史方位迫切呼唤并要求新时代思政课建设性与批判性相统一进一步创新发展，更好地为新时代党和国家事业发展服务。

1. 认识和理解新时代中国共产党的历史使命需要思政课建设性与批判性相统一的创新发展

实现中华民族伟大复兴是近代以来中华民族最伟大的梦想。“中国梦”具有多重科学内涵与层次，高校思政课教学立足实现中国梦的实践要求，在教育教学过程中全方位、立体化地向青年学生阐释这一伟大梦想的科学内涵与多元层次。要把中国梦与党的十九大报告提出的实现社会主义现代化强国“两步走”战略目标相结合，讲清楚在2020年实现全面建成小康社会后，开启全面建设社会主义现代化强国新征程的“两步走”战略是实现中华民族伟大复兴的具体安排。而这个伟大梦想的实现，不仅代表着中国在经济社会发展、国防军事等方面实力的提升，更意味着人民群众的精神生活水平有了极大提高。实现中国梦必须坚持中国道路；实现中国梦必须弘扬中国精神；实现中国梦必须凝聚中国力量。要让青年学生深刻认识到他们将全过程参与中华民族伟大复兴的大业，每个人的努力都是实现民族复兴的推动要素，他们必将大有可为，也必将大有作为。同时，也要在教育教学过程中主动把握海内外的舆论与思想动态，贴近青年学生日常学习生活的“生态圈”。例如党的十八大以来，许多海外学者、专家、媒体人对中国梦作了诸多误读，有的认为中华民族的伟大复兴就是要争夺世界霸主的地位，有的将中国梦的科学内涵加以割裂解读，认为中国梦只是政治高层的目标，对广大中国人民个体而言毫无意义，还有的将中国梦和世界梦进行对立解读。① 因此在讲授“中国梦”的建设性之外，对这些误读展开批判尤为重要。

2. 认识和理解新时代我国社会的主要矛盾需要思政课建设性与批判性相统一的创新发展

党的十九大报告对我国社会主要矛盾作出了创新表述。新时代我国社会主要矛盾已经转化为“人民日益增长的美好生活需要和不平衡不充分的发展之间的矛盾”。思政课要通过历史性梳理来挖掘我国社会主要矛盾变化的基本线索。从党的八大、党的十一届六中全会、党的十九大对我国社会主要矛盾的重要论述中可以看出新时代我国社会主要矛盾的表述发生了改变，呈现“新”的特征。一方面，高校思政课要坚持建设性原则，科学阐述当前我国社会主要矛盾发生变化的原因：无论是从社会生产的角度还是从人民群众的需求角

① 孙健：《十八大以来海外学界对“中国梦”的认知评析》，《当代世界与社会主义》2019年第6期。

度来看，当前中国面临的不再是“发展不足”所带来的问题，而是较为集中于“发展起来以后”的新问题。但是无论是“发展不足”还是“发展起来以后”的问题，都是围绕“发展”，都是要坚持以经济建设为中心，是属于同“质”的问题。另一方面，要教育引导青年学生正确认识新时代主要矛盾的“变”与我国仍处于并将长期处于社会主义初级阶段的基本国情没有变、我国是世界上最大的发展中国家的国际地位没有变这两个“没有变”的关系。从科学社会主义的宏观视角来看，我国仍处于社会主义初级阶段，社会主要矛盾只是在社会主义初级阶段中发生变化，我国社会主义初级阶段的任务并未完成，与将我国建成富强民主文明和谐美丽的社会主义现代化强国仍有差距。① 所以，不能改变我国仍处于并将长期处于社会主义初级阶段的判断。从各国发展的国际视角来看，我国仍然是世界上最大的发展中国家，我国目前的发展现状同发达国家之间的差距表明，虽然当前我国经济总量位居世界第二，生产力水平也大幅提高，2020 年全面建成小康社会的目标成功实现，但不可否认的是，我国人口基数大，人均占有量少，我国人均 GDP 刚超过世界平均水平，落后于世界发达国家。必须要把握住“变与不变”的辩证关系。思政课要坚持批判性，培养学生批判性思维，不能错误地认为新时代社会主要矛盾已经跳出“发展”的视域，跳出“解放和发展生产力”的首要任务，发生了转折性的根本性变化；也不能因为新时代主要矛盾变化了，就被一些“全面超越”的错误言论影响，产生骄傲自大、不思进取、躺平的想法。

3. 认识和理解脱贫攻坚胜利、全面建成小康社会的实现需要思政课建设性与批判性相统一的创新发展

习近平总书记在全国脱贫攻坚总结表彰大会上宣布：“我国脱贫攻坚战取得了全面胜利……区域性整体贫困得到解决，完成了消除

① 徐艳玲、王盛椿：《我国社会主要矛盾认知的历史流变及其启示》，《思想理论教育导刊》2018 年第 10 期。

绝对贫困的艰巨任务”①。这一方面显示了中国共产党领导下中国特色社会主义事业的又一伟大胜利，另一方面也说明脱贫攻坚是一个长期性任务。“脱贫摘帽不是终点，而是新生活、新奋斗的起点。解决发展不平衡不充分的问题、缩小城乡区域发展差距、实现人的全面发展和全体人民共同富裕仍然任重道远。”② 要解决这些问题，推动生产力的解放和发展是根本方法，提高发展质量和效益是关键。高校青年学生是中国特色社会主义事业接班人中素质较高的群体，只有充分调动他们的积极性、主动性和创造性，才能激发未来社会不断发展的活力，更好地为共同富裕的实现创造条件。这就要求高校思政课必须坚持建设性与批判性相统一，一方面用中国话语讲好中国减贫的故事、讲好中国共产党和广大中国人民在脱贫攻坚战中的光辉事迹，阐释好主流意识形态话语；另一方面要针对海内外关于中国脱贫攻坚战的误读进行有力批判、正本清源。特别是要向广大青年学生讲清楚，在“新冠”肺炎疫情全球大流行、经济形势受到影响的情况下，党和国家克服了什么样的困难保证了这次脱贫攻坚战的胜利？易返贫的地区和人口接下来怎么办？脱贫攻坚战胜利是不是意味着中国就没有贫困人口了？绝对贫困和相对贫困的区别是什么？解决机制有何不同？

4. 认识和理解新发展阶段需要思政课建设性与批判性相统一的创新发展

习近平总书记指出：“全面建成小康社会、实现第一个百年奋斗目标之后，我们要乘势而上开启全面建设社会主义现代化国家新征程、向第二个百年奋斗目标进军，这标志着我国进入了一个新发展阶段。”“正确认识党和人民事业所处的历史方位和发展阶段，是我们党明确阶段性中心任务、制定路线方针政策的根本依据，也是我

① 《全国脱贫攻坚总结表彰大会在京隆重举行》，《人民日报》2021 年 2 月 26 日，第 1 版。

② 《全国脱贫攻坚总结表彰大会在京隆重举行》，《人民日报》2021 年 2 月 26 日，第 1 版。

们党领导革命、建设、改革不断取得胜利的重要经验"①。高校教师需要对"新发展阶段"这一重要判断保持高度的政治与理论自觉，在思政课中及时引入并加以研究和阐释，引导青年学生正确认识中国的社会主义事业所处的发展阶段。一方面要坚持建设性原则，阐明新发展阶段是社会主义初级阶段中的一个阶段。其依旧处于社会主义初级阶段之中，而没有超越社会主义初级阶段。同时新发展阶段也是我国经过社会主义建设六十多年的积累特别是经过改革开放四十多年的不懈奋斗，站到新的起点上的一个阶段，是一个历史性跨越的新阶段。这一新阶段的特征是开启全面建设社会主义现代化国家，这一新阶段的时间跨度是"未来 30 年"，即从 2020 年开始一直到 2050 年。"经过新中国成立以来特别是改革开放 40 多年的不懈奋斗，我们已经拥有开启新征程、实现新的更高目标的雄厚物质基础。新中国成立不久，我们党就提出建设社会主义现代化国家的目标，未来 30 年将是我们完成这个历史宏愿的新发展阶段。""社会主义初级阶段不是一个静态、一成不变、停滞不前的阶段，也不是一个自发、被动、不用费多大气力自然而然就可以跨过的阶段，而是一个动态、积极有为、始终洋溢着蓬勃生机活力的过程，是一个阶梯式递进、不断发展进步、日益接近质的飞跃的量的积累和发展变化的过程。全面建设社会主义现代化国家、基本实现社会主义现代化，既是社会主义初级阶段我国发展的要求，也是我国社会主义从初级阶段向更高阶段迈进的要求。"② 同时，也要坚持批判性原则，对海内外一些学者将马克思在《哥达纲领批判》中对"社会主义"图景的阐释与中国特色社会主义实践对立起来、否定当下中国社会主义根本性质的错误观点加以明确反驳，帮助青年学生认识到中国

① 习近平：《把握新发展阶段，贯彻新发展理念，构建新发展格局》，《求是》2021 年第 9 期。

② 《习近平在省部级主要领导干部学习贯彻党的十九届五中全会精神专题研讨班开班式上发表重要讲话》，新华网，http://www.xinhuanet.com/politics/2021-01/11/c_1126970918.htm。

特色社会主义要经历一个漫长的过渡阶段。同时，我国的社会主义初级阶段中的新发展阶段，与《哥达纲领批判》中描述的取代资本主义的“共产主义第一阶段”不尽相同。我们的新发展阶段是与资本主义社会共存的，并没有完成对资本主义的超越。社会主义与资本主义两种制度的竞争依旧是新发展阶段的主流。

二　立足我国意识形态工作的要求

意识形态工作是党和国家工作的重要组成部分，在中国特色社会主义事业全局中具有重要地位。2013 年，习近平总书记在全国宣传思想工作会议上强调：“经济建设是党的中心工作，意识形态工作是党的一项极端重要的工作。”[①] 党的十九大报告中明确提出，要“牢牢掌握意识形态工作领导权”[②]，从本质上讲，马克思主义的意识形态概念包含着意识形态建设与批判的双重维度，《神圣家族》《德意志意识形态》《共产党宣言》等著作都是在批判资产阶级和非马克思主义的意识形态中“建设”马克思主义无产阶级思想。“随着我国日益扩大开放、日益走近世界舞台中央，我国同世界的联系更趋紧密、相互影响更趋深刻，意识形态领域面临的形势和斗争也更加复杂。”[③] 所以，要传导好社会主义意识形态，就需要把握住两个基本前提。一是“立”，就是坚持党对意识形态工作的领导权，坚持宣传思想工作“两个巩固”的根本任务，即巩固马克思主义在意识形态领域的指导地位，巩固全党全国人民团结奋斗的共同思想基础；坚持用新时代中国特色社会主义思想武装全党、教育人民，坚持培育和践行社会主义核心价值观，坚持文化自信是更基础、更广泛、更深厚的自信，是更基本、更深沉、更持久的力量，构建具有中国特

① 《学习习近平总书记 8·19 重要讲话》，人民出版社，2013，第 1 页。

② 习近平：《决胜全面建成小康社会 夺取新时代中国特色社会主义伟大胜利——在中国共产党第十九次全国代表大会上的报告》，人民出版社，2017，第 41 页。

③ 习近平：《思政课是落实立德树人根本任务的关键课程》，《求是》2020 年第 17 期。

色、由中国主导的意识形态话语权。二是“破”，就是以批判方式对外来传入或本土内生的非主流意识形态话语进行批判取鉴，旗帜鲜明抵制各种不良社会思潮和观点，坚决遏制各种不良社会思潮和观点炒作和蔓延。思政课堂是高校意识形态工作的主渠道。所以，高校思政课坚持建设性与批判性相统一要立足我国意识形态建设工作的要求。

（一）高校思政课建设性与批判性相统一与意识形态工作的内在关联

1. 高校思政课建设性与批判性相统一与意识形态工作在本质上是一致的

高校思政课与意识形态工作关系密切，二者在本质上具有一致性。意识形态作为上层建筑由经济基础决定，带有明显阶级性。“思想政治工作从根本上说是做人的工作。”① 高校思政课作为思想政治教育的一种重要方式，体现的是党和国家在高校开展的主流意识形态教育和实践活动，是党和国家灌输其阶级意志、方针政策，“满足学生成长发展需求和期待”②，培养和树立青年学生价值观的重要阵地。由此可以看出二者在根本上都具有阶级性，更进一步说，在中国共产党的领导下，二者都服务于最广大人民的利益，都是以引导树立人的正确价值观为主要任务。两者都要在遵循马克思主义意识形态工作规律的基础上确立、维护和巩固符合最广大人民利益要求的意识形态，为青年学生树立坚定的信仰、信念、信心。然而，在西方“去意识形态化”“非意识形态化”“意识形态多元化”的渗透下，社会主义意识形态在建设过程中遭到了恶意指责、非议和攻击。“西方一些学者抛出意识形态终结论，马克思主义过时论、破产论，

① 习近平：《把思想政治工作贯穿教育教学全过程 开创我国高等教育事业发展新局面》，《人民日报》2016 年 12 月 9 日，第 1 版。

② 习近平：《把思想政治工作贯穿教育教学全过程 开创我国高等教育事业发展新局面》，《人民日报》2016 年 12 月 9 日，第 1 版。

社会主义失败论，共产主义渺茫论，中国威胁论、中国崩溃论等等，一定程度上动摇了人们对马克思主义的信仰，对社会主义的信念，对中国发展的信心。特别是境内外敌对势力加大对高校意识形态渗透力度，同我争夺阵地、争夺青年、争夺人心的斗争日趋激烈。”① 因而意识形态工作和高校思政课都需要立破并举，批驳和消除与最广大人民的利益要求相对抗、与党和国家争夺下一代的非主流意识形态，批判不良社会思潮与观点。

2. 高校思政课建设性与批判性相统一与意识形态工作在内容上是部分重合的

意识形态是反映一定社会的经济形态和政治制度的观念、观点、概念的总和，具体包括政治法律思想、道德、文学艺术、宗教、哲学和其他社会科学等意识形式。恩格斯曾指出：“政治、法、哲学、宗教、文学、艺术等等的发展是以经济发展为基础的。但是，它们又都互相作用并对经济基础发生作用。这并不是说，只有经济状况才是原因，才是积极的，其余一切都不过是消极的结果，而是说，这是在归根到底不断为自己开辟道路的经济必然性的基础上的相互作用。”② 高校思政课主要面向青年学生这一教育对象进行道德观、政治观和法治观等教育。“因为意识形态往往是反映一个国家占统治地位阶级的意识，高校的意识形态教育也是以对青年学生灌输占统治地位阶级的、所谓‘主流意识形态’为己任。……意识形态工作是党和国家一项极其重要的工作，高校是意识形态工作的主要战场，思政课则是高校意识形态工作的前沿阵地。”③ 可以看出，思政课的教学内容与主流意识形态内容有诸多重合之处。如，高校思政课以党和国家所遵循的政治理论信仰、所倡导的价值取向和行为规范为

---

① 王炳林、郝清杰：《意识形态建设是高校思想政治工作的灵魂》，《国家教育行政学院学报》2017 年第 1 期。

② 《马克思恩格斯选集》第 4 卷，人民出版社，2012，第 649 页。

③ 孙宗伟、岳从欣：《高校思想政治理论课没有正当性吗？——对几种质疑的评析》，《思想理论教育导刊》2016 年第 6 期。

主要内容，而这些正是主流意识形态的重要组成部分。

3. 高校思政课建设性与批判性相统一与意识形态工作在目的上是相同的

“思想政治教育是传播意识形态的手段，本身不是目的”①。高校思政课教学是为了让社会主义主流意识形态在青年学生群体中入耳入脑入心，让社会主义主流意识形态能够真切地去影响学生们思维模式、话语表达、行为模式的生成，使这些青年学子学成步入社会之后，能够符合党和国家发展的需要。2018 年的全国宣传思想工作会议上，习近平总书记强调：“建设具有强大凝聚力和引领力的社会主义意识形态，是全党特别是宣传思想战线必须担负起的一个战略任务。要做好做强马克思主义宣传教育工作，特别是要在学懂弄通做实新时代中国特色社会主义思想上下功夫。要把坚定‘四个自信’作为建设社会主义意识形态的关键，坚持马克思主义在我国哲学社会科学领域的指导地位，建设具有中国特色、中国风格、中国气派的哲学社会科学。要把握正确舆论导向，提高新闻舆论传播力、引导力、影响力、公信力，巩固壮大主流思想舆论。要加强传播手段和话语方式创新，让党的创新理论‘飞入寻常百姓家’。”“宣传思想工作是做人的工作的，要把培养担当民族复兴大任的时代新人作为重要职责。重中之重是要以坚定的理想信念筑牢精神之基，坚定对马克思主义的信仰，对社会主义和共产主义的信念，对中国特色社会主义道路、理论、制度、文化的自信。要强化教育引导、实践养成、制度保障，把社会主义核心价值观融入社会发展各方面，引导全体人民自觉践行。要抓住青少年价值观形成和确定的关键时期，引导青少年扣好人生第一粒扣子。”② 所以，引导青年扣好人生第一

① 李辽宁：《当代中国思想政治教育意识形态功能研究》，华中师范大学博士学位论文，2006，第 38 页。

② 《习近平在全国宣传思想工作会议上强调 举旗帜聚民心育新人兴文化展形象 更好完成新形势下宣传思想工作使命任务》，《人民日报》2018 年 8 月 23 日，第 1 版。

粒扣子是我国社会主义意识形态建设的重要目的，也是高校思政课坚持建设性与批判性相统一的重要目的。高校思政课坚持建设性与批判性相统一与意识形态工作具有相同的目的性。值得注意的是，改革开放以来诸多外来非主流意识形态的渗透加大了思想政治教育的难度。在全球化的浪潮中，西方意识形态以各种渠道进入我国国门，尤其是高校校门，其中隐含着一些与我国社会主义意识形态背道而驰的价值观念，使高校青年学生产生价值取向上的困惑，威胁着我国意识形态的安全。习近平总书记强调："学校是意识形态工作的前沿阵地，可不是一个象牙之塔，也不是一个桃花源"。[①] 同时，各类非主流意识形态传播的途径和平台也愈加复杂和难以管理，大量负面信息充斥网络虚拟世界，网络意识形态斗争形势严峻复杂，而"00后"青年学生是网络的原住民。这就要求我们必须保持清醒的斗争意识，认识到高校思政课教学对加强意识形态工作的重要性，以建设性与批判性相统一增强高校思想政治教育的针对性，巩固和发展社会主义意识形态。

（二）高校思政课建设性与批判性相统一要服务于意识形态建设工作

1. 高校思政课建设性与批判性相统一是实现主流意识形态有效传导的重要途径

意识形态对每一个人而言都不是先验的存在，没有哪个人在出生时便有了意识形态。主流意识形态的宣传、阐释直到在大多数人心里得到认同，都需要借助一定的载体、媒介和平台。广播节目、电视广告、影视音乐、图书馆、纪念堂等都成了传播主流意识形态的载体、媒介和平台。对学校而言，高校思政课所具备的建设性、批判性及其他特性共同决定了其是意识形态传播并进一步传导的重

① 习近平：《思政课是落实立德树人根本任务的关键课程》，《求是》2020年第17期。

要途径。一是建设性。高校思政课要发挥正向引导功能，承担系统的社会主义主流意识形态传导的根本任务。这是思政课建设性的鲜明体现。二是批判性。在课堂上，教师面对影响青年学生的不良社会思潮和观点展开分析、批驳与引导。这种分析、批驳与引导运用马克思主义的立场、观点和方法，为青年学生拨开思想迷雾。三是科学性。高校思政课一直坚持创新发展，按照青年学生成长规律、党和国家发展需要增加课程内容，调整课程体系，系统并逐层深入地将主流意识形态植入青年学生的头脑之中。四是主客体的互动性。高校思政课在传播主流意识形态方面能够突破广播电视等其他载体、媒介和平台单向度输出、受众单向度接受的界限，使主流意识形态与青年学生二者进行双向互动，能够更好地传导主流意识形态。

2. 高校思政课建设性与批判性相统一是维护意识形态安全的防护网

和平与发展已成为时代的主题，但是在“和平与发展”的话语表达之下国际社会中的诸多不安定因素仍暗流涌动，意识形态领域的斗争从未停息。20世纪末苏联解体和东欧剧变，就鲜明暴露了西方国家通过“和平演变”方式扼杀国际共产主义运动发展的图谋。中国在改革开放之后逐步与世界接轨，在经济社会快速发展的同时，也出现了新的意识形态碰撞。西方政客、学者和媒体炮制、包装、捏造了一系列词语、假新闻、假故事，传播“历史虚无主义”“文化虚无主义”“解构主义”等不良社会思潮；同时西方敌对势力还利用宗教和民族等方面的问题试图从内部分裂或瓦解中国。这使得一些高校师生的价值观念、个人政治与学术倾向变得愈发多元化、复杂化。一方面，擅长“包装”的反华势力会将各种错误、消极社会思潮和观点混杂在其对外文化输出中，使社会主义主流意识形态淹没于多元文化和多元价值的浪潮中；另一方面，高校师生容易在多样价值的旋涡中迷失方向。特别是高校出现了习近平总书记指出的现象：实际工作中，在有的领域中马克思主义被边缘化、空泛化、标签化，在一些学科中“失语”、教材中“失踪”、论坛上“失声”。

这种状况必须引起我们高度重视。高校思政课要承担起维护社会主义意识形态安全的重要任务。首先，坚持思政课的建设性，通过理想信念教育，坚定青年学生对马克思主义的信仰、对中国特色社会主义的信念，促使青年学生成为民族复兴大业的栋梁之材。其次，坚持思政课的批判性，通过讲求方法、有理有据地对不良社会思潮进行批判，促进青年学生学习并利用马克思主义的观点、立场、方法辨别与批判“假恶丑”的不良社会思潮和观点，使其坚定正确的理想信念、价值理念、道德观念，自觉抵制不良社会思潮和观点的侵袭。最后，高校思政课教师凭借其敏锐的政治性，能够对西方制度话语与西方学术话语做出准确区分，批判对待外来文化，使青年学生不仅能够接受社会主义主流意识形态的陶冶，也能够积极吸收其他有益于党和国家发展、有益于社会进步、有益于人民生活水平提高的观点。正如习近平总书记所强调的那样，“在全面对外开放的新形势下，看清楚中国还不够，还必须睁眼看世界。积极借鉴人类文明创造的有益成果，对世界形势发展变化，对世界上出现的新事物新情况，对各国出现的新思想新观点新知识，有及时、充分的了解，才能更好地发展我们自己”①。

3. 高校思政课建设性与批判性相统一是增强青年学生对主流意识形态认同的推进器

习近平总书记强调：“意识形态决定文化前进方向和发展道路”②。意识形态关乎旗帜，关乎道路，关乎国家政治安全。主流意识形态维护政权稳定、促进经济发展的功能要得到充分发挥，一方面需要党和国家在宣传主流意识形态上下足功夫，另一方面也需要广大人民发自内心的认可和认同。高校思政课建设性与批判性相统一是传导主流意识形态、增强青年学生对主流意识形态认同感的重

① 《学习习近平总书记8·19重要讲话》，人民出版社，2013，第30~31页。

② 习近平：《决胜全面建成小康社会 夺取新时代中国特色社会主义伟大胜利——在中国共产党第十九次全国代表大会上的报告》，人民出版社，2017，第41页。

要推进器。高校思政课能够实现有针对性地建设和解惑，在“铁打的课堂”上，接续面对“流水的学生”，帮助一届接一届具有不同思想特点的青年学生接受、认同主流意识形态；高校思政课还能够利用高校同社会组织体系之间的紧密联系，搭建各类平台开展各种实践活动，让青年学生不仅在课堂上而且在中国的广阔大地上、在百姓的日常生活中验证、接受和认同社会主义意识形态。

4. 高校思政课建设性与批判性相统一是推进主流意识形态发展完善的催化剂

高校思政课教师兼具教书育人和学术研究的使命，教学能够促使主流意识形态在青年学生中传播，学术研究则有利于阐释和推进主流意识形态的发展。但学术研究不是空洞的理论推演，教学与科研结合方可促进主流意识形态理论发展。首先，坚持建设性原则是高校思政课的本质要求，建设性不仅传导主流意识形态，也能推动主流意识形态与时俱进。中国是社会主义国家，主流意识形态反映和代表人民的利益，高校思政课能够让师生之间、学校与社会之间存在一个双向的、良性互动的平台。主流意识形态通过高校思政课这个平台对青年学生的思维方式、行为模式等产生形塑的作用，而青年学生在这一过程中所表现出的态度、认识和行为，反映出的疑惑和社会问题等也能够快速、真切地反馈给思政课教师和学校，教师通过学术研究形成科学建议等方式进一步反馈给党和国家相关部门。这些从青年学生中得来的信息是丰富主流意识形态的重要依据。其次，高校思政课始终坚持与时俱进的原则，思政课教师始终关注新的问题、新的形势、新的情况，这种与国内国际最新思想、理论动态的接轨，能够剑指批判的重心，同时也能够促进主流意识形态创新发展。

三　立足高校思政课本身发展的要求

高校思政课区别于其他课程，具有鲜明的理论性、思想性和政治性。高校思政课理论性、思想性和政治性高度统一的内在逻辑，对坚持建设性与批判性相统一提出要求。坚持建设性与批判性相统一是高校思政课不断自我完善和发展的重要推动力。

（一）高校思政课具有理论性、思想性和政治性高度统一的特殊性

高校思政课必须落实立德树人的根本任务，努力培养担当民族复兴大任的时代新人，培养德智体美劳全面发展的社会主义建设者和接班人。这是思政课服务于新时代党和国家的中心工作、培养合格"复兴人才"的要求。高校思政课能够担此重任，原因在于其实现了理论性、思想性和政治性的高度统一。"思政课是落实立德树人根本任务的关键课程，思政课作用不可替代，思政课教师队伍责任重大。"① 就理论性而言，凡是能被称为"课程"的，必然有系统的科学理论内容，以马克思主义为指导的主流意识形态具有系统的内容和鲜明的科学性。习近平强调："思政课教学涉及马克思主义哲学、政治经济学、科学社会主义，涉及经济、政治、文化、社会、生态文明和党的建设，涉及改革发展稳定、内政外交国防、治党治国治军，涉及党史、国史、改革开放史、社会主义发展史，涉及世界史、国际共运史，涉及世情、国情、党情、民情，等等。"② "在人类思想史上，就科学性、真理性、影响力、传播面而言，没有一种思想理论能达到马克思主义的高度，也没有一种学说能像马克思主义那样对世界产生了如此巨大的影响。这体现了马克思主义的巨大真理威力和强大生命力，表明马克思主义对人类认识世界、改造世界、推动社会进步仍然具有不可替代的作用。"③ 就思想性而言，思政课区别于高校内其他专业课程的根本在于用主流意识形态铸魂育

① 习近平：《思政课是落实立德树人根本任务的关键课程》，《求是》2020 年第 17 期。

② 习近平：《思政课是落实立德树人根本任务的关键课程》，《求是》2020 年第 17 期。

③ 《习近平谈治国理政》第二卷，外文出版社，2017，第 65 页。

人的目的更加鲜明和彻底。例如在“西方哲学史”“社会学概论”“中外政治思想史”等一些课程中，同样会有专门的章节论述马克思主义的相应观点、学说。但是高校思政课是从一种整体“思想体系”的高度对马克思主义进行讲授，对马克思主义与中国具体实践相结合、与中国优秀传统文化相结合产生的马克思主义中国化理论成果加以讲授，马克思主义的“底色”更加鲜明，对青年学生的思想引导和培育最为直接。就政治性而言，思政课的政治性贯穿了对理论性与思想性的方向把握，对青年学生的理论教育和思想引导最终落脚于培养其坚定的政治性，使其成为社会主义的建设者和接班人，而不是“掘墓人”。毛泽东曾深刻指出：“不论是知识分子，还是青年学生，都应该努力学习。除了学习专业之外，在思想上要有所进步，政治上也要有所进步，这就需要学习马克思主义，学习时事政治。没有正确的政治观点，就等于没有灵魂。”① 习近平总书记在学校思想政治理论课教师座谈会上强调：思政课要“坚持教育为人民服务、为中国共产党治国理政服务、为巩固和发展中国特色社会主义制度服务、为改革开放和社会主义现代化建设服务”。②

（二）高校思政课理论性、思想性和政治性高度统一的特殊性对坚持建设性与批判性相统一提出要求

高校思政课理论性、思想性和政治性高度统一的内在逻辑，对坚持建设性与批判性相统一提出要求。思政课要通过传导主流意识形态和批判不良社会思潮、观点相交融的方式使得青年学生对现实与理论进行深入思考，“立”“破”结合、正反呼应、双管齐下凸显以马克思主义为指导的主流意识形态的真理性。这一过程，要实现青年学生从知其然到知其所以然的理论进步、从认识世界到改造世

---

① 《毛泽东 邓小平 江泽民论教育》，人民教育出版社、中央文献出版社、北京师范大学出版社，2002，第 65 页。

② 习近平：《思政课是落实立德树人根本任务的关键课程》，《求是》2020 年第 17 期。

界的思想成长，最终目的是加强青年学生对中国共产党的领导、对中国特色社会主义事业的高度政治认同，激发青年学生对民族复兴伟业的历史使命感。坚持建设性与批判性相统一是实现思政课理论性、思想性、政治性三者高度统一的重要桥梁。思政课坚持建设性不能只注重宣讲以马克思主义为指导的主流意识形态理论的“实然”而不去解释其“应然”，如果这样高校思政课就会陷入对文件式话语“搬运”“照本宣科”的误区，并且这种“形式化”“表面化”的教学难以触动学生的思想和灵魂，更难以让学生增强对中国共产党的领导、对中国特色社会主义事业的政治认同。思政课更不能忽视批判性，只建设不批判问题，就缺乏现实观照和问题呈现，无法达到对理论的深入思考及政治认同，无从培养和提高青年学生明辨是非的思维能力。凸显理论的真理性，使理论上升为思维方法和政治认同，就不能没有批判性。毛泽东曾强调：“正确的东西总是在同错误的东西作斗争的过程中发展起来的。真的、善的、美的东西总是在同假的、恶的、丑的东西相比较而存在，相斗争而发展的。”① 马克思主义之所以被称为真理并不断发展，就是因为其是在与各种社会观点、思潮作斗争中产生和不断发展，最终在理论的争论和实践的检验中成为一门科学。在《共产党宣言》的开篇，马克思恩格斯便将共产主义形容为幽灵，在当时阶级矛盾日趋尖锐的时代背景下，马克思恩格斯的学说也只是指导工人运动的学说之一。但是很快马克思恩格斯的理论得到广泛的承认并传遍了世界，甚至它“在理论上的胜利，逼得它的敌人装扮成马克思主义者”。② 即便是在发达资本主义国家，人们也不得不承认马克思是当代最伟大的思想家之一。之所以马克思恩格斯和马克思主义能够取得如此深刻、广泛的影响力，很重要的一个原因就是其始终秉承着“批判”的武器指导革命斗争。马克思在阐述对未来社会的构想时，立论基点是对资本主义社会的批

---

① 《毛泽东文集》第 7 卷，人民出版社，1999，第 230 页。

② 《列宁专题文集·论马克思主义》，人民出版社，2009，第 63 页。

判，使无产阶级不仅切实认同马克思主义的观点，而且科学地掌握了马克思主义的立场和方法。习近平总书记在学校思想政治理论课教师座谈会上强调："要坚持问题导向，学生关注的、有疑惑的问题其实也就几大类，要把这些问题掰开了、揉碎了，深入研究解答，把事实和道理一条条讲清楚""用真理的力量感召学生，以深厚的理论功底赢得学生""以透彻的学理分析回应学生，以彻底的思想理论说服学生，用真理的强大力量引导学生"。[①] 因此高校思政课也必须要用好马克思主义的批判武器，帮助学生正确认识、评价社会上存在的问题，在批判社会假恶丑中崇尚真善美。

四　立足青年学生思想健康发展的要求

作为互联网的"原住民"，作为社会中思想最活跃的群体，作为标志时代的最灵敏的晴雨表，高校青年学生具有捕捉社会思潮和观点的敏感性，特别是他们乐于追随和讨论非主流的社会思潮和观点。相关教育部门曾针对全国范围内的高校青年学生展开过摸底式的调研，从调研反馈的数据统计结果来看，青年学生的思想主流仍是健康、积极、乐观的，符合社会主义主流意识形态。同时，高校青年学生普遍刚成年，处在"拔节育穗期"，面对思想文化、意识形态领域的新挑战和新形态，存在被"异化""西化"的风险。但"对症才能下药"，我们首先需要明晰当下青年学生中存在哪些思想认识方面的问题，才能深刻理解建设性和批判性相统一何以是高校思政课的必然要求。

（一）当前高校青年学生思想健康发展面临的挑战

1. 存在政治信仰迷失的情况

改革开放以来，随着国门的打开，社会思潮的发展开始呈现多元化的特点，这为高校青年学生树立正确的世界观、人生观、价值

---

① 习近平：《思政课是落实立德树人根本任务的关键课程》，《求是》2020 年第 17 期。

观增添了复杂性，使得青年学生思想上容易处于盲从和混乱的状态，出现政治信仰迷失的情况，这主要表现为以下几个方面。一是马克思主义指导思想在青年学生中影响力逐步下降。社会中多元化的思想和观点主张各异，其中一些甚至与马克思主义背道而驰，部分青年学生难以抵挡这种非主流意识形态的侵蚀，或者是不屑于谈论马克思主义，认为其是"过时的产物"，西方一些新奇的社会思潮和观点才是最为前沿的；或者是抵触思政课讲授的以马克思主义为指导的主流意识形态内容，认为其是中国高等教育的"特色"，只体现政治性而不具有科学性。二是缺乏对中国共产党的政治认同。由于受中美贸易摩擦、新冠肺炎疫情全球蔓延和美国2020年大选的影响，青年学生对"代议制民主""多党制"等所谓"普世价值"学说的虚伪性能够有比较清醒的认识。但是对以美国为首的西方敌对势力对我国党的建设领域、社会领域和生态领域更为隐蔽的攻击，例如攻击我国腐败问题、民生情况和生态情况，部分青年学生因为缺乏相应的学术素养或政治定力，容易被这些恶意夸大的观点学说所影响，从而缺乏对中国共产党的政治认同。三是对中国特色社会主义制度缺乏正确认识。"大学"长久以来都被称为"象牙塔"，青年学生因为接触社会的深度与广度不够，容易产生一些错误认识。比如，看到中国综合国力不断提高、在国际舞台上日益活跃，认为这是人民努力和奋斗的功劳，与中国特色社会主义制度无关；再如，发现一些社会不公正的问题，发现一些发展不平衡不充分的问题，发现我国与发达国家在创新能力、产业层次、公共服务等方面的差距，就对中国特色社会主义制度本身产生不满，缺乏信心。

2. 社会主义核心价值观基础工程的地位需巩固

2013年中共中央办公厅印发了《关于培育和践行社会主义核心价值观的意见》，随后全国各高校都表现出高度的政治自觉和理论自觉，高校思政课也重点加强社会主义核心价值观的教学，提升了社会主义核心价值观在高校青年学生中的吸引力和认同度。同时，社会思潮和观点的多元化影响了一些青年学生的价值观。一方面，部分高校青年学生在西方对“个体价值”的宣扬下成为“利己主义者”，信奉无条件的“个人利益”“个人自由”，功利主义和实用主义的倾向日趋明显，缺乏集体主义精神和社会责任感。新冠肺炎疫情全球大流行以来，西方国家的乱象给青年学生上了生动一课，他们开始认清“个人利益”“个人自由”至上思想的本质和错误，对个人和集体的关系有了进一步深入的理解。青年学生们普遍自觉地承担起监督家人戴口罩、不聚集等责任，还有很多青年学生置自我生命安危于不顾，在抗疫一线做志愿者。2020 年面向全国 16 万大学生的思想政治状况滚动调查显示，当代大学生对社会主义核心价值观高度认同。99.3% 的学生认同“大学生应成为社会主义核心价值观的坚定信仰者、积极传播者、模范践行者”，95.9% 的学生认为“人生的价值在于奉献”，超过 90% 的学生愿意通过公益服务、爱心捐赠、抗击灾害、义务献血等方式践行社会主义核心价值观，比例较往年均呈现上升趋势。疫情防控期间，超过 70% 的学生表示愿意投身志愿服务工作。他们当中，有的成为勇敢的“逆行者”，有的成为社区的“跑腿王”，还有的成为村口的“守门人”，赢得了社会各界的广泛赞誉。[①] 与此同时，在中国对新冠肺炎疫情的控制平稳之后，部分青年学生对学校“防患于未然”的各种测体温、上报体温的疫情常态化防控制度又开始觉得繁琐，认为这是一种形式主义。另一方面，由于社会和学校还存在一些与社会主义核心价值观不协同的因素和环境，一些高校青年学生在思政课堂上经过老师的讲授对社会主义核心价值观表示认同，但一旦在课下接触到某些不协同的因素和环境，就产生困惑和动摇。

3. 社会心态健康亟待给予关注

社会心态既是一种社会存在的反映，反过来也影响着社会发展，健康的社会心态是促进个人、社会、国家和谐稳定进步的重要基础。

① 魏士强：《准确把握青年学生特点精准开展思想政治工作》，《学习时报》2020 年 7 月 13 日，第 6 版。

“社会心态属于社会意识范畴，是在一定时期内广泛地存在于各类社会群体内的情绪、情感、社会认知、行为意向和价值取向的总和”①。2021年，中国将世界精神卫生日的主题定为“青春之心灵、青春之少年”。广大青年的心态健康已成为关系国家和民族未来的重要问题，需要全社会尤其是教育部门的正视与干预。就整体层面而言，当下的高校青年学生中积极向上的心态仍占据主流。例如在过去两年多的新冠肺炎疫情防控中，许多大学生党员一马当先，主动申请前往防疫抗疫一线承担志愿者工作，起到了良好的模范带头作用。同时我们也需要认识到，随着高等教育招生规模的不断扩大，青年学生群体的基数也不断增大，这一庞大群体的社会心态呈现复杂特点，尤其是新时代以来我们的经济社会发展面临转型、社会竞争更加激烈，青年学生不再是“少年不识愁滋味”，一部分人出现了抑郁症、焦虑症、强迫症以及学习障碍、人际关系障碍等心理或心态问题。而这些问题会通过外在行为表现出来，比如短期激动亢奋的“鸡血”，长期失眠的“萎靡”，还有对任何事都缺乏兴趣的“冷漠”。特别是，随着经济社会发展和竞争加剧，近年来“丧文化”“佛系文化”在青年学生群体中迅速传播。“内卷化”也逐渐成为网络热词，青年学生群体也高频率地用“内卷”来形容其学习状态。虽然内卷这一词原本是用以解释中国农业集体化进程中生产关系过于超前而带来的边际效益减少的问题，但是当下如此之高的使用频率也反映出高校青年学生在学习、就业以及未来规划方面的压力。同时，部分青年学生还有强烈的矛盾心态。高校青年学生往往都处于刚刚成年的阶段，价值观还未成熟，对社会接触尚不深，很难全面客观地看待一些现实问题，因此在面对身边或者新闻媒体报道的一些社会不良现象时，容易在认知与行动上产生矛盾的心态。例如：一方面，极力谴责在一些选拔性的招生或考试中出现的“走后门”等不公现象，另一方面，当自己面临相同的情况时，又极力进行活

① 马广海：《论社会心态：概念辨析及其操作化》，《社会科学》2008年第10期。

动，希望能够打通一些关系为自己的下一步计划铺平道路；一方面，觉得政府的权力应当在阳光下运行，公平公正公开，另一方面，又希望自己有朝一日能够掌握权力并为自己谋得私利。这就表现出道德认识和道德实践的明显脱节。

（二）高校思政课建设性与批判性相统一要服务于青年学生思想的健康发展

1. 坚定青年学生的政治信仰

思政课要积极主动关注青年学生的政治信仰情况，立足青年学生的问题和疑惑，以批判性和建设性相统一，使青年学生树立坚定的政治信仰。一是要巩固马克思主义在意识形态中的指导地位。不能以“多元”吸引学生眼球，不重视讲“一元”；不能只讲马克思主义的理论形态，不讲马克思主义的现实意义；不能只讲中国高校思政课，也要介绍一下西方国家高校的“思政课”和“爱国主义教育”。二是要巩固中国共产党的领导地位。要讲清中国共产党的领导是中国特色社会主义最本质的特征，中国共产党的领导是中国特色社会主义制度的最大优势。只有在中国共产党的领导下，才能牢牢坚持中国特色社会主义的前进方向；只有在中国共产党的领导下，我们才能发挥“全国一盘棋”“集中力量办大事”的制度优势；也只有在中国共产党的领导下，我们才能不断克服“发展起来后”出现的民生问题、生态问题；特别要讲清楚，勇于自我革命是中国共产党区别于其他政党的最显著的标志。全面从严治党推进自我革命不断走向深入。正是因为中国共产党坚持从人民根本利益出发，才能做到不掩饰缺点、不回避问题、不文过饰非，有缺点克服缺点，有问题解决问题，有错误承认并纠正错误。党的十八大以来，以习近平同志为核心的党中央坚持无禁区、全覆盖、零容忍，重拳“打虎”“拍蝇”“猎狐”，掀起了力度、广度、深度空前的反腐败斗争，推进不敢腐、不能腐、不想腐，反腐败斗争已经取得压倒性胜利。三是要坚定中国特色社会主义制度自信。要讲清楚制度优势的本质。中国的制度优势在于社会主义制度能够解放和发展生产力，并能够根据需要调整生产关系和上层建筑。所以，国家经济实力的不断上升，是因为中国特色社会主义制度顺应、保护和促进了人民的劳动生产。国家经济与社会发展需要人民的努力和奋斗，人民的努力和奋斗是在制度优势保障下才充分发挥效率的。要讲清楚新时代中国特色社会主义所处的历史阶段——社会主义初级阶段，不能以个别事例抹杀国家的大发展趋势，不能以出现的问题抹杀国家取得的历史性成就，不能超越我国所处历史阶段评价中国特色社会主义制度。

2. 巩固青年学生的社会主义核心价值观

高校培养学生归根结底是为民族复兴培养有力的建设者和接班人。青年学生的价值取向能够深刻影响未来整个社会的价值取向。巩固社会主义核心价值观的基础工程地位需要从青年学生思想中存在的比较突出的问题入手。一方面，思政课要对“个人主义”进行深入的批判，尤其是批判流行在青年学生内部的精致“利己主义者”观点，对个人和集体关系进行深入的分析。思政课要引导青年学生明白，个体的“风险意识”不强会直接影响集体的安危，同时也要引导青年学生理解好的制度关键在于执行。爱国主义和集体主义的精神不仅要体现在新冠肺炎疫情防控时期和其他危急时刻，更需要体现在无紧急事件发生的平稳发展时期对国家各项规章制度的遵守上。另一方面，青年学生社会主义核心价值观的建设性和认同度还有待增强。要实现家庭文明、学校制度、课程思政、教师表率、学生力行的充分联动，为社会主义核心价值观的传播和践行营造全方位、高协同性的环境。就课程思政来讲，高校所有课堂都可以是弘扬核心价值观的主渠道，因此高校的教材编写、教师的教案准备、课堂的教学实践都必须有着正确的政治站位，绝不能将西方社会不良的价值观带入高校课堂。同时，教学方式和手段也要与时俱进，结合不断发展创新的新媒体技术和多媒体设备，将MOOC、微课、网络公开课等形式与思政课教学的主课堂相结合，保证学生在校园生活中不会出现社会主义核心价值观的真空地带。

3. 加强青年学生健康社会心态的培育

必须坚持"以学生为中心"，关注高校青年学生心态起伏状况，知道他们"在想什么"、"想做什么"以及"准备怎么做"，如此思政课建设性和批判性相统一才能有所针对、才能更有实效。所以，要强化学校方面的服务意识，关心关注青年学生的心态培育。开拓创新思政课教师与学生之间双向活动的模式，打造一个思政课了解掌握青年学生社会心态的平台。例如"课前调查"、"师生谈话"、设置"真心留言板"等创新做法，都能够帮助思政课教师在课堂外及时了解学生对日常学习生活的新想法、新需求。特别是对"丧文化""佛系文化""内卷化"等受青年学生追捧的社会思潮不能"一棒子打死"，要注重思政课批判性的方式和方法，对青年学生的压力要给予充分理解，理解是沟通的前提。同时，要鲜明指出"丧文化""佛系文化""内卷化"的消极成分及其给青年学生带来的不良影响，引导青年学生坚定奋斗意志和奋斗目标，培育自尊自信、理性平和、积极向上的健康心态。针对青年学生道德认识和道德实践脱节的矛盾心态，要从"知行一致""认识世界是为了改造世界"的实践原理入手。思政课要有针对性地讲授马克思、恩格斯、毛泽东等历史人物的家庭出身及其毕生从事的为人民谋解放、谋幸福的艰苦事业，引导青年学生树立远大志向，自觉与不良社会行为划清界限，并以自己的实际行动为改造世界贡献力量。

从对上述问题的分析，我们可以看到推动青年学生思想健康发展仍任重道远。坚持思政课建设性与批判性相统一，才能解决这些问题，更好地提升青年学生思想政治教育工作的有效性，促进青年学生的健康发展。

第二节　高校思政课建设性和批判性相统一的实践方向

高校思政课的教学对象是青年学生，高校思政课的教学出发点是关心青年学生、培育青年学生和赢得青年学生，高校思政课的教学成效也需要由青年学生的培养质量来呈现，因此要明晰高校思政课建设性和批判性相统一的实践方向——回答好高校思政课培养什么人、怎样培养人以及为谁培养人这一根本问题。具体而言，高校思政课建设性和批判性相统一的实践方向，就是要统一于思政课立德树人的根本任务、统一于着力培养担当民族复兴大任的时代新人、统一于德智体美劳全面发展的人才培养目标。

一　统一于思政课“立德树人”的根本任务

党的十八大提出，“立德树人”是教育的根本任务。2016 年，习近平总书记在全国高校思想政治工作会议上强调：“要坚持把立德树人作为中心环节，把思想政治工作贯穿教育教学全过程，实现全程育人、全方位育人。”① 高校思政课长期以来坚持以“立德树人”为根本任务，并因为其较高的课程站位、较特殊的课程性质，在“立德树人”方面发挥着更加突出和明显的作用。在新时代，高校思政课建设性和批判性相统一要坚持与时俱进，主动顺应形势变化，在厘清“立德树人”新时代内涵的基础上，解决好培养什么人、怎样培养人、为谁培养人的根本问题。

（一）新时代“立德树人”的科学内涵

1. 新时代要“立什么德”

国无德不兴，人无德不立。“立德树人”要求我们必须坚持德育为先。学校是我们“立德树人”的主阵地，思政课是主阵地中的“主阵地”。提高青年学生的思想品质和道德修养，引导青年学生积极学习并传承中华民族在历史长河中积淀的优秀传统文化，大力弘扬社会主义核心价值观，是思政课的主要教学目标。习近平总书记

① 《习近平谈治国理政》第二卷，外文出版社，2017，第 376 页。

指出，“明大德、守公德、严私德，其才方能用得其所”①。“核心价值观，其实就是一种德，既是个人的德，也是一种大德，就是国家的德、社会的德。”② “加强品德教育，既有个人品德，也有社会公德、热爱祖国和人民的大德。要坚持教育引导学生培育和践行社会主义核心价值观，做到品德润身、公德善心、大德铸魂。”③ 中华优秀传统文化中“严私德”“守公德”“明大德”与社会主义核心价值观“立个人的德”“立社会的德”“立国家的德”是相对应的。由此可见，德育工作历史悠久，虽然是老生常谈的话题，但无论在哪一个时代，其重要性都是不言而喻的。思政课是中国特色社会主义新时代完成立德目标的关键环节。

2. 新时代要“树什么人”

“树什么人”就是要弄清楚培养什么样的人。教育强则国家强。2021 年我国高校毕业生达到 900 多万人，而且呈现逐年增加的趋势。这些高校青年学生培养质量的高与低，直接影响着中华民族伟大复兴目标实现的进程。陈秉公教授在其《谈谈思政课教学的魅力问题》一文中指出：“一般而言，任何学校都开设两类课程，一类是‘使人成为人’的课程，另一类就是‘使人成为某一类人’的课程。在高等学校，‘使人成为人’的课程主要是思政课，而‘使人成为某一类人’的课程主要是各类专业课。”④ “使人成为人”是“使人成为某一类人”的总体要求和方向目标，体现着鲜明的政治站位和政治要求。我国是社会主义国家，我国的教育要培养的人必须是社会主义的建设者和接班人，而不是什么别的社会制度的建设者和接班人。准确地说，我们的教育所要培养的人，就是中国特色社会主义的建设者和接班人，而不是旁观者、看客、过客，更不是破坏者和掘墓人。“具体一点说，我们所要培养的人就是能够了解和认同中国特色

① 《十八大以来重要文献选编》（中），中央文献出版社，2016，第 7 页。

② 《十八大以来重要文献选编》（中），中央文献出版社，2016，第 3 页。

③ 《十九大以来重要文献选编》（上），中央文献出版社，2019，第 650 页。

④ 陈秉公：《谈谈思政课教学的魅力问题》，《思想理论教育导刊》2021 年第 9 期。

社会主义的人，就是能够牢固树立中国特色社会主义的道路自信、理论自信、制度自信和文化自信的人，就是能够并愿意为不断发展和完善中国特色社会主义、实现中华民族伟大复兴而努力奋斗、矢志不渝的人。”[①] 正如习近平总书记所说：“我国是中国共产党领导的社会主义国家，这就决定了我们的教育必须把培养社会主义建设者和接班人作为根本任务，培养一代又一代拥护中国共产党领导和我国社会主义制度、立志为中国特色社会主义奋斗终生的有用人才。我们的教育绝不能培养社会主义破坏者和掘墓人，绝不能培养出一些‘长着中国脸，不是中国心，没有中国情，缺少中国味’的人”。[②] “要全面贯彻新时代党的教育方针，坚持社会主义办学方向，落实立德树人根本任务，发展素质教育，推进教育公平，培养德智体美劳全面发展的社会主义建设者和接班人。”[③] 从中国特色社会主义新时代的政策话语和制度话语层面出发，“树什么人”最直接的答案就是培养担当民族复兴大任的时代新人和培养德智体美劳全面发展的社会主义建设者和接班人。因此高校思政课必须把贯彻落实党的教育方针放在首位，始终以为党和国家培养德才兼备的有用人才为己任，使青年学生群体广泛认同习近平新时代中国特色社会主义思想，使青年学生深切地感受指引中华民族伟大复兴思想的博大精深，帮助他们坚定正确的政治方向，促使他们投身中国特色社会主义伟大事业，在中国共产党的领导下，在全面建设社会主义现代化国家的新征程中，努力成为堪当中华民族伟大复兴重任的时代新人。

3. “立德”和“树人”的内在关系

如前所述，“立德”与“树人”各有其科学内涵，那么我们在厘清二者内涵的基础上，就需要考虑二者之间的内在联系。近年来，

① 石中英：《努力培养德智体美劳全面发展的社会主义建设者和接班人》，《中国高校社会科学》2018 年第 6 期。

② 《十九大以来重要文献选编》（上），中央文献出版社，2019，第 647 页。

③ 《习近平新时代中国特色社会主义思想学习纲要》，学习出版社、人民出版社，2019，第 159 页。

在思想政治教育研究领域，“立德树人”一直是热点议题之一，许多学者在辩证思维中思考和把握二者之间的关系，例如“立德”与“树人”谁在先谁在后、“立德”与“树人”孰轻孰重等，一度众说纷纭。习近平总书记指出为党育人、为国育才是统一的。“人无德不立，育人的根本在于立德。这是人才培养的辩证法”，要“以树人为核心，以立德为根本”。[①] 习近平总书记的这一论述为学界进一步展开相应研究提供了根本遵循。“德”只有与人相结合，它才有能够出场的语境；“人”，也只有与“德”相结合才能谓之“树”。由此可见，没有“立德”的根本，“树人”便无从谈起；而没有“树人”，“立德”便缺失了目标和归宿。在高校思政课的教学中亦是如此，学生们要成才，首先要通过立德的过程，而人才培养是立德的目的，二者辩证统一，密不可分。

（二）高校思政课建设性与批判性相统一要落实“立德树人”的根本任务

1. 针对青年学生漠视“修身立德”的思想问题加强建设性与批判性相统一

“立德树人”，基本要点就是培育青年学生良好的道德品质和思想修养。在思政课教学中要增强青年学生培育道德品质和思想修养的意识，就要找准青年学生在“立德”中出现的问题，反对“闭门造车”“自说自话”，要在贴近青年学生的真实问题中运用建设性和批判性相统一的利器提高思政课“修身立德”实效。在研究中发现，初入高校的青年学生刚刚成年，对各种不良社会思潮和观点的抵抗力不强，部分青年学生容易受一些不良社会风气和观点的影响，认为自己学好专业课有“吃饭的本钱”就好，道德是“高尚”的代名词，思政课完成学分任务就可。针对这一问题，思政课教师要讲清楚在思政课上学习如何提升思想品德、发展和完善人格比在专业课

① 习近平：《在北京大学师生座谈会上的讲话》，人民出版社，2018，第7页。

上学习专业技能知识更加重要。“修身立德”是驾驭“专业知识”的基础，“使人成为人”是“使人成为某一类人”的基础，关系人生的“方向盘”怎么打。一个人如果具备合格的专业素养，但缺乏政治、思想、品德、法律等素养，立歪了志，走错了路，不仅不是一个合格的人才，而且可能成为被时代唾弃的人。还有部分青年学生容易“知行不一”“眼高手低”，思政课的建设性和批判性要注重贯通中华传统美德与社会主义核心价值观的道德思想，使这些思想的内核贯穿青年学生德育工作全过程，引导青年学生将其内化于心、外化于行。此外，注重从细微处抓青年学生的“立德”工作，特别是要“教育引导学生从做好小事、管好小节开始起步，踏踏实实修好品德，学会感恩、学会助人，学会谦让、学会宽容，学会自省、学会自律，成为有大爱大德大情怀的人”。①

2. 针对青年学生缺乏“使命担当”的思想问题加强建设性与批判性相统一

要高度关注和警惕错误社会思潮及一些不良思潮对青年学生思想行为的负面影响。尤其受西方个人主义、利己主义社会思潮的影响，部分青年学生认为，“中华民族伟大复兴中国梦”是党和国家的目标，与自己无关。所以，要针对部分学生缺乏“使命担当”的思想问题，发挥好建设性和批判性相统一的作用以纠正他们对思政课“树人”的偏见。思政课要着重讲清楚中国梦是国家的、民族的，也是每一个中国人的。只有每个人都为美好梦想而奋斗，才能汇聚起实现中国梦的磅礴力量。五四运动时期，青年毛泽东在《民众的大联合》一文中宣称：“天下者我们的天下，国家者我们的国家，社会者我们的社会。我们不说，谁说？我们不干，谁干？”习近平总书记在纪念五四运动一百周年大会上指出：“时代呼唤担当，民族振兴是青年的责任。鲁迅先生说，青年‘所多的是生力，遇见深林，可以辟成平地的，遇见旷野，可以栽种树木的，遇见沙漠，可以开掘井

① 《十九大以来重要文献选编》（上），中央文献出版社，2019，第650页。

泉的’。在实现中华民族伟大复兴的新征程上，应对重大挑战、抵御重大风险、克服重大阻力、解决重大矛盾，迫切需要迎难而上、挺身而出的担当精神。只要青年都勇挑重担、勇克难关、勇斗风险，中国特色社会主义就能充满活力、充满后劲、充满希望。青年要保持初生牛犊不怕虎、越是艰险越向前的刚健勇毅，勇立时代潮头，争做时代先锋。一切视探索尝试为畏途、一切把负重前行当吃亏、一切‘躲进小楼成一统’逃避责任的思想和行为，都是要不得的，都是成不了事的，也是难以真正获得人生快乐的。”① 在全国抗击新冠肺炎疫情表彰大会上习近平总书记指出：“在这次抗疫斗争中，青年一代的突出表现令人欣慰、令人感动。参加抗疫的医务人员中有近一半是‘90后’、‘00后’，他们有一句话感动了中国：2003年非典的时候你们保护了我们，今天轮到我们来保护你们了。长辈们说：‘哪里有什么白衣天使，不过是一群孩子换了一身衣服。’世上没有从天而降的英雄，只有挺身而出的凡人。青年一代不怕苦、不畏难、不惧牺牲，用臂膀扛起如山的责任，展现出青春激昂的风采，展现出中华民族的希望！让我们一起为他们点赞！”② 思政课讲好这些内容，有助于大学生把握国家、时代与个人间的紧密关系。

二　统一于着力培养担当民族复兴大任的“时代新人”

习近平总书记在党的十九大报告中提出了“培养担当民族复兴大任的时代新人”③ 的新要求，这对高校思政课提出了重大的政治要求。高校思政课建设性与批判性相统一原则的根本指向也是落脚于建设性，即培养具有责任意识和历史使命感的“时代新人”。明确“时代新人”这一概念的科学内涵、厘清概念发展的演进脉络、明晰

① 习近平：《在纪念五四运动100周年大会上的讲话》，人民出版社，2019，第8页。

② 习近平：《在全国抗击新冠肺炎疫情表彰大会上的讲话》，人民出版社，2020，第11～12页。

③ 习近平：《决胜全面建成小康社会 夺取新时代中国特色社会主义伟大胜利——在中国共产党第十九次全国代表大会上的报告》，人民出版社，2017，第42页。

这一概念的基本特质是重要的理论前提。

（一）新时代“时代新人”的科学内涵

1. “新”在面临新的历史方位

党的十九届五中全会提出，全面建成小康社会、实现第一个百年奋斗目标之后，我们要乘势而上开启全面建设社会主义现代化国家新征程、向第二个百年奋斗目标进军，这标志着我国进入一个新发展阶段。这是党和国家顺应时势作出的重要战略判断。习近平总书记在庆祝中国共产党成立100周年大会上的讲话中指出：“党的十八大以来，中国特色社会主义进入新时代，我们坚持和加强党的全面领导，统筹推进‘五位一体’总体布局、协调推进‘四个全面’战略布局，坚持和完善中国特色社会主义制度、推进国家治理体系和治理能力现代化，坚持依规治党、形成比较完善的党内法规体系，战胜一系列重大风险挑战，实现第一个百年奋斗目标，明确实现第二个百年奋斗目标的战略安排，党和国家事业取得历史性成就、发生历史性变革，为实现中华民族伟大复兴提供了更为完善的制度保证、更为坚实的物质基础、更为主动的精神力量。”① 思政课要引导青年学生认识到所处的“新时代”，已经不是党的十八大后中国特色社会主义刚进入的新时代，而是第一个百年奋斗目标实现、第二个百年奋斗目标开启的重要节点，同时也处于“新两步走”战略安排的起点上，即新时代中的新发展阶段。“这是我国正式进入基本实现社会主义现代化和建设社会主义现代化强国的新开始、新起步，我国社会主义现代化从此踏上了新征程。”② 从当代青年学生的视角而言，要能够准确认识自己在“新时代”的“新发展阶段”中全程参与者的重要身份，坚持中国共产党的领导，拥护社会主义事业，承担起实

---

① 习近平：《在庆祝中国共产党成立100周年大会上的讲话》，人民出版社，2021，第6~7页。

② 魏志奇：《新发展阶段：科学内涵、主要特征与重大意义》，《科学社会主义》2021年第3期。

现中华民族伟大复兴的历史重任；同时也要认识到第一个百年奋斗目标的实现，已经为实现中华民族伟大复兴提供了更为完善的制度保证、更为坚实的物质基础、更为主动的精神力量，这些是“时代新人”高质量发展的战略机遇和有利条件。青年学生应把握运用好有利于自己的“时”与“势”，做新时代的奋进者和引领者，向着建设社会主义现代化强国，实现中华民族伟大复兴的中国梦前行。

2.“新”在任务使命重

时代新人不仅要顺应时代发展的大势，把握历史机遇的优势，还要更加清楚地认识到建设社会主义现代化强国即实现第二个百年奋斗目标是一项历史重任。党的十九届五中全会强调：“我国已转向高质量发展阶段，制度优势显著，治理效能提升，经济长期向好，物质基础雄厚，人力资源丰富，市场空间广阔，发展韧性强劲，社会大局稳定，继续发展具有多方面优势和条件，同时我国发展不平衡不充分问题仍然突出，重点领域关键环节改革任务仍然艰巨，创新能力不适应高质量发展要求，农业基础还不稳固，城乡区域发展和收入分配差距较大，生态环保任重道远，民生保障存在短板，社会治理还有弱项”。① 而发展是解决这些问题的关键，从“十四五”到更长时期内，要把科技创新放在更加核心的位置，坚持高质量发展，落实新发展理念、构建新发展格局。习近平总书记在全国高校思想政治工作会议上强调：“高等教育发展水平是一个国家发展水平和发展潜力的重要标志。实现中华民族伟大复兴，教育的地位和作用不可忽视。我们对高等教育的需要比以往任何时候都更加迫切，对科学知识和卓越人才的渴求比以往任何时候都更加强烈。”② 所以，青年学生要认清重要战略机遇期的新变化和中心任务，勇做敢于创新、善于创新，具备丰富科学知识的“时代新人”。

① 《中共中央关于制定国民经济和社会发展第十四个五年规划和二〇三五年远景目标的建议》，人民出版社，2020，第 3 ~ 4 页。

② 《习近平谈治国理政》第二卷，外文出版社，2017，第 376 页。

3. “新”在素质要求高

习近平总书记指出：“中国的未来属于青年，中华民族的未来也属于青年。青年一代的理想信念、精神状态、综合素质，是一个国家发展活力的重要体现，也是一个国家核心竞争力的重要因素。”① 首先，理想信念对青年学生的成长成才是最根本的。理想指引人生方向，信念决定事业成败。没有理想信念，就会导致精神上“缺钙”。第二个百年奋斗目标是青年一代应牢固树立的奋斗目标。其次，习近平总书记曾强调：“广大青年对五四运动的最好纪念，就是在党的领导下，勇做走在时代前列的奋进者、开拓者、奉献者。”② 奋进是时代新人的青春标识，要勇立时代潮头，敢于担当责任；开拓是时代新人的青春底色，要强化创新意识，淬炼奋斗本领；奉献是时代新人的青春样态，要坚守为人民服务，传承青年本色。要以振奋饱满的精神状态，以逢山开路、遇河架桥的意志，为实现中国梦贡献智慧力量。最后，综合素质是时代新人的立身基础。时代新人必须坚定中国特色社会主义理想和共产主义信念，有“天下兴亡，匹夫有责”的高度爱国主义情怀，有明国家繁荣富强之大德、守社会和谐美好之公德、严个人无私奉献之私德，有深厚理论功底、丰富的知识见识，有敢为天下先、勇立时代潮头的奋斗精神，有德智体美劳全面发展的综合素质。总之，时代新人坚定、崇高的理想信念是其奋进、开拓、奉献的精神状态和全面发展的综合素质之统领，只有理想崇高、信念坚定才能以一往无前的精神状态和德智体美劳全面发展的综合素质投入实现中华民族伟大复兴的时代潮流。奋进、开拓、奉献的精神状态是理想信念崇高、综合素质全面之关键，只有强化时代新人的奋斗精神、开拓精神、奉献精神才能保证理想信念的实现和综合素质的提高。全面发展的综合素质是理想信念坚定、精神状态强化之保障。只有德智体美劳全面发展，才能支撑理想的

① 《习近平关于青少年和共青团工作论述摘编》，中央文献出版社，2017，第9页。

② 《习近平谈治国理政》，外文出版社，2014，第167页。

实现和担当精神的弘扬。

（二）高校思政课建设性与批判性相统一要将培养“时代新人”作为根本目标

1. 教会青年学生如何观察问题，坚定“时代新人”成长成才的理想信念

时代新人要有“长风破浪会有时，直挂云帆济沧海”的理想和信念，在新时代的历史方位下，这个理想和信念集中体现为担当中华民族伟大复兴的大任。当下高校思政课要着力把握“后疫情时代”青年学生的思想特点，引导青年学生认清自身的历史使命。自2020年以来，新冠肺炎疫情全球蔓延，这场席卷世界的“疫情大考”使得世界政治格局和治理秩序增加更多的不确定性，意识形态领域的斗争更加激烈，而中国制度的优越性在此次全球疫情防控中得到充分彰显。同时，我们也深刻认识到，这场抗疫斗争是对中国国家治理体系和治理能力的一次集中检验。重大突发公共卫生风险防范问题、政策执行走样问题、城乡矛盾问题、老年人信息化问题等诸多问题在疫情期间日趋凸显。青年学生一方面更加自豪于生在中国、自信于中国特色社会主义制度，一方面又对疫情中出现的各种社会问题较为敏感，对中华民族伟大复兴的中国梦产生困惑。针对这些问题，高校思政课要坚持建设性原则，教会青年学生运用马克思主义的立场、观点分析问题。要引导青年学生明白，我们的确还需要提高应对重大突发公共卫生事件等问题的能力和水平。“加快补齐治理体系的短板弱项，为保障人民生命安全和身体健康夯实制度保障。”[①] 这是中国国家治理体系尚待完善的方面，我们能够及时总结、反思与行动。正视问题是解决问题的开始。就如，历届党代会的报告，都是既讲过去的成绩又讲存在的不足。归根结底，是因为中国

① 习近平：《在全国抗击新冠肺炎疫情表彰大会上的讲话》，人民出版社，2020，第24页。

共产党作为马克思主义的政党，一直代表最广大人民的根本利益，所以能够正视处于社会主义初级阶段的中国存在的社会问题，能够正视发展中的中国社会出现的问题，能够正视我们还要为实现中华民族伟大复兴的目标不断披荆斩棘地前进。而在问题不断解决的过程中，我们离中华民族伟大复兴的目标也越来越近。反观西方“自由民主制”国家，在野党和执政党都热衷于“美颜”自己，只有在互相扯皮和攻击中才能够引出社会问题。

2. 教会青年学生如何解决问题，强化“时代新人”干事成事的能力本领

道不可坐论，业不能空谈，因此高校思政课除了教会青年学生用马克思主义的发展观来分析社会问题，还要帮助青年学生培育求真务实、实干兴邦的谋事理念，把批判与分析落到“建设”上来，引导青年学生积极主动去解决社会发展中出现的问题。高校思政课教师要培育学生在复杂情境中综合运用知识方法分析和解决问题的能力，思政课要以“能力立意”而不仅仅是以“知识立意”，知识培养目标与能力素养目标并不是割裂的，而是相融合的。改革开放以来，全国各族人民在党的领导下取得了伟大的成就，尤其是解决了中华民族千百年来的绝对贫困问题，但在发展中也存在一些问题，例如脱贫攻坚任重而道远，绝对贫困消除之后相对贫困如何治理仍需思考；城乡之间、区域之间、生产部门之间发展不平衡不充分的问题仍然存在；国家治理体系和治理能力有待完善和加强；等等。如上文所述，学生对这些问题更加敏感，当他们为此而感到困惑时，高校思政课不仅要教会青年学生分析问题的方法，还要促使其寻求解决问题的方法，并大力推动问题的解决。其中，要讲清楚中国共产党是如何运用马克思主义认识、解释、分析和解决中国的具体问题的，从而引导高校青年学生同样从马克思主义理论中找到分析问题的方法并最终在其指导下去解决问题。在这个过程中学生的责任感会越来越强，会清晰认识到自己所肩负的使命与责任，并积极身体力行，也会清晰认识到解决问题需要过程，无法一下子解决所有“发展起来后”的社会问题。立足实践引导青年学生坚定对党的领导的信念和对中国特色社会主义的信仰，既能提高其思想定力，又能提高其实干能力。

三　统一于德智体美劳全面发展的人才培养目标

2018 年 9 月 10 日全国教育大会上，习近平总书记明确提出我们的教育必须培养德智体美劳全面发展的社会主义建设者和接班人。[①] 习近平总书记的这一重要论述是党的十八大以来中国特色社会主义新时代教育理论建设取得的最新成果，是对新中国成立以来党的教育方针中有关教育目的表述的最新概括，是马克思主义人的全面发展理论在当代中国的最新发展，具有重大的理论意义和实践意义。同时，"德智体美劳"作为人才培养目标，其生成与发展经历了漫长的历史过程。为了更好地使思政课建设性与批判性相统一服务于德智体美劳全面发展的人才培养目标，需要首先弄清楚德智体美劳全面发展的人才培养目标的历史演进脉络，然后进一步深入研究思政课建设性和批判性相统一如何服务于青年学生的全面发展。

（一）德智体美劳全面发展育人目标的提出

培养德智体美劳全面发展的育人目标是在新民主主义革命以及社会主义革命、建设和改革的逐步探索中提出并不断完善的，其提出和完善的根本遵循就在于适应党和国家发展的需要，总的来说经历了如下几个阶段。

1. "德智体"共同发展的育人探索阶段

1953 年，毛泽东在《青年团的工作要照顾青年的特点》中提出青年应当身体好、学习好、工作好，培养"三好青年"[②]。1957 年，毛泽东在《关于正确处理人民内部矛盾的问题》一文中进一步强调

① 《十九大以来重要文献选编》（上），中央文献出版社，2019，第 647 页。

② 《毛泽东文集》第 6 卷，人民出版社，1999，第 278 页。

教育的客体即受教育者首先要有社会主义觉悟，在此基础上学习并掌握各类专业文化；此后在《关于教育工作的指示》中更加明确提出教育不能局限于教室，要让广大受教育者走到社会生产中，参加劳动。在新中国成立初期，以毛泽东同志为核心的党中央审时度势，科学把握、判断国内外发展大势，有针对性地初步探索了党的教育发展路径及人才培养目标。当时的中国“一穷二白”，生产力基础极度薄弱，同时新中国也面临着来自西方国家的敌视和封锁，因此这一时期我们“在人才培养方面注重引导学生树立正确的世界观、人生观、价值观，具备正确的政治立场，形成良好道德品质，学习科学文化知识和相关专业技能”①；同时着重强调学生要进入社会生产领域，积极投身国家建设和生产实践活动，在劳动中学习、在劳动中成长，不断纠正轻视劳动特别是体力劳动的现象，“将劳动视为教育的重要途径，使德育、智育、体育与劳动生产相结合，这一时期的初步探索为社会主义教育事业的发展奠定基础”②。

2. “德智体美”全面发展的育人发展阶段

邓小平从坚持社会主义制度、搞好现代化建设的保证这一战略高度出发，在 1982 年提出：“搞社会主义精神文明，主要是使我们的各族人民都成为有理想、讲道德、有文化、守纪律的人民。”③ 党的教育方针一如既往地强调社会主义事业的伟大胜利必须依靠教育，而人才培养应当面向现代化、面向世界、面向未来。随着社会主义市场经济的建立与发展，美育获得了前所未有的发展机遇。1995 年 11 月，《中国普通高等学校德育大纲》将思想政治教育的目标定为“培养具有健康、高雅的审美情趣和正确的审美观点，具有辨别美、丑的

① 王莹：《新时代育人目标的丰富和拓展——从“德智体美”到“德智体美劳”的解读》，《学校党建与思想教育》2020 年第 7 期。

② 王莹：《新时代育人目标的丰富和拓展——从“德智体美”到“德智体美劳”的解读》，《学校党建与思想教育》2020 年第 7 期。

③ 《邓小平文选》第 2 卷，人民出版社，1994，第 408 页。

能力，自觉创造美的生活”。[①] 1999 年 6 月，第三次全国教育工作会议召开，江泽民同志指出：“我们必须全面贯彻党的教育方针，坚持教育为社会主义现代化建设服务、为人民服务，坚持教育与社会实践相结合，以提高国民素质为根本宗旨，以培养学生的创新精神和实践能力为重点，努力造就有理想、有道德、有文化、有纪律的，德育、智育、体育、美育等全面发展的社会主义事业建设者和接班人。”[②] 2010 年 7 月，胡锦涛在第四次全国教育工作会议上指出：“教育的根本目的是培养德智体美全面发展的社会主义建设者和接班人，必须全面贯彻党的教育方针，把促进学生健康成长作为学校一切工作的出发点和落脚点。”[③]

在这一阶段，党的教育方针开始着重强调为社会主义现代化建设服务，“坚持以人为本、理论与实践相结合，顺应时代发展”。“对美的不断追求是社会文明的进步，美育是在德育、智育和体育共同发展的基础上提出的，反映出教育事业的纵深发展，以及对人全面发展内涵的理解日益丰富和充实，对人才的要求也发生了动态性变化。通过培养学生的审美观，陶冶情操，使其不断理解美、鉴赏美、创造美，注重人的心灵充实和满足，强调审美对人格塑造的作用，将美育融合到德育、智育、体育之中，有利于促进素质教育的发展和人才强国的实现。”[④]

3. “德智体美劳”全面发展的育人成熟阶段

随着中国特色社会主义进入新时代，我国在坚持“把立德树人作为教育的根本任务，培养德智体美全面发展的社会主义建设者和接班人”的基础上，继续坚持与时俱进的原则，准确把握时代发展

---

① 《加强和改进大学生思想政治教育重要文献选编（1978—2014）》，知识产权出版社，2015，第 155 页。

② 《江泽民文选》第 2 卷，人民出版社，2006，第 332 页。

③ 胡锦涛：《在全国教育工作会议上的讲话》，《人民日报》2010 年 9 月 9 日，第 2 版。

④ 王莹：《新时代育人目标的丰富和拓展——从“德智体美”到“德智体美劳”的解读》，《学校党建与思想教育》2020 年第 7 期。

的脉络与方向，不断在实践中丰富和拓展育人目标。新时代党和国家要培养的是担当民族复兴大任的时代新人，同时要“弘扬劳模精神和工匠精神，营造劳动光荣的社会风尚和精益求精的敬业风气”①，强调在社会生产中任何劳动方式与劳动内容都值得尊重，树立正确的劳动理念。2018 年 9 月 10 日，习近平总书记在全国教育大会上强调：“培养德智体美劳全面发展的社会主义建设者和接班人”②，正式将“劳”纳入人才培养目标，将以往的“教育与生产劳动相结合”“教育与社会实践相结合”发展为“劳动教育”。习近平总书记强调：“党中央经过慎重研究，决定把劳动教育纳入社会主义建设者和接班人的要求之中，提出‘德智体美劳’的总体要求”“要在学生中弘扬劳动精神，教育引导学生崇尚劳动、尊重劳动，懂得劳动最光荣、劳动最崇高、劳动最伟大、劳动最美丽的道理，长大后能够辛勤劳动、诚实劳动、创造性劳动。”③ 新时代的劳育观，具有鲜明的现实针对性。2020 年 3 月 20 日，《中共中央 国务院关于全面加强新时代大中小学劳动教育的意见》鲜明指出：“劳动教育是中国特色社会主义教育制度的重要内容，直接决定社会主义建设者和接班人的劳动精神面貌、劳动价值取向和劳动技能水平。长期以来，各地区和学校坚持教育与生产劳动相结合，在实践育人方面取得了一定成效。同时也要看到，近年来一些青少年中出现了不珍惜劳动成果、不想劳动、不会劳动的现象，劳动的独特育人价值在一定程度上被忽视，劳动教育正被淡化、弱化。对此，全党全社会必须高度重视，采取有效措施切实加强劳动教育。”④ 所以，社会主义建设者和接班人的全面发展，离不开劳动。劳动能力差的青年学生，就不是脑体结合、

① 习近平：《决胜全面建成小康社会 夺取新时代中国特色社会主义伟大胜利——在中国共产党第十九次全国代表大会上的报告》，人民出版社，2017，第 31 页。

② 《十九大以来重要文献选编》（上），中央文献出版社，2019，第 647 页。

③ 《十九大以来重要文献选编》（上），中央文献出版社，2019，第 653 页。

④ 《中共中央 国务院关于全面加强新时代大中小学劳动教育的意见》，中国政府网，http：//www. gov. cn/zhengce/2020 - 03/26/content_5495977. htm。

人格完善、综合素养高、全面发展的青年学生。社会责任感的培养，也离不开劳动。劳动能力差的青年学生，融入社会化进程就会缓慢，承担社会责任感就会“有心无力”。当代青年肩负着建设社会主义现代化强国和实现中华民族伟大复兴中国梦的重要使命。因此，必须引导学生发挥主观能动性，积极投身中国特色社会主义伟大事业的建设。同时，我们也可以看出，“劳育”这一目标本身的内涵也是随着时代变迁而不断发展变化的。在新中国成立初期，我们对“劳”的强调往往是指体力劳动尤其是农业方面的劳动。但在新时代，“劳”的内涵也发生了深刻的变化，不仅要通过参与生产和劳动实践对学生展开教育，更要适应科技发展和产业变革，提高青年学生的科创劳动能力，树立强化青年学生诚实合法劳动意识，培养勤俭、奋斗、创新、奉献的劳动精神。“新时代劳动教育超越了传统的生产劳动教育，不仅仅是技术技能的训练，而且是一种生命意义与价值的教育，是‘奋斗幸福观’和奉献精神教育。”[①] 这也反映出党和国家遵循教育发展规律，对育人目标的认识更加成熟。“德智体美劳”育人目标的提出是对“德智体”“德智体美”育人目标的进一步拓展和丰富、延续和发展，是社会主义教育持续探索的结果，反映出新时代人的全面发展的新特点，为新时代中国特色社会主义教育事业发展提供方向和指南。

如前所述，不同时代有各自要面对的教育问题，育人目标的丰富和拓展也是教育实践深化的过程。“德智体美劳”这一育人目标的提出经历了长期的教育探索，也有其独特的理论根基和现实依据，并对当下高校思政课坚持建设性与批判性相统一提出了更高的要求。

（二）高校思政课建设性与批判性相统一要贯穿德智体美劳全面发展的人才培养体系

高校思政课建设性与批判性相统一如何贯穿德智体美劳全面发

① 马喜宁：《新时代劳动教育与高校思想政治教育有机融合的路径探析》，《中国劳动关系学院学报》2020 年第 6 期。

展的人才培养体系，是一个较为紧迫的现实问题。建设性与批判性相统一体现着鲜明的政治性，侧重的是如何在立与破、自我与他者的双向维度中宣传和阐释主流意识形态，达到培养“德智体美劳”全面发展的社会主义建设者和接班人的目的。

1. 高校思政课建设性与批判性相统一中要以“德育”引领其他四育

如前所述，不论在哪一个历史时期、不论党的教育方针如何延伸和发展，其实都在回答一个根本问题，即“培养什么样的人、如何培养人、为谁培养人”，“为谁培养人”关乎方向性问题。而思政课的课程性质和课程目标核心就是回答和解决“为谁培养人”的问题，这与德育目标是紧密契合的。所以，在德智体美劳的内在关系中，首先要重视德育、以德育保障人才培养的正确方向，以德育促进智育、体育、美育和劳动教育。要继续突出德育在思政课中的重要地位。切实加强学生理想信念、思想道德、法治精神等德育方面的建设，是高校思政课理论教学和实践教学中的重要内容，也是思政课建设性和批判性相统一要首先保障的内容。加强主流意识形态的传导和批判不良社会观点和思潮既体现了理论上的德育必要性，又有现实中的德育紧迫性。无论是智育、体育、美育还是劳育，首先方向必须正、路必须走对，否则才干再大、本领再多，如被不良社会思潮和观点裹挟、误入邪路歧路只会功亏一篑。所以，高校思政课建设性与批判性相统一在德育工作中要有政治站位和理论自觉。

2. 高校思政课建设性与批判性相统一要全面服务于“德智体美劳”五育，而不是只注重德育

高校思政课建设性与批判性相统一不能只凸显“政治性”、只强调对青年学生思想政治素养的培育，这一统一需要体现在德智体美劳全面育人的过程中。实现德智体美劳全面发展的育人目标，是一个系统工程。要结合时代特点、结合学生思想实际、结合国际形势变化认真剖析新时代实现德智体美劳育人目标的侧重点。在德智体美劳中，思政课自新民主主义革命时期开设以来在建设性方面就一直重视德育和智育。而新时代思政课的建设性不仅要重视德育和智育，而且要对体育、美育、劳育给予极大关注。一是把青年学生的德育工作做实做优。要坚决纠正部分青年学生“重知识学习、轻德育建设”的错误观点，思政课必须立场坚定地传播社会主义意识形态、批驳不良社会思潮和观点，使青年学生能以较高的政治觉悟和正确的理性思维对待意识形态领域的各种思潮，成为坚定的社会主义建设者和接班人。二是要引导学生加强智育、提高本领。德育引领智育，智育支撑德育。把远大志向变为现实，需要过硬的本领。要引导青年学生学好思政课，把握时代发展的大势，科学分析新时代“五位一体”总体布局和“四个全面”战略布局对个人的本领提高提出的新要求，并以此为依据不断完善自己的知识结构。三是在青年学生出现片面强调知识汲取、忽视体力锻炼的错误倾向时，思政课要引导学生兼顾脑体劳动，强健体格是所有奋斗的前提保证。要将思政课堂拓展开来，除了教室中的 PPT 展示外，走出教室、走出校园，将思政课扎根在祖国大地上，一方面让课程内容贴近学生的生活，另一方面着眼于增强学生的体魄，将“身体是革命的本钱”这一精神融入学生个人成长中，使其敢于直面挑战，永不懈怠。四是在青年学生由于学习和未来就业等竞争激烈的压力，出现焦虑、萎靡的情绪时，思政课要引导学生培育平和、理性的心态，扩展自己的兴趣爱好，提高用美丽的眼睛观察美好生活、用积极的行动追求美好生活的能力，注重美育对自身潜移默化的影响，坚持以文化人，以美育人，塑造健全人格和健康心理。五是在青年学生劳动机会减少、劳动意识缺乏的问题上，思政课要通过传导劳育观引导学生热爱生活、崇尚劳动，弘扬劳模精神和工匠精神。让学生掌握“空谈误国、实干兴邦”“社会主义是干出来的”“新时代是奋斗者的时代”的深刻内涵，使学生通过劳动增长才干，培养青年学生的责任意识和改造世界的实践观。总之，思政课要真正从学生德育、智育、体育、美育、劳育的实际出发，找准问题，为构建“五育并举”的高水平人才培养体系服务。

第四章
高校思政课建设性和批判性相统一的科学方法

探究高校思政课坚持建设性和批判性相统一的科学方法，先要弄清楚思政课坚持建设性和批判性相统一过程中出现了哪些问题，在全面把握问题的基础之上有针对性地对思政课坚持建设性和批判性相统一的方法进行研究，进而推动高校思政课坚持建设性与批判性相统一的改进提升。通过深入访谈、问卷调查、随堂听课等多种方式调查，我们发现当前高校思政课存在着建设性引领力不强、批判性解惑力不足、建设性和批判性统一融合度不高的突出问题。要实事求是地直面这些问题，有针对性地提出高校思政课坚持建设性和批判性相统一的科学方法。

第一节　切实突出高校思政课建设性的引领作用

牢牢把握“立德树人”的根本任务，引领高校青年学生思想政治意识形态建设方向是高校思政课的主要功能。高校思政课坚持建设性和批判性相统一，首先要突出高校思政课建设性的引领作用。要针对当前高校思政课建设性引领力不强的问题进行详细分析，深挖原因，找出对策，在实践中加以改进。思政课坚持建设性，要紧扣新时代青年学生成长需求和思想特点，深入浅出、生动具体地将主流意识形态的政治性、学理性和价值性阐释好、传播好，让主流意识形态易于被青年学生接受，真正发挥好高校思政课指引和激励青年学生思想进步、学业有成、人格完善等功效，引领青年学生形成对马克思主义、对中国共产党、对中国特色社会主义的深刻理解和认同，自觉树立中国特色社会主义道路自信、理论自信、制度自信与文化自信，争做社会主义合格建设者和可靠接班人。

一　阐释真理性，有学理支撑地建设

（一）在传导主流意识形态学理性方面存在的问题

当前，高校思政课的建设性，存在着一些有意或无意忽视我国社会主义主流意识形态真理性的错误倾向。

1.“反向建设”

个别思政课教师公开进行西方资本主义国家价值观的教育，吹捧西方“宪政民主”，宣传“历史虚无主义”，奉行“个人至上”，并“钟情”于夸大国内社会矛盾和问题。根据一些学者的调查结果，学生反映极个别教师在课上和课下传播错误观点和思潮。① “反向建设”经常与以批判主流意识形态为内容的“反向批判”为伍。反向建设的做法，违反了思政课教师政治信仰正确的底线原则，直接地、严重地损害了主流意识形态的真理性。②

2.“不会建设”

通过调查发现，在当前高校思政课堂上，照本宣科、浅入深出、读理论而不阐释理论，甚至脱离教材不讲理论、把思政课上成与主流意识形态无关的其他课程的现象在一定程度上存在。究其原因，这与当前高校思政课教师队伍建设中一定程度上存在的教师专业不

---

① 马福运、高静毅：《思想政治理论课马克思主义大众化功能的提升路径分析》，《思想理论教育导刊》2017 年第 1 期。

② 孙宇伟、陶文昭：《高校思想政治理论课坚持建设性和批判性相统一：理论蕴涵、现实问题和科学方法》，《思想教育研究》2020 年第 10 期。

对口、理论功底不强、政治意识不强、高校思政课堂质量监管体制不健全等有很大关系。“近年来，高校思政课教师队伍正在不断扩大，他们借助马克思主义学院和马克思主义理论学科的建设契机，逐步由分散走向整合。高校思政课教师的学科意识和学科归属感不断增强，但学科发展方向、路径和特色等仍存在较普遍的差异。高校思政课师资队伍专业结构不断完善，并呈现出多元化和复杂化特征。高校教师教育背景的多元化、专业功底的多样化等使得高校教师在课堂教学中倾向于选择适合自己的教学方式，但部分教师对思政课教学的政治属性把握不够清晰，造成课堂教学中存在过于重视学术知识的传授和忽视政治价值判断的问题。”① 这种现象一定程度上导致青年学生对高校思政课不认同、不买账、不抬头，甚至出现反感、旷课等不良现象。

3. “不愿建设”

部分高校思政课教师自身对党的政治理论、政治路线、政治主张等的学理性是认同的。但同时又认为，在课堂上讲授主流意识形态的学理性，会增强授课内容的政治性与理论性，造成思政课缺乏吸引力。甚至有的老师认为思政课讲主流意识形态的学理内容越多，学生的评教分数就越低，因此在课堂上不愿讲主流意识形态，并选择性地弱化高校思政课建设性对科学真理的传播和阐释功能。这种错误的思想认识和实践行为造成高校思政课传导主流意识形态的主阵地功能在实践中不断弱化，其发展方向和任务逐渐由教育学生、引领学生向讨好学生、取悦学生转变。

（二）增强传导主流意识形态学理性的对策

上述“反向建设”“不会建设”“不愿建设”错误倾向的存在，对强化高校思政课的真理阐释功能和思想引领功能产生较大阻碍。

① 张继龙、董军：《“四史”融入〈马克思主义基本原理〉教学的误区及其矫正》，《教育评论》2021 年第 10 期。

针对上述问题，要着力从加强高校思政课教师队伍建设、全面加强高校思政课堂质量监管体系建设、严格树立高校思政课必须讲政治话语的底线思维这三方面进行破解，凸显高校思政课建设性的引领作用。

1. 要加强高校思政课教师队伍建设

高校思政课教师队伍建设要严格遵循教育发展规律，思政课教师必须首先是会上思政课的教师，是能讲好主流意识形态真理性的教师。各高校要做好思政课教师队伍建设规划，循序渐进解决好师生配比要求的“量”，避免集中式、跃进式地引人进人。2019 年 8 月，中共中央办公厅、国务院办公厅印发的《关于深化新时代学校思想政治理论课改革创新的若干意见》强调：各地在核定编制时要充分考虑思政课教师配备要求。高校要严格按照师生比不低于 1∶350 核定专职思政课教师岗位，在编制内配足，且不得挪作他用，并尽快配备到位。① 近年来一些高校为了完成师生配比指标，开始“突击”招聘思政课教师，一些非马克思主义理论学科出身也不懂马克思主义理论学科的教师、马克思主义信仰不坚定的教师开始进入思政课教师队伍。这种做法，一定程度上会影响到思政课教师队伍的整体质量，出现一些思政课教师不会讲思政课的学理性、不愿讲思政课的学理性也讲不清思政课的学理性现象。而且，集中式、跃进式地引人进人也导致相同或相近年份入职教师晋职称难、竞争激烈、过于内卷、缺乏发展机遇等。因此，在从招聘源头上抓好思政课教师队伍质量的同时，还要分类制定并实施思政课教师再培训、再教育、再提升的方案，抓紧时间解决好现存教师队伍“质”的问题。要科学把握高校思政课教师队伍建设的标准，既要达到“量”的标准，更要解决“质”的问题。如果仅在“量”的层面完成了任务，但“质”的层面没有达标，那么势必会影响思政课建设性的质量，

① 《关于深化新时代学校思想政治理论课改革创新的若干意见》，人民出版社，2019，第 8 页。

影响思政课“立德树人”根本任务的落实。所以，务必要在高校思政课教师队伍普遍扩容、教师总量急剧增加的大趋势下，对现有教师和新引进教师的理论水平、科研能力、教学水平进行摸底排查。要对照《普通高等学校思想政治理论课教师队伍培养规划（2019—2023年）》和《高等学校思想政治理论课建设标准（2021年本）》的要求，严格把控高校思政课教师队伍的质量，构建起思政课教师队伍“有序提升”“可进可出”的调节机制，绝不能“一招了之”“只进不出”“够了就好”。

2. 要全面加强高校思政课堂质量监管体系建设

各高校要尽快建立起行之有效的思政课堂质量监管体系，一方面，要选树一批正面典型，对紧密结合时代特征和青年学生成长需求，旗帜鲜明、生动鲜活传播主流意识形态科学理论的思政课进行大力宣传，通过示范课建设等举措突出此类课程的样板功能。另一方面，要对育人方向存在偏差，或存在“反向建设”“不会建设”“不愿建设”问题的思政课教师给予批评、教育，要构建起学生评价与督导评价相结合、线上评价与线下评价相结合的评价机制，构建起监督评价与跟踪问效相结合的监督机制，构建起奖优与罚劣相结合的激励机制。

3. 要严格树立高校思政课必须讲政治话语的底线思维

思政课必须牢牢坚持社会主义的办学方向、坚持马克思主义的指导地位、坚持培育德智体美劳全面发展的社会主义建设者和接班人。这一任务要求高校思政课承担起阐释社会主义主流意识形态理论、传播社会主义主流意识形态声音、宣传社会主义主流意识形态主张的重要使命。高校思政课要完成这一重要使命，一个关键点就是要坚持讲政治话语。在“八个相统一”中，“坚持政治性和学理性相统一”居于首位，说明了“坚持政治性和学理性相统一”是对思政课的首要要求，也是对其他七个统一的统领要求。“坚持政治性和学理性相统一”和“坚持建设性和批判性相统一”两者是紧密联系、互相促进的。前者侧重的是如何从科学维度宣传和阐释主流意识形态。后者侧重的是如何在立与破、自我与他者的双向维度中宣传和阐释主流意识形态。所以“坚持建设性和批判性相统一”需要通过“坚持政治性和学理性相统一”为自己提供政治指引和学理支撑。“坚持政治性和学理性相统一”需要通过“坚持建设性和批判性相统一”来巩固自身的真理性。而在“坚持政治性和学理性相统一”的内在关系中，政治性又是居于首位。所以，高校思政课坚持建设性首先要做到讲政治话语，而后要运用学术话语分析政治话语，用丰富的学理阐释并柔化政治话语的僵硬，用严谨的学理分析增强政治话语的科学性，用不断创新的学术成果展现政治话语的发展，用带有针对性的学术研究回应社会问题。真正做到用透彻的学理分析回应学生，以彻底的思想理论说服学生，用真理的强大力量引导学生。①

二　体现实效性，有价值引领地建设

（一）在传导主流意识形态价值性方面存在的问题

突出高校思政课建设性的引领作用，要紧紧围绕思政课立德树人的根本任务，积极引导青年学生强化对党和国家的认同，引导青年学生树立起正确的世界观、人生观、价值观，担当起实现中华民族伟大复兴的重任。当前，高校思政课建设性在价值引领方面存在一些消极和错误现象。

1．“应付型建设”

“师者，所以传道授业解惑也。”每一位高校教师的首要任务应是在三尺讲台上传道授业解惑，但是在一些高校中，包括思政课教师在内的广大教师愈发表现出重科研而轻教学的倾向，思政课教师对思政课传导主流意识形态的首要任务也是疲于应付。一些专家也指出：“关于教学与科研的关系问题。我们虽然多年来一直强调教学

---

① 孙宇伟、陶文昭：《高校思想政治理论课坚持建设性和批判性相统一：理论蕴涵、现实问题和科学方法》，《思想教育研究》2020 年第 10 期。

与科研的紧密结合，科研为教学服务，但在管理体制上却实际存在着某种唯论文、唯课题、唯经费的倾向，这势必会把教师的主要精力引向科研，忽视教学工作的深入开展。”① 例如，对许多思政课“青椒”而言，一进入高校就面临着严格的“预聘－长聘”衔接贯通的聘用制度。思政课青年教师必须在两个聘期六年内完成考核任务晋升为副教授，否则他们将面临“非升即走”的处置。对“非升即走”制度下的思政课“青椒”来说，及时推出高标准、严要求的科研成果是他们最大的压力。所以，很多高校青年思政课教师的生存危机是由科研质量决定的，而教学质量只要基本合格即可。这直接导致了一些青年思政课教师在传导主流意识形态时出现了“应付型建设”的现象，更多的是将完成教学任务作为基本目标。这种情况下，教师缺乏足够动力和时间精力思考和研究如何更好地传导主流意识形态和如何更加有效地提升建设性育人实效，思政课传导主流意识形态的实效性显然不会高，价值引领和塑造功能显然不会强。

2. “单向输出型建设”

新时代高校思政课建设性的使命在于引领青年学生的思想政治方向，厚植青年学生的爱国主义情怀，激发青年学生的奋斗精神，促使青年学生勇于担当民族复兴大任。然而当前，高校思政课传导主流意识形态的教学模式还有待创新。从授课方式看，大多数思政课仍然是以教师单向输出讲授为主，学生处于从属地位，启发式教学、讨论式教学较少，师生互动严重不足。“单向输出型建设”的本质仍然是教师为主的填鸭式、灌输式、宣传式、说教式教学，青年学生的主体地位没有得到很好的体现，青年学生在被动的学习环境和氛围中学习社会主义主流意识形态的积极性也不高。

3. “迎合型建设”

“迎合型建设”是指教师在思政课上传导主流意识形态时，为了

① 杨瑞森：《把思想性政治性同理论性科学性更紧密地结合起来》，《思想理论教育导刊》2019 年第 1 期。

迎合一些青年学生的“口味”，避开理论性强、较为严肃的建设性内容，以“娱乐性、趣味性”来演绎主流意识形态，甚至以“高级黑”“低级红”的形式把党的信念和政治主张简单化、极端化、庸俗化。这样的课程形式看起来很丰富，也受到一些学生欢迎，但表达出来的理论内容分量不足，缺失甚至歪曲了要传导的主流意识形态的灵魂，较难引领学生对主流意识形态形成深层次的认同。出现这种现象的主要原因在于，各高校对思政课教学效果评价较为普遍的做法是“学生评教”。赋予学生充分的评教权利本身无可厚非，但由于学生本身对主流意识形态的政治性和思想性认识得不够深刻、对思政课的专业性掌握得不多，所以在评价中存在着不客观和“跑偏”的问题。一些思政课教师刻意迎合学生的做法，虽然活跃了课堂，但价值引领力降低了。所以，亟待思考如何构建科学有效的思政课实效评价办法。

（二）增强传导主流意识形态价值性的对策

提高高校思政课传导主流意识形态的实效性，实现有价值引领的建设，需在实践中深入探索上述“应付型建设”“单向输出型建设”“迎合型建设”问题的解决路径。要着力从切实引领高校思政课教师潜心教学、深入探索高校思政课教学模式创新、改革高校思政课实效性评价机制三方面破解问题，突出高校思政课建设性的价值引领作用。

1. 要切实引领高校思政课教师潜心教学

2018 年，习近平总书记在全国教育大会上强调：“健全立德树人落实机制，扭转不科学的教育评价导向，坚决克服唯分数、唯升学、唯文凭、唯论文、唯帽子的顽瘴痼疾，从根本上解决教育评价指挥棒问题”；[①] 2019 年，习近平总书记在学校思想政治理论课教师座谈

① 《习近平在全国教育大会上强调 坚持中国特色社会主义教育发展道路 培养德智体美劳全面发展的社会主义建设者和接班人》，《人民日报》2018 年 9 月 11 日，第 1 版。

会上强调："要改革思政课教师评价机制，提高评价中的教学和教学研究占比，克服唯文凭、唯论文、唯帽子等弊端，引导思政课教师把主要精力放在教书育人上。一些学校口头上把思政课捧得很高，但落实不到教育、学术、人才评价机制上。"① "要增加课堂教学评价权重，引导教师将更多精力投入到课堂教学上，使广大教师坚持以教学为中心，用好课堂讲坛，用好校园阵地，用自己的学识、阅历、经验点燃学生对真善美的向往"②；2019 年，中共中央办公厅、国务院办公厅印发的《关于深化新时代学校思想政治理论课改革创新的若干意见》强调：要切实改革思政课教师评价机制。严把政治关、师德关、业务关，明确与思政课教师教学科研特点相匹配的评价标准，进一步提高评价中教学和教学研究占比。③ 中共中央、国务院印发的《深化新时代教育评价改革总体方案》提出：要改进学科评估，强化人才培养中心地位，淡化论文收录数、引用率、奖项数等数量指标，突出学科特色、质量和贡献。④ 但是在实际中，大部分高校对教师职称评聘条件都没有及时修订和改进。所以，这种情况需要通过顶层推动、相关部门巡视监督、出台惩戒方案等措施尽快加以扭转。教师以教书育人为本，职称评聘和晋升资格就应该首先由课堂教学的效果、育人的效果来决定。尤其是在思政课上，一位教师哪怕学术成果再多、学界名气再大，如果不能讲清楚自己的学术研究和引领青年学生成长之间的关系，如果不能让讲台下的青年学生真切感受到马克思主义的真理性，如果不能引导他们坚定对中国特色社会主义伟大事业的认同和信心，培养他们成为中国特色社会主义

---

① 习近平：《思政课是落实立德树人根本任务的关键课程》，《求是》2020 年第 17 期。

② 《习近平总书记教育重要论述讲义》，高等教育出版社，2020，第 127 页。

③ 《关于深化新时代学校思想政治理论课改革创新的若干意见》，人民出版社，2019，第 10 页。

④ 《中共中央 国务院印发〈深化新时代教育评价改革总体方案〉》，中华人民共和国教育部网，http：//m. moe. gov. cn/jyb_xxgk/moe_1777/moe_1778/202010/t20201013_494381. html。

伟大事业的建设者和接班人，那就仍是一位不合格的思政课教师。必须建立高校思政课教师热爱课堂的机制，提高课堂教学表现、课程教学改革等在教师晋职晋级中的分量，树立教学第一的理念，引导教师将更多的时间和精力投入教学研究和教学实践中，以高水平的教学研究推动高水平的教学实践。

2. 要深入探索高校思政课教学模式创新

破解“单向输出型建设”这一问题，强化高校思政课建设性的价值引领和塑造功能，既要坚持弘扬教师讲授型教学方式的优点，也要积极探索学生参与型教学方式，不仅让学生成为忠实听众，更要让学生成为主动思考、敢于提问、自我研究、自我教育的学习主体。针对当前一些高校思政课教学模式较为老化的问题，应更加充分运用讨论式、互动式、启发式、研究式等教学模式，树立学生充分参与、教师有效掌控的建设导向，将课堂气氛是否活跃、师生互动是否充分、学生主体地位体现是否鲜明、教师主导作用是否到位作为高校思政课评优报奖的重要评价标准，推动教师成为循序渐进启发学生、引领学生的带路者，推动学生成为具备自主思考能力和运用理论指导实践的学习主体。

3. 要改革高校思政课实效性评价机制

以往的评价方式更多反映的是学生喜不喜欢，学生高兴不高兴，而思政课对学生思想、学业等方面深层次的价值引领和塑造功能却较难体现，这种评价方式存在弊端。针对这一问题，应从评价对象、评价主体、评价内容、评价形式、评价时间等方面入手建立起多层次综合性的评价机制。在评价对象上应着力研究构建针对教师和学生的双向评价机制，在评价主体上应着力研究构建督导评价、学生评价、同行专家评价等多元主体评价机制，在评价内容上着力研究构建政治理论素养、行为表现等多维评价机制，在评价形式上着力研究构建过程性评价与结果性评价相结合的评价机制，在评价时间上着力研究构建课程中评价和学生毕业后评价相结合的评价机制。

三　强化针对性，有的放矢地建设

（一）在有针对性地传导主流意识形态方面存在的问题

突出高校思政课建设性的引领作用，要加强对青年学生的研究、对不断发展的社会现实的研究和对不断创新的理论的研究。当前，部分高校思政课建设性存在着脱离具体实际的“一刀切建设”“僵化建设”“滞后建设”等不良现象。

1. “一刀切建设”

“一刀切建设”是指某些思政课教师传导主流意识形态时，没有坚持以“生”为本，忽略青年学生的不同学习需求，忽略每个年龄层次的青年学生、不同专业不同学科背景的青年学生、不同地域的青年学生对主流意识形态的领悟、接受能力的差别，课程内容重复划一，年年一样、班班一样、人人一样。“一刀切建设”虽然传导了主流意识形态，但是没有“因材施教”，忽略了学生的“独特性”，无法把思政课讲到学生心坎里，也就无法达到触动灵魂的育人功效。

2. “僵化建设”

“僵化建设”是指某些思政课教师传导主流意识形态时，照本宣科，只“传送”“搬运”教材书本知识，没有把政治话语转化为青年学生喜闻乐见的生活话语。而“00 后”青年学生是网络原住民，对网络的感情非常深厚，网络也是其生活话语的重要源泉。这样的思政课，没有认真抓住青年学生的生活特点和语言习惯，思政课不入耳入眼，就更不会入脑入心。而且这样僵化地传导主流意识形态，也很容易让学生产生抗拒心理。

3. “滞后建设”

社会不断发展变化、国家发展不断变迁、党的理论不断创新，高校思政课既要将民族的历史、党的历史、马克思主义经典理论、马克思主义中国化成果等讲好，更要紧跟时代步伐，与时俱进地将马克思主义中国化最新理论成果等具有时代性的主流意识形态融入思政课教学，要深刻引导青年学生了解我们所处时代的特征以及党和国家的最新政策方针，增强青年学生的历史使命感。只有及时将这些元素融入思政课教学，高校思政课才能真正活起来，才能对青年更具吸引力。而一些教师在课堂上传导主流意识形态时，没有与鲜活的社会发展相结合，没有及时把尚未纳入教材的主流意识形态最新鲜的成果吸纳进来，不能与时俱进地传导主流意识形态。

（二）有针对性地传导主流意识形态的对策

突出高校思政课建设性的引领作用，要客观地承认高校思政课存在着脱离学生具体实际和脱离主流意识形态创新的问题，针对“一刀切建设”“僵化建设”“滞后建设”这些问题，以突出“以人为本”理念、突出“网感”理念、突出“与时俱进”理念来进行破解，强化思政课建设性的针对性。

1. 要进一步突出“以人为本”理念

不断加强对新时代青年学生思想行为特点、成长诉求等方面的深入研究和分类研究，将这一研究作为高校思政课传导主流意识形态的前置条件。要充分考虑不同年龄层次、不同学历层次、不同学科背景、不同专业以及来自不同地域的青年学生对主流意识形态领悟、接受能力的差别和个性化需求，进行差别化、特色化的建设，使青年学生切身感受到思政课是尊重青年学生个体的，增强主流意识形态对学生的吸引力和凝聚力。

2. 要进一步突出“网感”理念

“网感”是指基于互联网社交习惯建立起来的表达方式和表达内容，具体表现为网络中的新语言、网络热点新闻现象和网络传播信息媒介等，比如青年学生喜欢说的“奥利给”，喜欢关注的“热搜”新闻，喜欢登录的 bilibili 视频弹幕网站。要深刻认识到在互联网时代，高校思政课坚持建设性必须主动抢占网络阵地、充分利用网络阵地，突出“网感”。要利用好网络舆论阵地的网络新词和网络热点新闻与学生沟通，引导话题，掌控方向。要突破“网生代”青年学生与主流意识形态疏离这个难题，将“高大上”的主流意识形态内容通过音乐、动画、漫画等学生乐于接受的网络信息形式传递给学生，进而通过学生将这些载有主流意识形态的信息传播至更多网络平台。

3. 要进一步突出“与时俱进”理念

一方面要紧跟社会发展，让思政课更加接地气。要准确把握学生的思想动向，依托现实社会每天都在变化、发展并通过各种媒介呈现出来的新鲜案例，把相对稳定、严肃的主流意识形态观点讲“新”、讲“活”。另一方面要及时吸纳最新成果，推动高校思政课建设与时俱进。思政课及时准确地传播中国共产党的理论创新成果，旗帜鲜明地呈现中国共产党带领中国人民艰苦奋斗、自强不息所取得的丰硕成果和所创造的丰功伟绩，能够坚定学生的中国特色社会主义道路自信、理论自信、制度自信与文化自信，坚定学生勤奋求学、报效祖国的奋进之心与爱国之心。所以，要把握传导主流意识形态的主动权，积极主动将主流意识形态最新成果融入教学，做到在教材体系完善之前自觉丰富教学体系。①

四　增进协同性，多方面共同建设

（一）在有协同性地传导主流意识形态方面存在的问题

高校思政课建设性的改进创新是一个较为系统的工程，思政课堂是其中的重要阵地，但还需要学校其他力量的协同。不可忽略的是，现实中一些高校普遍存在着“建设不协同”的错误倾向。在访谈中，一些学生表示，在思政课堂上他们往往能够较好地形成对主流意识形态的认同，但在实际生活和学习中会慢慢淡化，有时还会遇到“现实的暴击”。如，部分同学一定程度地缺乏对党和国家发展

---

① 孙宇伟、陶文昭：《高校思想政治理论课坚持建设性和批判性相统一：理论蕴涵、现实问题和科学方法》，《思想教育研究》2020 年第 10 期。

的“实践体验”，对思政课堂上习得的知识能够认同，但较难转化为长期意志和行动，出现课上激情澎湃、课下使命担当感不强的问题；同时其他专业课堂上和学校管理中普遍存在对主流意识形态教育“看起来重视”“做起来不重视”的现象，使学生无所适从。切实强化建设性的引领作用，既要坚持高校思政课传导主流意识形态主阵地、主渠道的地位，也要树立协同思维，推动高校思政课与实践育人、专业育人、管理育人等形成深刻联系、良性互动，以教育学生、引领学生为价值归宿，打造大思政教育格局，形成思政教育强大合力。从现实情况看，当前高校思政课在实践育人方面探索不足，尚缺乏成熟模式，在专业育人、管理育人等协同方面更显不足。而这些不协同因素，是高校思政课建设性内容不能深入学生头脑的重要原因。

（二）有协同性地传导主流意识形态的对策

强化高校思政课建设性对青年学生的引领作用，就必须客观承认思政课与实践育人、管理育人、专业育人出现的不协同问题，并通过打造“理论思政课＋实践思政课教育链”“思政课程＋课程思政教育链”“思政课＋教育管理思政教育链”破解这些问题，通过多方面的系统建设来增强思政课建设性改进创新的协同性。

1. 要打造“理论思政课＋实践思政课教育链”

习近平总书记曾强调：“思政课不仅应该在课堂上讲，也应该在社会生活中来讲。”“‘大思政课’我们要善用之，一定要跟现实结合起来。上思政课不能拿着文件宣读，没有生命、干巴巴的。”鲜活的思政课素材，正是亿万中国人已经书写和正在书写的时代篇章。那里，有人民的英雄，有英雄的人民，有“第二个百年”新征程上的阔步向前。[①] 单纯的理论教学有逻辑性比较强、理论性比较强的优势，但存在缺乏学生感悟和内化思政课所传导的主流意识形态实践

① 杜尚泽：《“大思政课”我们要善用之》，《人民日报》2021年3月7日，第1版。

氛围的问题，导致学生的“沉浸式体验”不足。因此，要着力推动高校思政课从理论向实践延伸，延长教育链，优化价值链，在教学方案中科学设计实践教学内容，充分挖掘和利用好实践教学资源，推动学生在实践中感悟和内化理论知识。教育部、中宣部等相关部门应进一步加强顶层设计，制定并颁布组织开展思政课社会实践活动的意见。各高校应结合地区实际、学校实际、学生实际，有组织、有计划地开展好思政课社会实践活动，通过科学设计实践教育活动等的实施途径，带领学生走出思政小课堂、走入社会大课堂，在实践中提高学生对主流意识形态的认同力、提高学生对民族复兴伟大事业的担当力，确保把思政课2学分的社会实践做扎实、出成果。

2. 要打造“思政课程+课程思政教育链”

当前，高校思政课育人与专业课育人一定程度上存在着两张皮现象，二者衔接不够紧密。虽然目前教育部、各省教育厅、各高校全力推动课程思政，但受专业教师思政育人理念与方式、能力与水平、教材内容等多重因素制约，课程思政的效果目前只体现在“典型”“先进”的少部分专业课程中，而没有充分体现在大多数专业课程中。针对此问题，高校的教务处、科研处、马克思主义学院和其他专业学院应找准课程思政的契合点。一方面，对专业教育中尤其是一些哲学社会科学课程中马克思主义“失语”“失踪”“失声”的现象，要坚决加以纠正。习近平总书记在哲学社会科学工作座谈会上的讲话中指出：“实际工作中，在有的领域中马克思主义被边缘化、空泛化、标签化，在一些学科中‘失语’、教材中‘失踪’、论坛上‘失声’。这种状况必须引起我们高度重视。”① 同样，高校要高度重视专业课程中马克思主义“失语”“失踪”“失声”的现象。特别是很多学生觉得，专业课是立足社会的本钱，而思政课是带不来什么实际“价值”的课；专业课不谈马克思主义，只有思政课大谈特谈马克思主义，更说明马克思主义对自己以后立足社会没什么

① 习近平：《在哲学社会科学工作座谈会上的讲话》，人民出版社，2016，第10页。

作用。纠正学生的这种错误思想，就要从专业课的课程建设、教材体系和科学研究等方面入手，将马克思主义不断中国化、时代化、大众化的成果充分体现在专业课中。另一方面，高校思政教师队伍要承担起高校课程思政建设的服务者、推动者作用。通过合作与指导课程思政活动、专业教师开展课程思政培训等方式，努力推动专业教师课程思政能力素质及课程思政质量提升。

3. 要打造"思政课+教育管理思政教育链"

当前，思政课教师和政工干部队伍是高校中面向青年学生的两大专职思政教育队伍。其中，思政课教师以课堂为阵地，以教学为主要内容，政工干部队伍则以思想政治教育和学生日常事务管理为主要工作职责。这两支队伍在育人目标、教育内容等方面具有深刻的内在联系。因此，从实践层面积极探索两支队伍的协同机制，形成互融共促的教育合力意义重大。一方面，针对政工干部队伍整体理论素质不强的现实问题，各高校可探索针对政工干部的培训培养机制，思政课教师可作为各高校政工干部培训培养的主要师资力量。另一方面，可通过实施相应的激励机制，鼓励高校思政课教师担任学生兼职辅导员、班主任、人生导师，让思政课的主流意识形态教学与学生日常行为表现联系更加紧密，从学生日常教育管理中获取更加丰富和生动的教育素材。

总体而言，要深刻认识到坚持高校思政课建设性的重大意义，从坚守高校意识形态主阵地、培养堪当民族复兴大任的时代新人的战略高度，充分重视高校思政课建设性的引领作用。同时，要始终坚持问题导向，深刻认识到当前高校思政课建设性中"反向建设""不会建设""不愿建设""应付型建设""单向输出型建设""迎合型建设""一刀切建设""僵化建设""滞后建设""建设不协同"等现象或多或少存在，要在深刻分析问题形成原因的基础上找出应对方案。以注重阐释真理性、有学理支撑地建设，体现实效性、有价值引领地建设，强化针对性、有的放矢地建设，增进协同性、多方面共同建设等方法，全面强化高校思政课建设性引领作用。

第二节　自觉增强高校思政课批判性的解惑作用

建设性与批判性二者是相辅相成、相互促进的。只有坚持建设性，高校思政课才能不断彰显对青年学生的政治理论传播、价值塑造、意识形态引领等功能。坚持建设性强调的是正向建设、正面建设。但青年学生受成长经历、知识积累等因素制约，会对主流意识形态存在疑惑和不解，也会受一些不良社会思潮和观点的影响，这些都是不可避免的。坚持批判性，才能不断消除青年学生的困惑，才能消除各种错误、消极社会思潮和观点对青年学生的不良影响，才能形成对思政课正向建设的有力支撑。因此，高校思政课教师应深刻认识到，高校思政课建设性与批判性二者相辅相成，互相促进，互为支撑。不能只强调建设性、忽视批判性，既要切实增强建设性的引领作用，也要突出批判性的解惑作用。当前高校思政课在坚持批判性上也存在着一些客观问题，比较突出的表现是以往教材中批判性的观点和内容比较少，教师对批判性的重视程度不一，同时青年学生又较为关注各种社会思潮和社会问题。这些问题交织在一起，削弱了主流意识形态对青年学生的引领力，制约了高校思政课育人实效的提升。针对上述问题，思政课教师必须自觉培育批判性意识，并通过科学的批判方式与批判方法深入解答青年学生的疑惑。

一　增强主动性，提升批判性地位

（一）在批判意愿上存在的问题

当前，高校思政课存在着一些有意或无意忽视批判性重要性的错误倾向。

1. “反向批判”

反向批判是指个别思政课教师存在怀疑、诋毁主流意识形态的言行。其打着培养学生“批判意识”“独立思考精神”的旗号，以“崇洋媚外”的思路授课，以“批评党和国家的方针政策”博取学生好感，讲的是“反主流意识形态”的思政课。反向批判往往与反向建设同时存在。反向批判的做法，违反了思政课教师政治信仰正确的底线原则，直接地、严重地损害了主流意识形态的真理性。

2. “不愿批判”

不愿批判是指个别思政课教师对意识形态斗争中影响青年学生的各种不良社会思潮和观点视而不见，认为思政课讲主流意识形态就可以了，不需要关注非主流意识形态，在“多一事不如少一事”“得过且过”的心态支配下，产生了“建设性要讲、批判性可讲可不讲”的错误认识。所以，“不愿批判”的思政课教师疏于关心学生会受哪些不良社会思潮影响，也疏于关心学生的思想困惑。

（二）促使思政课教师主动批判的对策

上述两种错误倾向的存在，严重弱化高校思政课批判性的思想解惑功能，是高校思政课吸引力不强的重要原因。针对以上现象，要从多方面入手增强思政课的批判性。

1. 要严肃处理一批“反向批判”的思政课教师

反向批判的行为完全违反了党和国家对思政课教师政治要强的首要要求，这样的思政课教师连起码的政治立场都没有站对，必须予以严肃处理。同时，也要注意思政课教师队伍中存在着的“59”岁现象。这部分教师在以往的工作中，还能保持基本的政治立场，一旦要退休了，就放松自己，在课堂上将社会发展中出现的局部问题或者是个人的不良感受放大、夸大，以细枝末节代替主流、以特殊代替普遍。

2. 树立起正确的批判意识

高校思政课教师是高校思政课建设的主体，只有高校思政课教师在思想上树立起正确的批判意识、深刻认识到批判性的重要性，在行动上提升批判的自觉性，高校思政课批判性的解惑作用才能落到实处。因此，在高校思政课教师培训中，要积极传输正确批判、敢于批判的导向。相关部门要鼓励高校思政课教师坚持批判性，要增加批判性在优秀课程评选、优秀教师公开示范课中的分量，以此使高校思政课教师树立自觉批判的意识，赋予高校思政课教师勇于批判的勇气和动力。

3. 关注青年学生思想上的疑惑

“00 后”是当下高校思政课的教育对象和引领对象。增强高校思政课批判性的解惑功能，要注意准确把握教育对象的思想诉求。在课程设计过程中，要对学生进行深入了解，精准把握学生在哪些方面有疑惑，以及这些疑惑对学生思想产生了什么样的影响。这些问题不搞清楚，高校思政课将很难把握批判的重点和方向。因此，要通过面向学生开展常态化调查、访谈等形式，将学生思想上的疑惑挖出来，在课程教学实施前有针对性地进行教学设计。这是凸显高校思政课批判性解惑功能的有效方法。

4. 大力支持推动建设性与批判性相统一的教材和政治普及读物建设

教材是高校思政课建设的载体，是教师思政课教学的基本依据。当前，高校思政课教材基本以建设性内容为主，批判性内容较少。虽然在 2021 版《思想道德与法治》教材中批判性内容已经充实了很多，但从整个教材体系看，批判性内容依旧比较少。这使得高校思政课教师在课程设计、课程讲授过程中缺少批判的基本依据，也缺乏批判的动力。因此，教育部、中宣部等相关部门要大力推动教材建设和改革，同时通过专项支持计划、优秀教材评选等途径，让批判性更加鲜明地体现在高校思政课教材中。学校层面也应积极行动起来，旗帜鲜明地鼓励和支持思政课教师以教材为基本参考，将批判性的内容融入教学方案设计中。在此过程中，教学主管部门、教研室主要负责人要切实负起责任，通过集体研讨、集体备课以及严格的教案审核等方式，把握好批判的方向、批判的质量、批判的效果等，严防错误批判、胡乱批判等现象的发生。同时，一些政治普及读物也是增强高校思政课批判性的重要支撑力。近年来，中宣部策划推出的《理论热点面对面》《习近平新时代中国特色社会主义思想学习问答》等精品力作，都可以成为高校思政课推进建设性和批判性相统一的基本依据。

二　坚定政治性，及时地批判

（一）在批判时效上存在的问题

知己知彼，方能百战不殆。而现实中思政课教师对错误思潮和观点疏于了解或虽然了解但心存畏惧等现象在一定程度上存在，导致思政课堂上出现了教师“不会批判”“不敢批判”的问题，从而失去了批判当下不良社会思潮和观点的最佳时机。

1. “不会批判”

当前高校思政课堂上，部分教师对主流意识形态的知识掌握比较扎实，但对一些不良社会思潮和观点了解不多，讲不清这些社会思潮和观点的本质和危害。这就使其面对一些影响青年学生的社会思潮和观点时不会批判，甚至害怕学生在课堂上提问。

2. “不敢批判”

还有一些思政课教师，了解一些不良社会思潮和观点，但担心在课堂上批判一些不良社会思潮和观点，会引发学生去关注这些错误观点和思潮，从而影响思政课主流意识形态的建设，所以也不敢批判这些错误观点和思潮，甚至心存畏惧。这种理论学习的不积极、理论阐释的不自信导致思政课在批判性方面缺乏“批判的武器”，拿不起“批判的武器”。归根到底是因为思政课教师的政治信仰不坚定。习近平总书记指出：“思政课教师只有自己信仰坚定，对所讲内容高度认同，做学习和实践马克思主义的典范，才能讲得有底气，讲深讲透，才能有效引导学生真学、真懂、真信、真用。要善于从政治上看问题，自觉用新时代中国特色社会主义思想武装头脑，在大是大非面前保持政治清醒。教师是释疑解惑的，自己都疑惑重重，讲出来的东西不会是充分坚定、富有感染力的。”“要练就不怕问、怕不问、见问则喜的真本领，不能见学生提问就发怵。真理从来是在诘问和辩难中发展起来的，如果一问就问倒了，那就说明所讲的不是真理或者自己还没有掌握真理。”① 换言之，思政课教师如果对主流意识形态的信仰不够坚定，那么就不会产生强烈的国家和民族自豪感，就不会有十足的底气坚持批判性，也就不会去及时关注时代和社会发生的问题，更不会积极地涉猎和学习各种社会思潮和观点的衍生、变化等知识。而青年学生的困惑和苦恼若得不到及时疏解和正确引导，对思政课教师的信任、对马克思主义的信仰、对中国特色社会主义事业的信心势必受到影响，青年学生甚至容易站到不良意识形态的一边，久而久之，成为社会主义的“掘墓人”。所以，一名合格的思政课教师必须是持剑在手、敢于亮剑的斗士，心中怀有坚定的政治信仰和深沉的家国情怀、脑中保有充足的理论储备和高度的政治敏锐性，敢于直面和批判各种错误观点和思潮。

（二）促进思政课教师及时批判的对策

所以，增强高校思政课的批判性，思政课教师的政治信仰坚定、政治素养高、政治底气硬是关键性要素。切实突出批判性的解惑作用，要求高校思政课教师准确把握国际动向、社会思潮、社会矛盾和问题对青年学生的影响，对容易造成青年学生思想困惑、影响青年学生成长的不良社会思潮、观点和社会问题及时作出批判和回应，以此增强高校思政课对学生的教育引领作用。

1. 要及时关注和了解国际社会动向

当今时代是开放的时代，国际社会问题始终与中国的发展交织在一起，因此，国际社会问题及其动向不仅是当代青年学生的重要关切，也必须始终是高校思政课的重要关切。讲好高校思政课，必

---

① 习近平：《思政课是落实立德树人根本任务的关键课程》，《求是》2020 年第 17 期。

须树立开放思维和国际视野，深入研究国际社会问题，深刻把握国际社会动向，及时准确地面向学生讲清楚国际社会问题的来龙去脉，阐释国际社会动向出现的缘由，对该批判的要有立场、有深度地加以批判，对中国在国际社会中所倡导的主张、所付出的努力、所取得的成效客观全面加以介绍，引导学生正确认识国际问题和国际动向的本质，准确辨别是非真伪。

2. 要及时关注和了解社会思潮

"从意识形态领域看，思想文化相互激荡，价值观念多元多样，我们必须坚持以立为本，立破并举，不断增强社会主义意识形态的凝聚力和引领力。"当前，随着改革开放的深入以及互联网工具的广泛应用，各种社会思潮广泛传播。一些不良社会思潮的传播对青年思想具有严重侵蚀性。高校思政课教师要高度关注和了解各类社会思潮，既要注意从理论上运用马克思主义立场、观点、方法加以及时有效批判，深刻揭示其伪科学性和危害性，也要以中国共产党领导中国人民取得的伟大历史成就为基本素材，用生动鲜活的实践素材对各种社会思潮加以"回怼"，直观地帮助学生辨别是非，切实有效地消除学生思想疑虑。

3. 要及时关注和了解社会矛盾和问题

随着经济社会的迅速发展，各种社会矛盾和问题的出现不可避免。而这些社会矛盾和问题往往是学生关注的焦点，容易误导学生甚至引发社会不稳定。纵观国际社会，不能正视社会矛盾和问题、不能及时解决社会矛盾和问题而导致国家动荡的惨痛教训屡见不鲜。高校思政课坚持批判性，思政课教师就要始终保持高度的政治敏锐性，充分利用互联网资源，及时发现和梳理出学生较为关注的社会矛盾和问题。同时，"批判的本质不在于批判，而是指向知识分子的社会责任感。要看到当前的一些不良社会现象和社会问题，但'批判不是目的'，要承认国家发展中存在的阶段性不完善，以一种更加历史性的眼光审视当前的种种问题，并提出'解决方案'去改革和完善中国特色社会主义制度”①。在课上要面向青年学生讲清楚这些社会矛盾和问题的性质、存在的历史原因等，要面向青年学生讲清楚中国共产党为解决这些社会矛盾和问题所做的努力，和青年学生一起讨论进一步解决这些社会矛盾和问题的方案。要使青年学生真切感受到社会矛盾和问题的出现有其主客观原因，但党和国家并不是没有意识到这些社会矛盾和问题，而是一直致力于“改造世界”，同时包括青年学生在内的每一个人都是“改造世界”的实践力量，增强青年学生对中国共产党和中国特色社会主义道路的信心和认同感，避免社会矛盾和问题对青年学生产生误导。

三　突出方向性，有价值导向地批判

（一）在批判目的上存在的问题

坚持思政课的批判性，要坚决反对和纠正一些思政课上出现的“为了批判而批判”的错误倾向。思政课要重视批判一些不良社会思潮和观点、重视批判一些不良社会现象，但不能以批判的过程代替批判的目的。当下，思政课坚持批判性，其落脚点和最终目的是服务建设性，即要培养勇担民族复兴大任的时代新人。“为了批判而批判”的错误在于，对一些不良社会思潮和观点、不良社会现象仅做知识上和现象上的列举、分析和批判，而忽略批判性的价值导向。习近平总书记指出：“在教学中可以讨论问题，更要讲清楚成绩；可以批评不良社会现象，更要引导学生正面思考；可以讲社会主义建设的复杂性和艰巨性，更要引导学生对社会主义前景充满信心。无论怎么讲，最终都要落到引导学生树立正确的理想信念、学会正确的思维方法上来。”② 要紧密围绕思政课立德树人的根本任务，在国

① 朱红、余洪波：《青年知识分子社会主义核心价值观的认同与践行及其影响因素——基于 20 名高校教师的深度访谈》，《探索》2020 年第 5 期。

② 习近平：《思政课是落实立德树人根本任务的关键课程》，《求是》2020 年第 17 期。

际国内纷繁复杂的政治现象和政治声音中，通过有针对性地辨析和批驳各种错误思潮，为青年学生答疑解惑，达到引领人心、弘扬主流意识形态的目的。换言之，使青年学生学会并能够运用辨别和批判不良社会思潮和观点的思维方法、增强青年学生对中国特色社会主义事业的信念和信心是高校思政课坚持批判性的价值取向，而批判只是为了实现目的所采取的一种方式。

（二）把握思政课批判目的的对策

要反对部分思政课上存在的“为了批判而批判”的错误倾向，高校思政课要紧紧围绕引领青年学生思想成长和价值塑造的目的，在批判不良社会思潮和观点中，提升青年学生明辨是非的能力、激发青年学生奋发进取的动力、坚定青年学生报效祖国的意志，引导其为实现中华民族伟大复兴而不懈奋斗。

1. 注意提升青年学生明辨是非的能力

青年一代是祖国的未来，是民族的希望。针对青年的争夺战是当今时代没有硝烟的战争。当前，影响青年学生正确世界观、人生观、价值观塑造的负面因素始终存在。习近平总书记在北京大学同师生代表座谈时就曾语重心长地指出：青年一代要善于明辨是非，善于决断选择。习近平总书记告诫青年学生：“一时有些疑惑、彷徨、失落，是正常的人生经历。关键是要学会思考、善于分析、正确抉择，做到稳重自持、从容自信、坚定自励。要树立正确的世界观、人生观、价值观，掌握了这把总钥匙，再来看看社会万象、人生历程，一切是非、正误、主次，一切真假、善恶、美丑，自然就洞若观火、清澈明了，自然就能作出正确判断、作出正确选择。”①因此，增强高校思政课批判性的解惑作用，就要敢于旗帜鲜明地对影响青年学生成长的不良思潮、观点和现象进行批判，要敢于针对部分青年学生群体中存在的错误思想认识和行为进行批判，要深刻

---

① 《十八大以来重要文献选编》（中），中央文献出版社，2016，第7～8页。

揭示意识形态斗争中对立性因素存在的深层次原因及其危害性，帮助青年学生认识到什么是对、什么是错、什么是美、什么是丑、什么是善、什么是恶、什么是荣、什么是耻，也帮助青年学生学会用马克思主义的立场、观点和方法分析问题以及评判问题。通过批判性教学，提升青年学生明辨是非能力，培养明是非、善决断、知情理的时代新人。

2. 注意激发青年学生奋发进取的动力

激发青年学生奋发进取的动力是高校思政课坚持批判性的重要目的。青年强则国强，青年兴则国兴。当今社会，人才已然成为世界各国综合国力竞争的焦点与核心。如何激发青年学生求学上进的斗志、笃实创新的精神，培养勤奋务实、勇于创新的青年人才，是各高校在办学中面临的重大课题。因此，高校思政课要强化批判性的解惑作用，就必须深刻批判近代帝国主义对中华民族的侵略罪行，揭示落后就要挨打的真理；就必须深刻批判中美贸易摩擦以来、新冠肺炎疫情全球蔓延以来部分西方国家对我国的各种诬陷与刁难，揭示国际敌对势力亡我之心不死、各种颠覆活动始终未曾停止的反动本质，激发青年学生的民族使命感和在民族复兴大业中的担当意识。同时，要紧密结合青年学生中一定程度存在的缺乏艰苦奋斗精神、缺乏创新意识等不良现象开展批判，引导青年学生以勤奋求学为荣，以荒废青春为耻，在广大青年学生群体中营造“比、学、赶、帮、超”的良好氛围。

3. 注意坚定青年学生报效祖国的意志

提升高校思政课批判性的解惑作用，就要面向当代大学生阐释清楚为谁而奋斗的问题，回答好当代大学生如何处理个人利益和国家利益关系的问题。以就业或择业为例，随着中国特色社会主义进入新时代，行业间、地域间人才争夺更加激烈。一方面经济欠发达地区、农业等多数人眼中的弱质性产业人才严重紧缺，另一方面则是北上广等经济发达地区、金融业等多数人眼中的热门行业人才拥挤，二者形成了鲜明对比。青年学生在择业时偏向经济发展水平高的地区和收入较高的行业，而对“老少边穷”地区和收入不高的行业敬而远之。这在一定程度上反映出部分青年学生奉献意识、干事创业意识、艰苦奋斗意识不足。因此，增强高校思政课批判性的解惑作用，就是要通过科学合理的批判，让青年学生深刻认识到只有国家强大，才有个人发展，国家利益高于一切，报效祖国是青年建功立业的最根本追求。

四　体现科学性，科学有效地批判

（一）在批判能力上存在的问题

高校思政课要坚决对影响青年学生的不良社会思潮和观点进行批判，其目的在于对建设性形成有效支撑，其落脚点在于激发青年学生担当起民族复兴大任。同时，高校思政课的批判性不能局限于简单拿出批判的“剑”，增强批判性的解惑作用，必须注意把握批判的科学性问题，只有“庖丁解牛”式的科学批判，才能真正帮助学生明辨是非对错，才能让学生真正信服。当前，部分思政课老师在如何批判上出现了一些错误的倾向。

1. “无鉴别批判”

“无鉴别批判”是指个别老师在批判时，不加以鉴别：或者对不良思潮的性质不加以区别；或者对一方面包含错误、落后、消极性质，一方面又包含正确、先进、积极性质的复杂社会思潮和观点不进行客观分析，一棒子打死；或者把反映我国社会人民内部矛盾的观点与反映敌我矛盾的观点性质相混淆。

2. “情绪化批判”

“情绪化批判”是指在批判时，多以宣泄个人或者小集体的感受、情绪为目的，明显地带有情绪化色彩，有时甚至会背离和歪曲批判对象的实际情况。受众较难把握所批判内容的真实性和正当性。

3. “无依据批判”

“无依据批判”是指在批判时，只给出判断，却不给出判断依据。个别老师由于理论功底薄弱等原因，课堂上充满了各种没有理论依据、事实依据、数据依据的“批判”。这种批判无法为青年学生解惑释疑，也无从培养青年学生的批判性思维。①

（二）提高思政课教师批判能力的对策

增强高校思政课批判性的解惑作用，就必须针对以上问题，增强批判的科学性。

1. 注意鉴别思潮和观点性质，有差别地批判

当前，各种社会思潮和观点纷繁复杂，相互交织、相互激荡。各种社会思潮和观点的性质不尽相同，这就要求高校思政课教师注意区分好对青年学生成长产生不良影响的社会思潮和观点的性质。一是，要对西方敌对势力宣扬的社会思潮和观点进行深刻的、彻底的批判。西方敌对势力宣扬的社会思潮和观点对青年一代的危害最大，其存在的目的在于抢占中国特色社会主义伟大事业的生力军即青年，甚至在适合的条件下搞乱中国特色社会主义伟大事业发展的和平与稳定环境。因此，必须充分利用高校思政课阵地，拿出最鲜明的立场、以最具说服力的论点论据毫不留情地加以批判。二是，对既有积极意义又包含消极意义的思潮和观点进行辩证分析，弘扬其积极的一面，批判其消极的一面。如，要厘清理性民族主义和激进民族主义的区别。三是，要对反映我国人民内部矛盾的社会看法和观点进行正面回应。严格区分敌我矛盾和人民内部矛盾，对待不同性质的矛盾要采取不同的批判态度和方式。

2. 讲清缘由，有理有据地批判

批判的精髓、价值和意义在于能够秉持理性、科学和实事求是的精神，有理有据地进行分析。习近平总书记在学校思想政治理论课教师座谈会的讲话中也强调，批判性要以问题为导向，做到深入

① 孙宇伟、陶文昭：《高校思想政治理论课坚持建设性和批判性相统一：理论蕴涵、现实问题和科学方法》，《思想教育研究》2020 年第 10 期。

研究解答。有理有据是把问题讲深入、讲透彻的必要条件。面对各种社会思潮和观点、社会矛盾和问题，在鼓励大胆批判、敢于批判的同时，必须坚持批判的学理性、科学性。要坚决杜绝高校思政课教师情绪化批判、毫无依据地随便批判的现象，要积极鼓励高校思政课教师以马克思主义科学理论为指导，对批判的对象做深入细致的研究，以深刻而有效的批判触动青年学生灵魂。

总体而言，高校思政课坚持建设性与批判性相统一，要从思想上高度重视批判性在高校思政课中的重要价值，也要从实践上积极探索如何增强高校思政课批判性的解惑作用。在教学设计、教学实施和教材编写的过程中，要着力破解当前高校思政课在批判性上不同程度存在着的“反向批判”“不愿批判”“不会批判”“不敢批判”“为了批判而批判”“无鉴别批判”“情绪化批判”“无依据批判”等问题，切实做到增强主动性、提升批判性地位，坚定政治性、及时地批判，突出方向性、有价值导向地批判，体现科学性、科学有效地批判。

第三节 积极促进高校思政课“立”与“破”相统一

高校思政课坚持建设性与批判性相统一，涉及“立”与“破”两个维度。其中“立”就是要发挥思政课的建设性功能，就是要旗帜鲜明、底气十足地传导社会主义主流意识形态；“破”就是发挥思政课的批判性功能，就是要立场坚定、理直气壮地批驳、回击各种对青年学生产生不良影响的错误社会思潮和观点。两者的统一既可以是立与破简单相加的初级水平的统一，也可以是立与破相互交融、破转向立的高级水平的统一，后者对提升高校思政课教育的实效具有重大意义。坚持高校思政课建设性与批判性相统一，不能满足于立与破简单相加的初级水平的统一，要倡导立与破相融合、破转向立的高级水平的统一。

一　立与破简单相加，实现立与破在不同问题上的统一

“立破相加”在不同问题上的统一是指，在思政课上教师根据意识形态的不同性质，表现出相应的政治态度，针对某种意识形态本身进行建设或者批判。“立”和“破”虽然统一在思政课教学中，但是各自体现在不同的问题之中，形成的统一是一种板块式拼接的机械统一。

一方面，教师在讲授某种主流意识形态观点时，能够坚守主流意识形态的传播阵地，对主流意识形态积极地进行传导。毛泽东同志曾说：“主义譬如一面旗子，旗子立起了，大家才有所指望，才知所趋赴。”[①] 这一论述启示我们，思想政治教育首要的就是要弘扬主旋律，担当好传播党的理论、路线方针与政策的重任，担当好宣传马克思主义、阐释马克思主义的重任，担当好帮助青年学生扣好人生第一粒扣子，树立科学世界观、人生观与价值观的重任。在和平与发展是时代主题的历史时期，在党和国家开启全面建设社会主义现代化国家新征程的新发展阶段，“立”是高校思政课的主旋律。而思政课的“立”也不仅仅是传播、宣传、阐释和弘扬。习近平总书记在学校思想政治理论课教师座谈会讲话中，提出“思政课的任务是传导主流意识形态”。“传导”一词中“传”是指传播、宣传、阐释和弘扬，“导”是指指引、带领和启发。“传导”一词既强调了思政课要传播、宣传、阐释和弘扬主流意识形态，又强调了思政课传播、宣传、阐释和弘扬主流意识形态要起到指引、带领、启发青年学生的效果。高校思政课教师在教学实践中，要能够坚守主流意识形态的传播阵地，旗帜鲜明、底气十足地对主流意识形态进行传导，达到以科学的理论教育学生、指引学生、带领学生、启发学生的育人目的。如果传而不“引”、传而不“领”、传而不“启”，那么对主流意识形态的宣传阐释就陷入“只述不立”的错误泥潭。习近平

① 《毛泽东早期文稿（1912·6—1920·11）》，湖南出版社，1990，第554页。

总书记在学校思想政治理论课教师座谈会上的讲话中强调："思政课教师给予学生的不应该只是一些抽象的概念，而应该是观察认识当代世界、当代中国的立场、观点、方法。思政课教学是一项非常有创造性的工作，要学会辩证唯物主义和历史唯物主义，善于运用创新思维、辩证思维，善于运用矛盾分析方法抓住关键、找准重点、阐明规律，创新课堂教学，给学生深刻的学习体验。"① 高校思政课应把帮助青年学生学会用马克思主义理论的立场、观点和方法观察和认识当代世界、当代中国作为"立"的根本。例如，在讲授"毛泽东思想和中国特色社会主义理论体系概论"的导论部分——马克思主义中国化的历史进程与理论成果时，要抓住马克思主义中国化这一重要概念，重点介绍《在纪念孔子诞辰2565周年国际学术研讨会上的讲话》《在纪念马克思诞辰200周年大会上的讲话》《在庆祝中国共产党成立100周年大会上的讲话》三篇经典文献。以这三篇经典文献为依托向学生讲清楚马克思主义中国化的含义：马克思主义中国化就是坚持把马克思主义基本原理同中国具体实际相结合、同中华优秀传统文化相结合，运用马克思主义的立场、观点、方法研究和解决中国革命、建设、改革中的实际问题；就是总结和提炼中国革命、建设、改革的实践经验，从而认识和掌握客观规律，为马克思主义理论宝库增添新的内容；就是运用中国人民喜闻乐见的民族语言来阐述马克思主义理论，使之成为具有中国特色、中国风格、中国气派的马克思主义。使青年学生明白，马克思主义同中国具体实际的结合、同中华优秀传统文化的结合成功实现了中国化，这也是继续推进马克思主义中国化的指导原则。马克思主义之所以能够在中国广泛传播并不断实现中国化，是因为马克思主义与中华优秀传统文化具有契合性并在中国共产党的推动下成功实现了结合。中国共产党促进了马克思主义与中华优秀传统文化相互借鉴、不断

① 习近平：《思政课是落实立德树人根本任务的关键课程》，《求是》2020年第17期。

融合。如，中华优秀传统文化中的“仁政”“民本”“大同”理念和马克思主义“为全人类利益而奋斗”的共产主义理想都旨在追求社会的公平正义、追求人民的美好生活。两者的契合性是中国共产党领导中国人民选择走社会主义道路的重要推动力。

另一方面，教师面对某种错误、落后、消极的不良社会思潮和观点时，能够敢于“亮剑”，立场坚定、理直气壮地对其进行批判。毛泽东同志在《新民主主义论》中指出：“帝国主义文化和半封建文化是非常亲热的两兄弟，它们结成文化上的反动同盟，反对中国的新文化。这类反动文化是替帝国主义和封建阶级服务的，是应该被打倒的东西。不把这种东西打倒，什么新文化都是建立不起来的。不破不立，不塞不流，不止不行，它们之间的斗争是生死斗争。”①这一论述启示我们，“破”与“立”二者间存在着相互依存、互为支撑的辩证关系。高校思政课教师要深刻领悟“破”的必要性，同时抓住青年学生困惑、疑虑的问题，也就是“破”的突破口。习近平总书记指出：“任何社会任何时期都会有各种问题存在，要教育引导学生正确看待、辩证认识、理性分析现实问题，辨明大是大非、真假黑白。”② 同时，思政课教师要坚定“破”的决心和勇气，摒弃模棱两可、可批可不批的错误态度；要提高“破”的能力，避免不能及时地批判、为了批判而批判、没有科学依据地批判等教学现象。例如，关于“毛泽东思想和中国特色社会主义理论体系概论”课程中的“建设社会主义文化强国”这一内容的讲授，首先要通过课前调查、课堂讨论等环节掌握青年学生的思想疑惑。例如，部分青年学生认为文化强国建设关键在于确立中华优秀传统文化在主流意识形态中的中心地位，传承中华优秀传统文化与坚持马克思主义的指导地位相矛盾。在现实中，党的十八大以来党和国家大力传承和弘

① 《毛泽东选集》第 2 卷，人民出版社，1991，第 695 页。

② 习近平：《思政课是落实立德树人根本任务的关键课程》，《求是》2020 年第 17 期。

扬中华优秀传统文化，也掀起了文化领域中“国学热”“儒家热”。同时文化复古主义借风使船，把当下出现的、人们广为关注的家庭、教育、生态和道德等问题片面地归因于传统文化的“不在场”“缺失”，主张全面复兴传统文化。在文化复古主义的影响下，“大陆新儒家”、“再儒化”中国的政治主张沉渣泛起。这些都是影响青年学生产生错误思想的重要因素。面对文化复古主义思潮，思政课要直面问题，给予批判，引导学生从文化复古主义的迷惑中走出来，认清传统文化不是包治现代社会百病的神药，认清“大陆新儒家”观点的本质和错误。应使学生深刻明白“大陆新儒家”利用网络新兴媒介，以复兴“儒学”“国学”为旗号，歪曲解读党的十八大以来党和国家大力弘扬中华优秀传统文化的精神，宣扬“崇儒去马”,① 其犯了将马克思主义与中华优秀传统文化对立起来的错误。这样思政课就在批判错误思潮和观点时，坚持了“破”，使学生在学习中辨明了是非。

这样的思政课有立，也有破。高校思政课教师在讲授某种主流意识形态观点时，必须坚守主流意识形态的传播阵地，对主流意识形态积极地进行传导。高校思政课教师在面对各种不良社会思潮和观点，能够敢于“亮剑”，拿起批判的武器对其进行批判。但这种“立”与“破”的结合，只是一种简单相加的结合，实现的是拼接式的机械统一。

二　立与破相互交融，实现立与破在同一问题上的统一

高校思政课在不同问题上单纯的“立”或单纯的“破”都无法达到最佳教育效果，因为这只是把“立”与“破”进行板块式的拼接，形成一种机械的统一。只有坚持以立促破、以破促立，立与破相互交融，在同一问题上实现统一，产生化学反应，才能有效增强高校思政课对当代青年学生的教育引领和思想解惑作用。“立与破互

① 杜运辉：《马克思主义视阈下的大陆新儒学》，《马克思主义研究》2017 年第 5 期。

相交融”在同一问题上的统一是指，思政课教师根据意识形态的不同性质，表现出相应的政治态度，运用科学的方法，针对这种意识形态本身进行建设或者批判，同时结合相对立的意识形态进行批判或建设，把“立”和“破”统一在一个问题之中。具体方法为：教师讲授某种主流意识形态观点时，不仅能够坚守主流意识形态的传播阵地，对这种主流意识形态积极地进行传导，还能够针对与之相对立的错误、落后、消极社会思潮和观点进行批判；教师在面对某种错误、落后、消极社会思潮和观点时，能够敢于“亮剑”，积极地进行批判，而且能够针对与之相对应的主流意识形态进行传导。这就要求思政课教师在针对某一政治理论、某一社会思潮等进行讲解时，具备广阔的国际视野、扎实的理论功底；能够在建设性中结合批判性，以彻底的批判解剖不良社会思潮和观点的虚伪本质，清晰揭露不良社会思潮和观点的话语陷阱，增强高校思政课传导主流意识形态话语优势，通过彻底的批判性增强建设性的学理性和真理性，切实凸显高校思政课建设性的引领作用，形成高校思政课对当代青年学生强大的教育引领力；同时，能够在批判性中结合建设性，通过比较式阐释，抓住理论要害，不仅将不良社会思潮与观点的伪科学性、消极性及其社会危害性讲清楚、讲明白，还能在对比之中落脚于对中国共产党为什么能、马克思主义为什么行、中国特色社会主义为什么好等重大问题的阐释，通过传导主流意识形态使批判的对象自露马脚、自惭形秽，增强批判的底气和自信，切实增强批判性的解惑作用。

例如，在上文所述的两个例子中，建设性和批判性就可以实现在同一问题中的统一，既“立”与“破”相互交融。在“毛泽东思想和中国特色社会主义理论体系概论”导言部分的教学中讲授马克思主义中国化这一概念，特别是分析阐述“两个结合”时，既讲清楚“立”的内容——马克思主义与中国具体实际相结合、与中华优秀传统文化相结合，不断开辟马克思主义中国化新境界，继续推动马克思主义中国化依旧要坚持“两个结合”；又讲清楚“破”的内容——

一是要坚决反对文化复古主义将马克思主义与中华优秀传统文化相割裂、相对立的错误思潮和观点，二是要坚决反对文化虚无主义虚无、歪曲中华优秀传统文化在马克思主义中国化进程中所起重要作用的错误思潮和观点。在建设社会主义文化强国的教学内容中，面对学生提出的文化强国建设是不是关键在于确立中华优秀传统文化在主流意识形态中的中心地位的疑惑以及文化复古主义思潮，要讲清楚“破”的内容——文化复古主义将马克思主义与中华优秀传统文化相割裂、相对立，是一种错误思潮；还要讲清楚“立”的内容——传承发展中华优秀传统文化，不是主张全盘恢复中国“固有文化”，将儒学中心化、政治化，放弃、取代马克思主义，而是要以马克思主义辩证唯物主义和历史唯物主义为指导，科学对待民族传统文化，坚持以古鉴今、古为今用的原则，更好地吸收精华、汲取营养、武装自己。其目的是，发挥优秀传统文化以文化人、资政育人的作用，助力社会主义文化的发展和繁荣，使马克思主义更具民族性、生命力、凝聚力和感召力。这样，在建设性中结合批判性，批判性使建设的学理性和真理性显著增强；在批判性中结合建设性，建设性使批判更具底气、方向更清晰。高校思政课的“立”与“破”交织叠加，形成化学反应，教育效果呈现倍增效应。

三　破转向立，实现立与破在共同育人目标上的统一

习近平总书记在学校思想政治理论课教师座谈会上的讲话中强调：“办好思政课，最根本的是要全面贯彻党的教育方针，解决好培养什么人、怎样培养人、为谁培养人这个根本问题。”① 因此，高校思政课坚持建设性与批判性相统一，其“立”与“破”最终都要统一到人才培养这一共同目标上来。总体看，虽然坚持建设性和坚持批判性，两者的对象、性质、形式不同，但都要围绕增强青年学生

① 习近平：《思政课是落实立德树人根本任务的关键课程》，《求是》2020 年第 17 期。

对马克思主义、中国特色社会主义、社会主义核心价值观、中华优秀传统文化的政治认同和自觉自信展开，都是要为培养德智体美劳全面发展的社会主义建设者和接班人作出贡献。虽然坚持批判性采用了“破”的方式，但“破”是为了立，要以立为本。以立为本是高校思政课坚持建设性与批判性相统一的原则和方向。所有的“破”都是为了对主流意识形态的“立”形成有效支撑，破要转向育人的“立”。马克思在《〈黑格尔法哲学批判〉导言》中指出：“理论只要说服人，就能掌握群众；而理论只要彻底，就能说服人。所谓彻底，就是抓住事物的根本。而人的根本就是人本身。”① 要实现高校思政课坚持建设性与批判性相统一的“立”，必须以现实的青年学生为研究对象，回应他们的所思所想。无论是建设语言还是批判语言都要力求让青年学生听得懂，讲清楚他们想听的问题，既逻辑清楚又通俗易懂。所以，我们在传导主流意识形态时，在众多社会思潮和观点中进行选择、进行批判时，前提必须是要有问题意识，要紧密结合当下思政课与青年学生之间出现的问题，要紧密结合青年学生思想中的矛盾问题，要善于把认识和化解问题作为打开工作局面的突破口。有的思政课教师在学术研讨会上面对业内专家、同行能把一些主流意识形态内容讲得很高深、很专业、很透彻，但面对青年学生却没有办法把主流意识形态讲得“活”起来，主要原因就在于，没有把握住学生的理论兴趣点。同样，有的思政课教师是研究社会思潮的专家，但在思政课上批判社会思潮时却引不起学生的兴趣，无法让学生抬头，也是因为没有贴近青年学生的所思所想。

所以，高校思政课建设性和批判性两者互相促进、相辅相成，形成了辩证统一的关系。高校思政课坚持批判性与建设性相统一，就是要把两者联系起来，共同贯穿课程之中。要反对以往大多数思政课只强调建设性、忽略批判性的状况；也要反对近年来一些学者只侧重强调批判性，力图以增强批判性来实现两者统一的观点；还

① 《马克思恩格斯文集》第1卷，人民出版社，2009，第11页。

要反对将两者简单相加组合在一起来构建两者统一的路径。高校思政课坚持建设性与批判性相统一，要倡导“立”与“破”相融合、“破”转向“立”的高水平统一。这是新时代高校思政课坚持建设性与批判性相统一科学的、有效的方法。

总体而言，推动高校思政课建设性和批判性相统一，是一项需要长期建设的系统工程，需要系统合力的保障。其中，思政课教师在推动高校思政课建设性和批判性相统一中发挥重要作用，但仅凭思政课教师的力量还无法解决实现建设性和批判性相统一的所有问题，正如我们在以上统一方法中进行的分析论证所呈现的，教材内容的顶层设计、课程思政的深入发展、学校院系的部署衔接、社会多方面的协作机制等也都是推进高校思政课建设性和批判性相统一的重要因素，要促进它们在培育“时代新人”的使命担当上发生反应、共同发挥作用。

第五章
以问题意识为导向加强主流意识形态建设

高校思政课坚持建设性和批判性相统一，应遵循较为科学的方法，不应只将坚持建设性和坚持批判性简单相加，而是要使坚持建设性和坚持批判性相互融合。在坚持建设性时贯穿批判性思维，以问题为导向，“对症下药”“有强烈针对性”地做好建设性工作。所以，加强对主流意识形态的建设，必须突出问题意识。高校思政课在传导马克思主义、共产主义远大理想和中国特色社会主义共同理想、社会主义核心价值观、中华优秀传统文化等主流意识形态时，特别要注意紧密结合当下思政课出现的问题，紧密结合青年学生困惑的问题。

第一节 马克思主义是我国意识形态的指导思想

马克思主义是我国意识形态的指导思想，是主流意识形态的旗帜。高校思政课在传导主流意识形态时，务必要结合当下部分教师出现的教学问题和青年学生困惑的问题，有针对性地传导好马克思主义理论。既要科学地传导马克思主义基本原理，又要科学地传导马克思主义中国化理论；兼顾马克思主义本身的理论形态及其结合中国具体实际、结合中华优秀传统文化发展的理论形态，完整地凸显马克思主义的科学性、实践性和开放性，凸显马克思主义的生命力。

一 准确把握如何传导马克思主义

马克思主义是我们立党立国的根本指导思想。中国共产党和中国人民选择马克思主义作为根本指导思想，是近代以来中国历史发展的必然结果，是中国人民长期探索的历史选择，也是由马克思主义严密的科学体系、鲜明的阶级立场和巨大的实践指导作用决定的。中国共产党自创办新式高等教育学校起，就坚持用马克思主义培养和塑造人。马克思主义为青年学生成长奠定了科学的思想基础。高校思政课要以问题意识为导向，对如何传导马克思主义持有正确的认识。

（一）要传导好马克思主义基本原理的精髓，防止理论重心偏移

习近平总书记指出："马克思主义理论体系和知识体系博大精深，涉及自然界、人类社会、人类思维各个领域，涉及历史、经济、政治、文化、社会、生态、科技、军事、党建等各个方面，不下大气力、不下苦功夫是难以掌握真谛、融会贯通的。"① 马克思主义理论博大精深，马克思主义经典著作卷帙浩繁，思政课很难在有限的时间内讲授马克思主义的全部理论。所以，思政课传导马克思主义理论并不是要讲授全部马克思主义理论内容，但也不能依据老师的知识理论水平只重点讲授马克思主义理论局部内容。甚至有的思政课堂上，讲马克思主义基本原理的教师因为是国外马克思主义专业、西方哲学专业或者中国哲学专业出身，在讲马克思主义时，以大量讲授西方马克思主义、西方哲学和中国哲学的理论和例子为课程内容。这样讲授马克思主义就发生了理论的严重偏移。这种情况必须引起高度重视。思政课在讲授马克思主义时，要注意紧扣教材和教学大纲讲好马克思主义的基本原理，讲好构成马克思主义理论主体

① 习近平：《在哲学社会科学工作座谈会上的讲话》，人民出版社，2016，第 11 页。

内容的马克思主义哲学、马克思主义政治经济学和科学社会主义。因为这三部分集中概括了马克思主义的基本立场、观点和方法。同时，马克思等经典作家的个别提法可能会随着时代的变迁而过时，但马克思主义的基本立场、观点、方法具有穿越时空的永恒价值。而马克思主义包含着的其他知识领域如新闻学、军事学、数学等，不能作为思政课主要的讲授内容。因此，思政课传导马克思主义，最根本的是使青年学生学习和掌握马克思主义的基本立场、观点、方法，领会马克思主义基本原理的精髓要义。只有将马克思主义基本原理的精髓原原本本地渗透于思政课教学中，才能在有限的时间内充分发挥思政课传导主流意识形态的功能，引导广大青年学生形成科学的世界观、人生观、价值观和方法论，增强其用马克思主义原理分析问题和解决问题的能力。

（二）要贴合青年学生的现实需求传导好马克思主义，防止理论与实际问题脱节

传导马克思主义仅仅讲授马克思主义理论的书本知识是不行的。要提高高校思政课建设性效果，就必须找到马克思主义与青年学生联结的桥梁。在一些思政课堂上，教师讲得神采飞扬，学生听得昏昏欲睡。从课堂教学内容上看，马克思主义的政治性、理论性等都很强，教师备课也非常辛苦，但唯独学生不买账。那么，马克思主义该如何讲？不能老师在课堂上端出来什么，就让学生吃什么，消化什么。而是要学生点什么，老师来做什么。习近平总书记在全国高校思想政治工作会议上强调："思想政治理论课要坚持在改进中加强，提升思想政治教育亲和力和针对性，满足学生成长发展需求和期待。"① 因此，思政课教师在讲授马克思主义理论时要充分重视青年学生的理论需求、理论疑惑。在与青年学生的交流访谈中，我们发现青年学生对马克思主义理论的困惑集中于以下几个理论问题：

---

① 《习近平谈治国理政》第二卷，外文出版社，2017，第 378 页。

中国共产党和中国人民在众多的社会思潮中为什么选择了马克思主义作为其指导思想而没有选择其他主义？马克思主义为什么是对的？马克思主义的当代价值在哪里？所以，要有意识地将马克思主义和青年学生的成长成才结合起来，及时用马克思主义理论解释清楚困扰青年学生的问题，这样才能充分挖掘和扩大马克思主义对青年学生的价值和影响，才能激发青年学生对马克思主义的强烈认同，改造青年学生的主观世界，进一步端正他们的认识，提高他们的素质。在学校制度层面，要将思政课教师课前是否调查青年学生的理论需求和理论困惑以及是否给予解答，作为评价课堂教学质量的重要标准。

（三）教师要以身作则真学真信马克思主义，不能让没信仰的人讲信仰

习近平总书记指出："思政课教师只有自己信仰坚定，对所讲内容高度认同，做学习和实践马克思主义的典范，才能讲得有底气，讲深讲透，才能有效引导学生真学、真懂、真信、真用。"① 思政课教师只有自身信仰坚定，才能真正使教学具有吸引力和感染力，从而产生好的效果。教师对马克思主义的信仰状态不仅体现在教育教学过程之中，而且是渗透性地附着在教师的整体精神面貌和日常生活之中。特别是高校思政课教师队伍扩充以来，教师队伍的缺口得到了补充，但个别教师的马克思主义素养尚没能达到合格的思政课教师的标准。要严肃处理一些在课上"表演作秀"，假装"信马"的思政课教师。一些教师在课下传播反马克思主义的言论，行反马克思主义之事。一些教师不给学生留联系方式，有的留了联系方式在课下的正常工作时间内也不接学生电话、不回学生邮件、微信好友加不上，更谈不上回应学生的提问、疑惑，重视学生的诉求。这些

① 习近平：《思政课是落实立德树人根本任务的关键课程》，《求是》2020 年第 17 期。

行为会对学生造成非常恶劣的影响，直接影响学生对马克思主义的认同。各高校应对思政课教师的师德、师风、师貌进行严格考核，并作为聘用、考核、升迁的首要条件。坚决制止课上课下“两面派”现象的发生。

（四）突出强调马克思主义是我国意识形态的指导思想，纠正高校其他课程在马克思主义传播上的不协同现象

马克思主义是我国意识形态的指导思想，是主流意识形态的旗帜。2016 年，习近平总书记在全国高校思想政治工作会议上强调：“把思想政治工作贯穿教育教学全过程”① “其他各门课都要守好一段渠、种好责任田，使各类课程与思想政治理论课同向同行，形成协同效应”②。但在实际的高校课程设置和教师的讲授中，个别课程中马克思主义并没有以国家指导思想的面貌出现，而是以林林总总的社会思潮中一个思想流派的面貌呈现，没有突出我国意识形态的一元论和马克思主义在意识形态中的指导地位。在与青年学生的交流访谈过程中我们发现，在“西方社会学理论”课程中，卡尔·马克思的思想学说和阿列克西·德·托克维尔、埃米尔·涂尔干、马克斯·韦伯、格奥尔格·齐美尔、哈贝马斯、安东尼·吉登斯、米歇尔·福柯等西方思想家的学说是并列出现的，而且教师也并不强调或者很少强调马克思主义是党和国家指导思想。甚至很多哲学社会科学课程，严重缺乏马克思主义的话语体系，成为西方社会思潮理论学说的搬运工。习近平总书记指出：“实际工作中，在有的领域中马克思主义被边缘化、空泛化、标签化，在一些学科中‘失语’、教材中‘失踪’、论坛上‘失声’。这种状况必须引起我们高度重视。”③ 一些学者研究指出：“在一些意识形态属性较强的哲学社会科

---

① 《习近平谈治国理政》第二卷，外文出版社，2017，第 376 页

② 《习近平谈治国理政》第二卷，外文出版社，2017，第 378 页。

③ 习近平：《在哲学社会科学工作座谈会上的讲话》，人民出版社，2016，第 10 页。

学学科学术研究和教材中，如经济学、法学、政治学，直接搬用西方理论方法和名词术语的现象比较普遍，这不仅影响了中国学术话语体系的建构，而且直接影响到青年学生对马克思主义理论教育，对中国特色社会主义理论体系的道路自信、理论自信、制度自信和文化自信。”① 这样就使青年学生对马克思主义到底在中国意识形态领域中处于何种位置感到困惑。所以，要向青年学生讲清楚，各专业课中的育人因素梳理协同得还不充分，思政课程亟待结合“课程思政”来共同宣扬和捍卫马克思主义在我国意识形态领域中的指导地位。

二 准确把握如何传导马克思主义中国化理论成果

思政课在传导马克思主义的过程中，要对传导马克思主义中国化理论成果确立正确的认识。尤其要针对思政课程中经常出现的问题进行纠偏，不能忽视马克思主义中国化的主线作用，不能忽略马克思主义中国化理论成果形成的实践背景，不能为了追求“主流”回避马克思主义中国化进程中的失败教训，不能不讲马克思主义中国化追求的最终目标。

（一）要讲清楚马克思主义中国化作为主线与毛泽东思想和中国特色社会主义理论体系的关系

由于马克思主义中国化这部分内容集中体现在“毛泽东思想和中国特色社会主义理论体系概论”课程中，很多老师在讲这门课程时，只讲主体部分的十四章。而教材中除了第一章到第十四章的内容，还包括导论、结束语和后记。其中，导论部分马克思主义中国化的历史进程与理论成果介绍的是，以马克思主义中国化为主线串起来的整体理论内容。这一部分概括性、整体性地介绍和集中阐述了“马克思主义中国化”的提出及其内涵，马克思主义中国化理论

① 《高校意识形态工作论纲》，人民出版社，2019，第61页。

成果的主要内容、精神实质、历史地位和指导意义。这一部分能充分反映中国共产党不断推进马克思主义基本原理与中国具体实际相结合、同中华优秀传统文化相结合的历史进程和理论成果。所以在讲授“毛泽东思想和中国特色社会主义理论体系概论”这门课时，不能忽略掉导论这部分内容。而且在对其他章节的讲述过程中，也要讲清中国共产党人如何将马克思主义中国化，特别要重点讲如何在反对教条主义的斗争中将马克思主义中国化，形成了新民主主义革命道路理论，可以引入第五次反“围剿”失利、湘江战役、延安整风等案例；重点讲如何以苏为鉴、以波兰和匈牙利事件的教训为鉴将马克思主义中国化，形成了社会主义建设道路初步探索的理论成果，可以带领学生研读《论十大关系》和《关于正确处理人民内部矛盾的问题》两篇文章；重点讲如何反对“两个凡是”，进行真理标准问题的讨论，确立解放思想、实事求是的思想路线，进行改革开放，开辟中国特色社会主义道路；等等。

（二）要讲清楚马克思主义中国化理论成果形成的实践背景

“毛泽东思想和中国特色社会主义理论体系概论”课程内容非常丰富。某些思政课教师在讲授马克思主义中国化的理论成果时，偏重直接讲解理论观点，而将理论成果形成的背景作为青年学生自学内容。但如果不讲清楚马克思主义中国化理论成果的形成条件，不让青年学生原原本本地了解和掌握这些理论是在什么样的社会条件下产生的，也就是弄清从哪里来、怎么来的问题，而直接去讲授理论内容，会造成理论与实践土壤的脱节，引起青年学生的思想困惑，减弱理论对青年学生的吸引力和说服力。没有现实针对性的学术文章和学术观点是没有生气的，不讲现实针对性的理论观点同样是没有生气的。所以，高校思政课教师要合理安排教学时间，不能对马克思主义中国化理论成果的形成条件随意地略过不讲。要讲清楚：毛泽东思想和中国特色社会主义理论体系不是天上掉下来的，是科学社会主义理论逻辑和中国社会发展历史逻辑、实践逻辑的辩证统一，是根植于中国大地、反映中国人民意愿、适应中国和时代发展进步要求的科学社会主义。

（三）要讲清楚马克思主义中国化进程的曲折性

十月革命给中国带来了马克思列宁主义。中国共产党从成立之日起，就在不停推进马克思主义同中国具体实际的结合。同时，马克思主义中国化的进程并不是一帆风顺的，有成功的经验，也有失败的教训。有些思政课老师为了传导主流，刻意回避失败的教训，反而使青年学生认为主流就是“完美主义”甚至“假大空”的代名词。这阻碍了青年学生对马克思主义中国化理论成果的接受和认同。要引导青年学生明白，对于如何在中国建设社会主义，中国共产党并不是一开始就有着丰富的认知，而是在一边干、一边总结反思中逐步摸索出来的。马克思主义中国化第一次飞跃形成的毛泽东思想，就是在总结中国革命斗争的经验和教训的过程中诞生。真理总是在与谬论的斗争中确立、存在和彰显进步性。所以，思政课教师不能回避讲授马克思主义中国化进程的曲折性。但是在讲授马克思主义中国化进程曲折性时，又不能将马克思主义中国化的生命力讲弱。这需要思政课教师准确把握马克思主义中国化发展的主流和本质。从实际操作来看，思政课教师要特别关注党史上三个“历史决议”：一是 1945 年 4 月党的六届七中全会通过的《关于若干历史问题的决议》，二是 1981 年 6 月党的十一届六中全会通过的《关于建国以来党的若干历史问题的决议》，三是 2021 年 11 月党的十九届六中全会通过的《中共中央关于党的百年奋斗重大成就和历史经验的决议》。前两个历史决议直面马克思主义中国化进程中的错误，又不过分纠缠历史细节，从大处着眼，实事求是地提出行之有效的克服错误的具体办法，指出我们党继续前进的方向和奋斗目标。第三个历史决议的重点放在了总结党的百年成就和经验上，是引领党向第二个百年目标奋进的行动指南。

（四）要讲清楚马克思主义中国化进程的前进性

一些思政课教师在讲马克思主义中国化时，注重讲马克思主义中国化的最新理论成果，却很少去讲马克思主义中国化追求的最终目标。邓小平曾指出："我们一定要经常教育我们的人民，尤其是我们的青年，要有理想。为什么我们过去能在非常困难的情况下奋斗出来，战胜千难万险使革命胜利呢？就是因为我们有理想，有马克思主义信念，有共产主义信念。我们干的是社会主义事业，最终目的是实现共产主义。"① 要讲清楚中国特色社会主义道路是中华民族最终走向共产主义的必由之路，只有沿着这条道路前进，中国的社会主义建设才能取得成功，社会主义制度的优越性才能得到充分的体现，社会主义社会才能在充分发展和高度发达的基础上，逐步迈向共产主义社会。习近平总书记强调："我们现在坚持和发展中国特色社会主义，就是向着最高理想所进行的实实在在努力。"② 要在西方资本主义和新时代中国特色社会主义的各种较量中引导青年学生理解资本主义必然灭亡、社会主义必然胜利即"两个必然"和"无论哪一个社会形态，在它所能容纳的全部生产力发挥出来以前，是决不会灭亡的；而新的更高的生产关系，在它的物质存在条件在旧社会的胎胞里成熟以前，是决不会出现的"即"两个决不会"之间的辩证统一关系。引导青年学生坚信"两个必然""两个决不会"，既坚定走中国特色社会主义道路的信心、坚定为实现共产主义远大目标而奋斗的科学信念，又能充分认识中国特色社会主义事业的发展以及社会主义代替资本主义历史过程的长期性。历史和现实都告诉我们，一场社会革命要取得最终胜利，往往需要一个漫长的历史过程。中国特色社会主义事业是面向未来的事业，需要一代又一代有志青年勇敢地、自觉地担当起继往开来的历史责任。习近平总书

① 《邓小平文选》第 3 卷，人民出版社，1993，第 110 页。

② 《习近平谈治国理政》第二卷，外文出版社，2017，第 143 页。

记在党的十九大报告中提出："青年兴则国家兴，青年强则国家强。青年一代有理想、有本领、有担当，国家就有前途，民族就有希望。中国梦是历史的、现实的，也是未来的；是我们这一代的，更是青年一代的。中华民族伟大复兴的中国梦终将在一代代青年的接力奋斗中变为现实。全党要关心和爱护青年，为他们实现人生出彩搭建舞台。广大青年要坚定理想信念，志存高远，脚踏实地，勇做时代的弄潮儿，在实现中国梦的生动实践中放飞青春梦想，在为人民利益的不懈奋斗中书写人生华章！"① 这段话深刻表达了党和人民对当代青年的殷切期望。青年学生必须有充分的思想准备，认清自己作为"强国一代"的历史责任，牢牢坚持和不断发展中国特色社会主义，把中国特色社会主义这篇大文章继续做下去，为社会主义和共产主义事业进行长期的、艰苦的奋斗。

第二节　理想信念是全党全国人民团结奋斗的共同思想基础

坚定理想信念，既要树立共产主义远大理想，又要坚持中国特色社会主义共同理想。共产主义远大理想和中国特色社会主义共同理想是全党全国人民团结奋斗的共同思想基础，是我国主流意识形态的信念引领。共产主义远大理想和中国特色社会主义共同理想同为中国共产党的行动纲领，体现了在中国共产党的带领下中国人民对共产主义理想社会的向往和追求。习近平总书记强调："青年一代有理想、有担当，国家就有前途，民族就有希望"。② "中国特色社会主义是党的最高纲领和基本纲领的统一。中国特色社会主义

---

① 习近平：《决胜全面建成小康社会　夺取新时代中国特色社会主义伟大胜利——在中国共产党第十九次全国代表大会上的报告》，人民出版社，2017，第70页。

② 《十八大以来重要文献选编》（上），中央文献出版社，2014，第277页。

的基本纲领……是从我国正处于并将长期处于社会主义初级阶段的基本国情出发的，也没有脱离党的最高理想。我们既要坚定走中国特色社会主义道路的信念，也要胸怀共产主义的崇高理想”。[①] 思政课在传导主流意识形态时，务必要结合当下部分教师出现的教学问题和青年学生感到困惑的问题，有针对性地讲好共产主义远大理想和中国特色社会主义共同理想，增强其对青年学生的感召力。

一　准确把握如何传导共产主义远大理想

对青年学生来讲，树立起共产主义远大理想，会使他们人生之路更为宽阔。共产主义远大理想的理论内容集中体现在《马克思主义基本原理》第七章“共产主义崇高理想及其最终实现”中，但由于其是该教材的最后一章，往往有教师会觉得谈共产主义“不合时宜”或不应将其作为马克思主义的重点而简单化甚至直接忽略这一部分的内容。[②] 这种做法极其不利于青年学生准确理解和树立共产主义远大理想。思政课在传导共产主义远大理想的过程中，要根据青年学生的疑惑，着重讲清楚共产主义远大理想并不是虚无缥缈的海市蜃楼，全面建设社会主义现代化强国是实现共产主义远大理想的阶段性目标；讲清楚实现共产主义远大理想的艰巨性，中国特色社会主义进入新时代，并不等于我们在实现共产主义远大理想的征途中已经接近目标终点；讲清楚共产主义远大理想与青年学生的个人实践是紧密相关的；讲清楚共产主义为他人、为社会服务和奉献的精神和与个人利益并不冲突。

（一）要讲清楚共产主义远大理想与党和国家阶段任务的关系

思政课要注重引导青年学生坚定和胸怀共产主义远大理想，坚

① 《十八大以来重要文献选编》（上），中央文献出版社，2014，第116页。

② 闫方洁：《共产主义崇高理想与中国特色社会主义共同理想》，《教学与研究》2020年第5期。

定马克思主义关于人类社会必然走向共产主义的信念，使青年学生认识到，实现共产主义是一个非常漫长的历史过程，但是我们一直在向这一目标靠近。习近平总书记曾指出："共产主义决不是'土豆烧牛肉'那么简单，不可能唾手可得、一蹴而就，但我们不能因为实现共产主义理想是一个漫长的过程，就认为那是虚无缥缈的海市蜃楼。"① 实现共产主义这个最高理想十分艰巨，需要一代又一代人接力奋斗。曾几何时，国家不受列强欺负、老百姓能吃饱饭是无数中国人的最高理想。1932 年，上海《东方杂志》曾经为"梦想中的未来中国是怎样的?"这一问题征集答案，一时间引起了热烈反响。例如，叶圣陶希望"个个人有饭吃，个个人有工作做"，但他又问道："中国地方什么时候会涌现这一幅图画呢？恐怕很遥远吧，遥远到不能'梦想'吧。② 所以，回望历史，那些希望民族独立、人民幸福又觉得这些是遥远得不能再遥远甚至不能实现的想法的人，比比皆是。而现在这些梦想早已成为现实。我国社会主义制度建立 60 多年来，社会生活中共产主义因素不断增加是一个不争的事实。所以，中国今天的现实，曾经就是昨天看起来远不可及的理想。今天看起来高不可及的理想，也会在一代又一代人努力下变成现实。所以，要使青年学生了解，共产主义并不是看不见摸不着的东西，要摒弃对共产主义社会理想采取"人间天堂式"解读。③ 青年学生要树立为共产主义奋斗的信心和决心。否则，如果青年学生认为，共产主义是虚无缥缈的空中楼阁，那共产主义就真的很难实现了。要和青年学生讲清楚，中国共产党一经成立，就把实现共产主义作为党的最高理想和最终目标。中国共产党团结带领人民进行了艰苦卓绝的斗争，先后完成了新民主主义革命、确立了社会主义制度、开辟了中

---

① 《习近平谈治国理政》第二卷，外文出版社，2017，第 142 页。

② 《李民圣：为什么说共产主义理想不是虚无缥缈的》，求是网，http：//www.qstheory. cn/wp/2019 -04/04/c_1124327409. htm。

③ 闫方洁：《共产主义崇高理想与中国特色社会主义共同理想》，《教学与研究》2020 年第 5 期。

国特色社会主义道路，社会主要矛盾发生转化，中国特色社会主义进入新时代，每一步都是在向着共产主义而努力。党的十九大明确了全面建设社会主义现代化强国的总任务，这就是向着实现最高理想所进行的阶段性任务安排。

（二）要讲清楚实现共产主义远大理想的艰巨性

“大跃进”和人民公社化运动时期，我们由于一度急于向共产主义社会过渡而吃了大亏。同时，正是在总结历史经验教训的基础上，我们党对实现共产主义的长期性有了新认识。党的十九大指出：“我国社会主要矛盾已经转化为人民日益增长的美好生活需要和不平衡不充分的发展之间的矛盾。”① 社会主要矛盾发生转化、中国特色社会主义进入新时代标志着中国特色社会主义的巨大进步，也标志着离共产主义远大理想的实现更进一步。但进入新时代，并不等于我们在实现共产主义远大理想的征途中已经接近目标终点，我国仍处于并将长期处于社会主义初级阶段的基本国情没有变，我国是世界最大发展中国家的国际地位没有变。社会主义本身是共产主义的初级阶段，而当前中国又处在社会主义的初级阶段，就是不发达的阶段。社会主义社会在自身的发展中会经历从低级到高级、从不发达到发达的阶段，在一切条件具备之后才能达到共产主义社会。我国现在尚处在社会主义社会的初级阶段，对于社会主义时期究竟有多长，究竟要经历哪些更高的发展阶段，何时才能达到共产主义社会，还需要随着中国社会的发展作进一步认识和探索。以“物质财富极大丰富”为例来看，2019～2021 年，中国人均 GNI 连续 3 年突破 10000 美元，虽然按照 2021 年世界银行列出的超过 12695 美元即可视为高收入国家，中国不久就能跻身高收入国家行列，但与发达国家 30000 美元以上的水平相比还有很大的距离；中国脱贫攻坚在

---

① 习近平：《决胜全面建成小康社会　夺取新时代中国特色社会主义伟大胜利——在中国共产党第十九次全国代表大会上的报告》，人民出版社，2017，第 11 页。

2020 年取得全面胜利，虽然消除了绝对贫困，但解决相对贫困问题任重道远，而且城乡之间、地域之间、行业之间的经济发展不平衡不充分问题突出。所以，实现共产主义社会“物质财富极大丰富，人民精神境界极大提高，每个人自由而全面发展”目标的征途中，还存在很多的困难和阻力。跨越社会主义阶段、进入共产主义阶段，需要保持伟大斗争精神，不断地克服前进道路上的各种困难和阻力。实现共产主义远大理想的过程就像万里长征，要引导青年学生一方面始终坚定共产主义必然实现的基本信念，一方面踏踏实实地学习，一步一个脚印地向着远大理想的实现迈进。

（三）讲清楚共产主义远大理想作为党和国家最高理想与个人理想与实践的关系

“共产主义远大理想和中国特色社会主义共同理想，是中国共产党人的精神支柱和政治灵魂”。① 邓小平在谈到共产主义理想信念的作用时这样说道：“过去我们党无论怎样弱小，无论遇到什么困难，一直有强大的战斗力，因为我们有马克思主义和共产主义的信念。有了共同理想，也就有了铁的纪律。无论过去、现在和将来，这都是我们的真正优势”。② 共产主义理想信念对中国革命、建设和改革来说，是一种精神推动力，对青年人的学业及未来事业而言，也是一种精神推动力；共产主义理想信念对党和国家来说是精神支柱，对个人而言，同样是追求进步的精神支柱。同时，“物质财富极大丰富，人民精神境界极大提高，每个人自由而全面发展”这种愿望来自人民群众的根本利益和需要，来自他们对现实生活的感受和美好追求。个体力量对理想社会的愿望和追求也必然汇成改造社会的巨大力量，形成实现共产主义的人民力量。2018 年 5 月 2 日，习近平

① 《习近平：决胜全面建成小康社会 夺取新时代中国特色社会主义伟大胜利——在中国共产党第十九次全国代表大会上的报告》，人民出版社，2017，第 63 页。

② 《邓小平文选》第 3 卷，人民出版社，1993，第 144 页。

总书记在北京大学考察时强调，他自己通过在基层岁月中脚踏实地、身体力行的实践，通过为人民做实事、谋福利，深刻地体悟到马克思主义不仅能科学地解决许多实际问题，更是一门以增进人民福祉、创造理想社会为己任的真学问，从而真真切切地感受到马克思主义为何成为中国历史、中国人民的选择，进而坚定了为共产主义事业奋斗终生的信念。[①] 所以，共产主义远大理想与青年学生的个人实践紧密相关，个人通过脚踏实地的实践，可以持续坚定共产主义的远大理想。

（四）讲清楚共产主义远大理想与个人利益之间的关系

青年学生要善于用共产主义的理想信念来提升自己的精神境界。但共产主义社会要实现人的自由而全面的发展，致力于全人类解放。共产主义新人的重要体现是人们的精神境界得到极大提高。人的精神境界表现在许多方面，集中体现在对他人、集体和社会的态度上。高尚的精神境界表现为自觉地为他人、为社会服务和奉献。到共产主义社会，人们不仅具有多方面的才能，而且具有较高的觉悟和高尚的道德品质，乐意为社会公共事业作出贡献已经成为人的本能。同时，共产主义理想信念虽然是一种精神追求，但它并不否认人们追求自己正当物质利益的合理价值，而是把高尚的精神追求建立在尊重人们正当的物质利益追求的基础上。[②] 全面从严治党对共产党员的要求也是：没有任何自己特殊的利益，从来不代表任何利益集团、任何权势团体、任何特权阶层的利益。可以看出，共产党员正当的利益并不属于这种“特殊的利益”。

二　准确把握如何传导中国特色社会主义的共同理想

思政课要结合学生的思想困惑传导中国特色社会主义的共同理

① 《习近平与大学生朋友们》，中国青年出版社，2020，第 334～335 页。

② 刘建军：《论共产主义信仰的崇高境界》，《思想理论教育导刊》2013 年第 3 期。

想。在现实生活中，一些青年学生受西方新自由主义思潮的影响，会将市场经济与资本主义经济模式挂钩，对什么是中国特色社会主义共同理想认知不清晰；青年学生又是在国家经济持续发展、物质相对富足的环境中成长起来的，对中国特色社会主义哪里好认知不清晰，但对中国特色社会主义哪里“不好”却很敏感；同时，一些青年学生的“小我”观念较强，较为急功近利，艰苦奋斗精神淡化，人生价值模糊，对自身在实现中国特色社会主义共同理想中所要承担的历史责任认知不清晰。要紧紧抓住青年学生思想中出现的这些问题，以解决好这些问题为出发点，讲清楚中国特色社会主义与科学社会主义的关系，讲清楚中国特色社会主义为什么好，讲清楚中国特色社会主义与青年学生的关系。

（一）讲清楚中国特色社会主义与科学社会主义的关系

一些青年学生受西方新自由主义思潮的影响，认为中国特色社会主义是“社会主义政治道路＋资本主义经济道路”“国家干预＋西方经济模式”。美国是开右灯往右转，而中国特色社会主义是开左灯往右转。青年学生对中国特色社会主义不理解、不认可，自然不会认同中国特色社会主义共同理想。思政课一定要讲清楚中国特色社会主义是科学社会主义，不是别的什么主义；讲清楚中国特色社会主义的“中国特色”是指摆脱苏联模式“走自己的路”，而不是“走资本主义道路”。邓小平在党的十二大的开幕词中指出：“我们的现代化建设，必须从中国的实际出发。……把马克思主义的普遍真理同我国的具体实际结合起来，走自己的道路，建设有中国特色的社会主义，这就是我们总结长期历史经验得出的基本结论。”① 要使青年学生明白，中国特色社会主义是马克思主义的普遍真理同我国具体实际相结合的产物，在这个结合过程中，我们没有丢掉科学社会主义的“老祖宗”。邓小平强调：“我们搞改革开放，把工作重心

① 《邓小平文选》第3卷，人民出版社，1993，第2～3页。

放在经济建设上，没有丢马克思，没有丢列宁，也没有丢毛泽东。老祖宗不能丢啊！问题是要把什么叫社会主义搞清楚，把怎么样建设和发展社会主义搞清楚。”① 中国特色社会主义是对科学社会主义基本原则的创造性运用和发展，是对“什么是社会主义、怎样建设社会主义”这一根本问题的回答。中国特色社会主义是为了使中国人民实现共同富裕、过上美好生活的社会主义。这与资本逻辑支配下的资本主义是截然不同的。市场经济虽然是在资本主义的基本经济制度中出现的，但市场经济与资本主义并不是画等号的，市场经济本质上只是配置资源的有效手段，社会主义市场经济与资本主义市场经济更存在本质区别。不能因为我们采用了市场经济的手段，就认为我们接受了资本主义的意识形态和制度，就走了资本主义道路。如1933年美国为了缓解经济危机和社会矛盾，推行了以政府干预经济为特征的“罗斯福新政”，但也不能因此就认为美国走了社会主义道路。总之，中国特色社会主义，既坚持了科学社会主义基本原则，又根据时代条件赋予其鲜明的中国特色，以全新的视野深化了对共产党执政规律、社会主义建设规律、人类社会发展规律的认识，采用了适合国家的经济发展模式，使我们国家快速发展起来，使我国人民生活水平快速提高起来。

（二）讲清楚中国特色社会主义为什么好

“00后”青年学生群体是在经济社会持续发展、物质相对富足的环境中成长起来的。他们出生时，人民生活总体上达到小康水平的目标已经如期实现。2002年，党的十六大针对当时小康低水平、不全面、发展很不平衡的实际，提出全面建设小康社会目标。2007年，党的十七大对全面建设小康社会作出系统部署。2012年，党的十八大提出，在中国共产党成立100年时全面建成小康社会，并确定了全面建成小康社会目标。2017年，党的十九大科学把握党和国家事业

① 《邓小平文选》第3卷，人民出版社，1993，第369页。

所处的历史方位和发展阶段，全面分析全面建成小康社会的基础条件、内外因素，作出决胜全面建成小康社会、开启全面建设社会主义现代化国家新征程战略部署，吹响了夺取全面建成小康社会伟大胜利的号角。2021 年 7 月 1 日，习近平总书记在庆祝中国共产党成立 100 周年大会上庄严宣告，经过全党全国各族人民持续奋斗，我们实现了第一个百年奋斗目标，在中华大地上全面建成了小康社会。所以，“00 后”青年学生群体，见证了中国由总体小康到全面建设小康社会再到全面建成小康社会的持续飞跃。同时他们没有直接感受到的是改革开放前后中国经济社会面貌的巨大对比。对于家长、老师的“忆苦思甜”，他们经常说的一句话是“时代不一样了”，不是很清楚他们身处的时代哪里好，却很敏感于哪里“不好”。这个问题需要引起思政课教师的重视。新时代思政课的改革创新，加强青年学生理想信念教育，坚定青年学生的共产主义远大理想和中国特色社会主义共同理想，关键是引导他们认识到中国特色社会主义道路、理论、制度、文化的发展进步，认识到我们今天比历史上任何时期更接近、更有信心和能力实现中华民族伟大复兴的目标，进而坚定对中国特色社会主义的道路自信、理论自信、制度自信和文化自信。思政课要着重讲清楚，中国特色社会主义是与改革开放紧密联系在一起的，改革开放为建设有中国特色社会主义事业开辟道路。中国特色社会主义极大促进了社会生产力的发展，提高了人民的生活水平，推动了社会主义现代化的进程。1987 年，党的十三大把邓小平“三步走”的发展战略构想确定下来，明确提出：第一步，从 1981 年到 1990 年实现国民生产总值比 1980 年翻一番，解决人民的温饱问题；第二步，从 1991 年到 20 世纪末，使国民生产总值再翻一番，达到小康水平；第三步，到 21 世纪中叶，国民生产总值再翻两番，达到中等发达国家水平，基本实现现代化。然后在这个基础上继续前进。1980 年中国的人均国民生产总值仅有 250 美元，而到 2020 年中国的人均 GNI 已经实现超过 10000 美元，在 2010 年就提前实现了原定在 21 世纪中叶实现的 4000 美元目标，顺利实现了由温饱到小康到全面建成小康的接续飞跃。党的十九大报告提出："从二〇二〇年到本世纪中叶可以分两个阶段来安排。第一个阶段，从二〇二〇年到二〇三五年，在全面建成小康社会的基础上，再奋斗十五年，基本实现社会主义现代化。……第二个阶段，从二〇三五年到本世纪中叶；在基本实现现代化的基础上，再奋斗十五年，把我国建成富强民主文明和谐美丽的社会主义现代化强国。"① 实现社会主义现代化的"两个阶段"战略超越了邓小平同志提出的"三步走"战略，将基本实现现代化的时间提前了15年，同时为21世纪中叶提出了强国目标。这反映了中国快速发展的新趋势，适应了人民群众对美好生活的向往。这些成就来之不易，思政课要通过大课堂、小课堂向青年学生讲清楚，中国特色社会主义是"改革开放以来我们取得一切成绩和进步的根本原因"，以此增强青年学生的自豪感和自信心。

（三）讲清楚中国特色社会主义与青年学生的关系

"一场社会革命要取得最终胜利，往往需要一个漫长的历史过程"。② 从1840年鸦片战争开始，中国人民经过一百多年的斗争，到1956年才确立社会主义制度，又经过32年，进行改革开放才开辟出了中国特色社会主义道路。中国特色社会主义在每个特定阶段都有其特定的历史任务。开辟中国特色社会主义以及不断发展完善中国特色社会主义都不是一帆风顺的。习近平总书记指出："中国特色社会主义不是从天上掉下来的，是党和人民历尽千辛万苦、付出各种代价取得的根本成就。"③ 而昨天的成就不代表今后可以满足现状、可以不努力，昨天的困难被克服了今后也还会出现新的困难。要实现党和国家兴旺发达、长治久安，还需要靠一代代人把中国特色社

① 习近平：《决胜全面建成小康社会 夺取新时代中国特色社会主义伟大胜利——在中国共产党第十九次全国代表大会上的报告》，人民出版社，2017，第28～29页。

② 《习近平新时代中国特色社会主义思想学习纲要》，学习出版社、人民出版社，2019，第39页。

③ 《习近平总书记系列重要讲话读本》，学习出版社、人民出版社，2014，第5页。

会主义伟大事业干下去。“决不能因为成就而懈怠，决不能因为胜利而骄傲，决不能因为困难而退缩。”① 党的十九大指出，新时代坚持和发展中国特色社会主义，总任务是实现社会主义现代化和中华民族伟大复兴，在全面建成小康社会的基础上，分两步走在21世纪中叶建成富强民主文明和谐美丽的社会主义现代化强国。社会主义现代化强国，绝不是轻轻松松、敲锣打鼓就能实现的。在前进的道路上还存在很多待解的难题和各种陷阱，必须准备付出更为艰辛、更为艰苦的努力。对置身其中的每一位青年学生来说，应该主动参与到强国总任务中，不做冷漠旁观者，而做积极参与者。要对新时代中国特色社会主义既满怀信心又保持清醒认识，接过历史传递过来的“接力棒”，做好攻坚克难的准备，撸起袖子加油干。习近平总书记强调：“一代人有一代人的长征，一代人有一代人的担当。建成社会主义现代化强国，实现中华民族伟大复兴，是一场接力跑。我们有决心为青年跑出一个好成绩，也期待现在的青年一代将来跑出更好的成绩。”② “人类的美好理想，都不可能唾手可得，都离不开筚路蓝缕、手胼足胝的艰苦奋斗。我们的国家，我们的民族，从积贫积弱一步一步走到今天的发展繁荣，靠的就是一代又一代人的顽强拼搏，靠的就是中华民族自强不息的奋斗精神。当前，我们既面临着重要发展机遇，也面临着前所未有的困难和挑战。梦在前方，路在脚下。自胜者强，自强者胜。实现我们的发展目标，需要广大青年锲而不舍、驰而不息的奋斗。”③ 志当存高远，一个人的理想和志向只有同国家的前途、民族的命运相结合才有价值，一个人的信念追求只有同社会的需要和人民的利益相一致才有意义。当代青年必须牢固树立中国特色社会主义共同理想，为实现中华民族伟大复兴的中国梦不懈奋斗。

---

① 《习近平谈治国理政》第3卷，外文出版社，2020，第70～71页。

② 习近平：《在纪念五四运动100周年大会上的讲话》，人民出版社，2019，第18页。

③ 《十八大以来重要文献选编》（上），中央文献出版社，2014，第280页。

第三节　社会主义核心价值观是当代中国精神的集中体现

社会主义核心价值观是当代中国精神的集中体现，是中国特色社会主义的价值表达，是主流意识形态的基础工程。“人类社会发展的历史表明，对一个民族、一个国家来说，最持久、最深层的力量是全社会共同认可的核心价值观。核心价值观，承载着一个民族、一个国家的精神追求，体现着一个社会评判是非曲直的价值标准。”① 它回答了在当代中国，我们的民族、我们的国家应该坚守什么样的核心价值观，即“我们要建设什么样的国家、建设什么样的社会、培育什么样的公民”②。“作为社会主义核心价值体系的内核，社会主义核心价值观能够引领国家治理的价值目标，凝聚社会发展的价值共识，引导公民明大德、守公德、严私德。”③ 而在我们的民族和国家中，青年的价值取向决定了未来整个社会的价值取向。思政课引导青年学生树立和践行社会主义核心价值观的责任重大。但当前一些高校的思政课只讲“富强、民主、文明、和谐，自由、平等、公正、法治，爱国、敬业、诚信、友善”的社会主义核心价值观内容，而没有把习近平总书记对青年学生树立和培育社会主义核心价值观的要求讲出来；没有把社会主义核心价值观厚重崇德的文化价值渊源讲出来；没有把家庭这一基本单位和重要单位的价值目标讲出来；在学校规章制度中和思政课教师素养上还有一些不能切实贯彻和体现社会主义核心价值观要求的现象；在学生中还存在对社会主义核心价值观知行不统一的问题。思政课务必立足这些问题，准确把握

① 《十八大以来重要文献选编》（中），中央文献出版社，2016，第 2 页。

② 《十八大以来重要文献选编》（中），中央文献出版社，2016，第 3 页。

③ 苗瑞丹：《文化强国视阈下社会主义核心价值观引领作用探析》，《马克思主义研究》2021 年第 5 期。

如何传导社会主义核心价值观。

一 传导好青年学生树立和培育社会主义核心价值观的“八字真经”

习近平总书记把青年价值观的养成形容为穿衣服扣扣子。以正确扣好第一粒扣子为例，习近平总书记为广大青年树立和培育社会主义核心价值观提供了“八字真经”——“勤学、修德、明辨、笃实”。思政课要原原本本讲清楚“八字真经”。“勤学”即“下得苦功夫，求得真学问”。习近平总书记对青年学生强调，“知识是树立核心价值观的重要基础”，勉励青年学生“勤于学习、敏于求知，注重把所学知识内化于心，形成自己的见解，既要专攻博览，又要关心国家、关心人民、关心世界，学会担当社会责任”。“修德”即“加强道德修养，注重道德实践”。习近平总书记要求青年学生“明大德、守公德、严私德”，“立志报效祖国、服务人民，这是大德”，还得从做好小事、管好小节开始起步，踏踏实实修好公德、私德，学会劳动、学会勤俭，学会感恩、学会助人，学会谦让、学会宽容，学会自省、学会自律。“明辨”即“善于明辨是非，善于决断选择”。习近平总书记告诫青年学生：“一时有些疑惑、彷徨、失落，是正常的人生经历。关键是要学会思考、善于分析、正确抉择，做到稳重自持、从容自信、坚定自励。要树立正确的世界观、人生观、价值观，掌握了这把总钥匙，再来看看社会万象、人生历程，一切是非、正误、主次，一切真假、善恶、美丑，自然就洞若观火、清澈明了，自然就能作出正确判断、作出正确选择。”① “笃实”即“扎扎实实干事，踏踏实实做人”。习近平总书记对青年学生提出要求，“天下难事，必作于易；天下大事，必作于细”。成功的背后，永远是艰辛努力。青年要把艰苦环境作为磨炼自己的机遇，把小事当作大事干，一步一个脚印往前走。2021 年 4 月 19 日，习近平总书记在清华大学考察时再次

① 《十八大以来重要文献选编》(中)，中央文献出版社，2016，第 7~8 页。

对“修德”和“明辨”加以强调，“要锤炼品德，自觉树立和践行社会主义核心价值观，自觉用中华优秀传统文化、革命文化、社会主义先进文化培根铸魂、启智润心，加强道德修养，明辨是非曲直，增强自我定力，矢志追求更有高度、更有境界、更有品位的人生”[①]。

二　传导好社会主义核心价值观的中华优秀传统文化基因

核心价值观的产生和形成因不同民族、不同国家自然条件和发展历程不同而各有特点。当代中国的核心价值观同中华民族特别是同中国的历史文化相契合，同中华民族、同中国人民正在进行的奋斗相结合，同中华民族、同中国需要解决的时代问题相适应。其中，社会主义核心价值观的历史底色和精神脉络是绵延数千年的中华优秀传统文化。思政课要讲清楚社会主义核心价值观“是从哪里来的，根本在哪里，如何获得持久的生命力”。2014 年 2 月 24 日，习近平总书记在主持中共中央政治局第十三次集体学习时强调，培育和弘扬社会主义核心价值观必须立足中华优秀传统文化。牢固的核心价值观，都有其固有的根本。抛弃传统、丢掉根本，就等于割断了自己的精神命脉。对历史文化特别是先人传承下来的价值理念和道德规范，要坚持古为今用、推陈出新，有鉴别地加以对待，有扬弃地予以继承，努力用中华民族创造的一切精神财富来以文化人、以文育人。深入挖掘和阐发中华优秀传统文化讲仁爱、重民本、守诚信、崇正义、尚和合、求大同的时代价值，使中华优秀传统文化成为涵养社会主义核心价值观的重要源泉。要处理好继承和创造性发展的关系，重点做好创造性转化和创新性发展。[②] 2014 年 5 月 4 日，习近

① 《习近平在清华大学考察时强调 坚持中国特色世界一流大学建设目标方向 为服务国家富强民族复兴人民幸福贡献力量》，《人民日报》2021 年 4 月 20 日，第 1 版。

② 《习近平在中共中央政治局第十三次集体学习时强调 把培育和弘扬社会主义核心价值观作为凝魂聚气强基固本的基础工程》，《人民日报》2014 年 2 月 26 日，第 1 版。

平总书记在北京大学师生座谈会上再次强调：中华优秀传统文化已经成为中华民族的基因，植根在中国人内心，潜移默化影响着中国人的思想方式和行为方式。今天，我们提倡和弘扬社会主义核心价值观，必须从中汲取丰富营养，否则就不会有生命力和影响力。比如，中华文化强调"民惟邦本""天人合一""和而不同"；强调"天行健，君子以自强不息""大道之行也，天下为公"；强调"天下兴亡，匹夫有责"；主张以德治国、以文化人；强调"君子喻于义""君子坦荡荡""君子义以为质"；强调"言必信，行必果"人而无信，不知其可也"；强调"德不孤，必有邻""仁者爱人""与人为善""己所不欲，勿施于人""出入相友，守望相助""老吾老以及人之老，幼吾幼以及人之幼""扶贫济困""不患寡而患不均"；等等。像这样的思想和理念，不论过去还是现在，都有鲜明的民族特色，都有其永不褪色的时代价值。这些思想和理念，既随着时间推移和时代变迁而不断与时俱进，又有其自身的连续性和稳定性。我们生而为中国人，最根本的是我们有中国人的独特精神世界，有百姓日用而不觉的价值观。我们提倡的社会主义核心价值观，就充分体现了对中华优秀传统文化的传承和升华。① 所以，思政课培育和弘扬社会主义核心价值观，积极引导青年学生讲道德、尊道德、守道德，追求高尚的道德理想。夯实中国特色社会主义的思想道德基础，不能只讲当下核心价值观、不讲厚重崇德的文化价值渊源。讲清楚社会主义核心价值观的中华优秀传统文化基因，对于增强青年学生对核心价值观的理论认同、增加青年学生对中国特色社会主义文化的自信、抵制文化虚无主义思潮影响具有重要意义。

三　传导好社会主义核心价值观中的家庭文明

思政课要完整把握社会主义核心价值观的丰富内涵。思政课要传导富强、民主、文明、和谐，自由、平等、公正、法治，爱国、

① 《十八大以来重要文献选编》（中），中央文献出版社，2016，第5页。

敬业、诚信、友善的社会主义核心价值观，也要积极倡导家庭文明建设，推动青年学生在培育和弘扬优良家风中提高思想境界、培育文明风尚。2016 年 12 月 12 日，习近平总书记在第一届全国文明家庭表彰大会上强调要重视家庭文明建设。习近平总书记指出，要努力使千千万万个家庭成为国家发展、民族进步、社会和谐的重要基点，成为人们梦想启航的地方。要动员社会各界广泛参与家庭文明建设，推动形成爱国爱家、相亲相爱、向上向善、共建共享的社会主义家庭文明新风尚。[①] 习近平总书记强调了家庭文明的重要作用。中华民族历来重视家庭。中华民族传统家庭美德铭记在中国人的心中，融入中国人的血脉中，是支撑中华民族生生不息、薪火相传的重要精神力量，是家庭文明建设的宝贵精神财富。无论时代如何变化，无论经济社会如何发展，对一个社会来说，家庭的生活依托都不可替代，家庭的社会功能都不可替代，家庭的文明作用都不可替代。习近平总书记强调了家与国的深刻关系。国家富强，民族复兴，人民幸福，最终要体现在千千万万个家庭都幸福美满上，体现在亿万人民生活不断改善上。我们还要认识到，国家好，民族好，家庭才能好。只有实现中华民族伟大复兴的中国梦，家庭梦才能梦想成真。广大家庭都要把爱家和爱国统一起来，把实现家庭梦融入民族梦之中，心往一处想，劲往一处使。习近平总书记要求家庭教育要把品德教育放在首位。广大家庭都要重言传、重身教，教知识、育品德，帮助孩子扣好人生的第一粒扣子，迈好人生的第一个台阶。要在家庭中培育和践行社会主义核心价值观，引导家庭成员特别是下一代热爱党、热爱祖国、热爱人民、热爱中华民族。要积极传播中华民族传统美德，传递尊老爱幼、男女平等、夫妻和睦、勤俭持家、邻里团结的观念，倡导忠诚、责任、亲情、学习、公益的理念，

---

① 《习近平在会见第一届全国文明家庭代表时强调 动员社会各界广泛参与家庭文明建设推动形成社会主义家庭文明新风尚》，《人民日报》2016 年 12 月 13 日，第 1 版。

推动人们在为家庭谋幸福、为他人送温暖、为社会作贡献的过程中提高精神境界、培育文明风尚。习近平总书记要求广大家庭都要弘扬优良家风。特别是各级领导干部要带头抓好家风，继承和弘扬革命前辈的红色家风，向焦裕禄、谷文昌、杨善洲等同志学习，做家风建设的表率。各级领导干部要教育亲属子女树立遵纪守法、艰苦朴素、自食其力的良好观念，明白见利忘义、贪赃枉法都是不道德的事情，要为全社会做表率。2016 年 5 月 27 日，习近平总书记在主持中共中央政治局集体学习时强调，敬老爱老是中华民族的传统美德。要把弘扬孝亲敬老纳入社会主义核心价值观宣传教育，建设具有民族特色、时代特征的孝亲敬老文化。要在全社会开展人口老龄化国情教育、老龄政策法规教育，引导全社会增强接纳、尊重、帮助老年人的关爱意识和老年人自尊、自立、自强的自爱意识。要加强家庭建设，教育引导人们自觉承担家庭责任、树立良好家风，巩固家庭养老基础地位。① 家庭是青年学生生活成长的主要场所，对青年学生养成正确的人生观、价值观和世界观起着决定性作用。所以，青年学生培育和践行社会主义核心价值观，不能脱离家庭这一基本单位和重要单位，只讲国家层面、社会层面和个人层面的价值目标，忽视家庭层面的价值目标。而且，受日本“低欲望社会”思潮的影响，加之中国社会的竞争越来越激烈，尤其要避免青年学生长期依赖父母长辈，逃脱家庭责任、社会责任和时代大任，成为“废宅”“啃老族”“傍老族”“不婚族”“不育族”。务必要按照习近平总书记的要求，引导青年学生积极建设和弘扬优良家风，担起家庭责任，在家庭中培育和践行社会主义核心价值观。

四　在学校规章制度中充分彰显社会主义核心价值观

思政课要传导好社会主义核心价值观，就要以核心价值观为基

---

① 《习近平在中共中央政治局第三十二次集体学习时强调 党委领导政府主导社会参与全民行动 推动老龄事业全面协调可持续发展》，《人民日报》2016 年 5 月 29 日，第 1 版。

本要求，注重课堂知识传授与学校制度规范相衔接。学校要成为一个与思政课社会主义核心价值观教育相一致的整体教育空间，而不是只是在思政课上教导青年学生认可社会主义核心价值观。一是，要在教学考试等各个环节中突出体现社会主义核心价值观的精神和要求。社会主义核心价值观是全社会最基本的道德遵循，让青年学生接受社会主义核心价值观，就需要在教育和考试等流程中展现社会主义核心价值观。社会主义核心价值观在社会层面的要求是自由、平等、公正、法治，而高校是社会的缩影。课堂和考试等环节，是青年学生最直接的观察社会的窗口，课堂和考试等环节规章制度中自由、平等、公正、法治的精神如果缺失，显然会造成青年学生对社会主义核心价值观的不认可。而且，在没有自由、平等、公正、法治作为保障的课堂和考试中，学生也很难奉行爱国、敬业、诚信、友善的个人道德准则。要平等、公正对待学生，肯定课堂上活跃、积极的学生，同时要利用多种方式引导部分“社恐”学生参与课堂讨论，表达个人观点，给每一位学生平时表现的机会；要严格按照课堂制度和考试章程给学生评定分数。不能平时不记录学生的作业情况、课堂表现，期末随机对学生的平时成绩“几刀切”，更不能在阅卷中对学生卷面没有依据地随意给分，对考试不及格的学生进行“海底捞”。二是，要在青年学生工作和后勤保障工作等规章制度中突出体现社会主义核心价值观的精神和要求。近年来，媒体曝光了一些高校的学生干部队伍存在严重的“官本位”倾向，值得各高校高度重视。另有很多青年学生反映，高校的一些行政部门和服务部门，面对学生的困难和问题，用“踢皮球”“推诿”的方式处理，使学生处于“四不管”的境地。但同时，也有一些高校积极回应学生的诉求，鼓励和吸引学生参与学校制度制定、执行和监督，实际上实现了陶行知极力倡导的学生“自治”。[①] 总之，要发挥学校规章制

① 班建武：《基于学生经验的学校价值教育有效性基础及其实现途径——以社会主义核心价值观教育为例》，《国家教育行政学院学报》2016 年第 5 期。

度对学生践行社会主义核心价值观的正向涵养作用，学校要从各个层面做好顶层设计，在具体的校风、教风、学风当中彰显社会主义核心价值观的精神，从而确保学生在学校生活的各个层面都能够感受到社会主义核心价值观。要使学校规章制度成为青年学生认同和践行社会主义核心价值观的无形助力，而不是成为青年学生认可社会主义核心价值观的有形障碍。

五　严格对照新时代教师要求传导社会主义核心价值观

思政课教师是社会主义核心价值观的直接“代言人”，思政课教师队伍的素质将在很大程度上决定社会主义核心价值观的育人效果。要严格遵循习近平总书记提出的“四有老师”“六要老师”“大先生”的要求传导社会主义核心价值观。2014 年 9 月 9 日，习近平总书记在北京师范大学对老师们提出要有理想信念、道德情操、扎实学识、仁爱之心。习近平总书记指出，学为人师，行为世范。做好老师，要有理想信念。广大教师要始终同党和人民站在一起，自觉做中国特色社会主义的坚定信仰者和忠实实践者，忠诚于党和人民的教育事业。“广大教师要用好课堂讲坛，用好校园阵地，用自己的行动倡导社会主义核心价值观，用自己的学识、阅历、经验点燃学生对真善美的向往，使社会主义核心价值观润物细无声地浸润学生们的心田、转化为日常行为，增强学生的价值判断能力、价值选择能力、价值塑造能力，引领学生健康成长。”① 做好老师，要有道德情操。“老师对学生的影响，离不开老师的学识和能力，更离不开老师为人处世、于国于民、于公于私所持的价值观。一个老师如果在是非、曲直、善恶、义利、得失等方面老出问题，怎么能担起立德树人的责任？广大教师必须率先垂范、以身作则，引导和帮助学生把握好人生方向，特别是引导和帮助青少年学生扣好人生的第一粒

① 习近平：《做党和人民满意的好老师——同北京师范大学师生代表座谈时的讲话》，《人民日报》2014 年 9 月 10 日，第 2 版。

扣子。”“老师是学生道德修养的镜子。好老师应该取法乎上、见贤思齐，不断提高道德修养，提升人格品质，并把正确的道德观传授给学生。”① 2019 年 3 月 18 日，习近平总书记在学校思想政治理论课教师座谈会上强调，思政课教师政治要强、情怀要深、思维要新、视野要广、自律要严、人格要正；提出要让有信仰的人讲信仰，要有家国情怀、传道情怀、仁爱情怀，对自己要求要严格，要自觉做到修身修为。② 2021 年 4 月 19 日，习近平总书记在清华大学考察时再次强调，教师要成为大先生，做学生为学、为事、为人的示范，促进学生成长为全面发展的人。③ 作为高校思政课教师，要牢记习近平总书记对教师践行社会主义核心价值观的“行动论”和“镜子论”要求，严格遵循《新时代高校教师职业行为十项准则》。正人者先正己，要引导学生践行和传播社会主义核心价值观，思政课教师必须践行在先。思政课教师身上散发的坚定信念和高尚道德品格，是对青年学生最好的教育。而一些思政课教师身上出现的问题，如备课不认真、下课“拎包就走”、疏远学生或者课上讲一套课下行一套等，会成为学生认同和践行社会主义核心价值观的最大障碍。而且，学生往往会用“放大镜”来观察思政课教师。一些问题放在其他科目的教师身上不是问题，放在思政课教师的身上就容易成为问题，引起学生的关注和讨论。所以，思政课教师要做善于育人的“人师”，就要更加严格自律，注重自身生活和工作的细节，在生活工作中严守法律、政治和道德底线，不在学生面前发泄个人生活和工作中的负面情绪。并且要在生活工作中始终对自己的道德品行高标准、

---

① 习近平：《做党和人民满意的好老师——同北京师范大学师生代表座谈时的讲话》，《人民日报》2014 年 9 月 10 日，第 2 版。

② 习近平：《思政课是落实立德树人根本任务的关键课程》，《求是》2020 年第 17 期。

③ 《习近平在清华大学考察时强调 坚持中国特色世界一流大学建设目标方向 为服务国家富强民族复兴人民幸福贡献力量》，《人民日报》2021 年 4 月 20 日，第 1 版。

严要求，时刻做到自重、自醒、自警、自励，坚定成为社会主义核心价值观的践行者、示范者和引导者，以自己良好的思想道德风范去影响和培养学生，成为学生学习的榜样。

六　引导青年学生将社会主义核心价值观外化于行

青年学生是全社会培育和践行社会主义核心价值观的重点人群，是社会形成“向上的力量”“向善的力量”的关键。思政课培育和践行社会主义核心价值观，要落脚在育人上，体现在立德树人的根本任务上，体现在青年学生的成长成才上。思政课要引导青年学生理解、认同和接受社会主义核心价值观，并内化于心、外化于行。青年学生培育和践行社会主义核心价值观，贵在坚持知行合一、坚持行胜于言，在落细、落小、落实上下功夫。“必须加强全社会的思想道德建设，激发人们形成善良的道德意愿、道德情感，培育正确的道德判断和道德责任，提高道德实践能力尤其是自觉践行能力，引导人们向往和追求讲道德、尊道德、守道德的生活，形成向上的力量、向善的力量。只要中华民族一代接着一代追求美好崇高的道德境界，我们的民族就永远充满希望。”①“要注意把社会主义核心价值观日常化、具体化、形象化、生活化，使每个人都能感知它、领悟它，内化为精神追求，外化为实际行动，做到明大德、守公德、严私德。”② 所以，弘扬和培育社会主义核心价值观必须注重培养青年学生的自觉实践能力，崇尚行动、反对空谈。青年学生对社会主义核心价值观的自觉弘扬、积极践行和带动推广是思政课传导社会主义核心价值观要达到的最终目的。在 2020 ~ 2021 年第二学期“习近平总书记关于疫情防控的系列重要讲话精神”这一专题的课堂上，很多青年学生分享了其在 2020 年春节期间抗疫的表现。青年学生纷

① 《习近平关于社会主义文化建设论述摘编》，中央文献出版社，2017，第 137 页。

② 《习近平在上海考察时强调 当好全国改革开放排头兵不断提高城市核心竞争力》，《人民日报》2014 年 5 月 25 日，第 1 版。

纷成为小家庭中的“防疫知识普及者”“谣言粉碎机”，在纠正家人的错误防疫观念、劝阻家人不要随意出行、普及各种科学防疫知识等方面都做出了贡献。他们以自己的行动彰显了青春力量和担当。很多青年学生表示，无法在抗疫一线为国家和人民做“大贡献”，但是通过做好身边的每一件小事、每一件力所能及的事，就能为当地抗疫解决许多问题。“凿井者，起于三寸之坎，以就万仞之深。”思政课教师应充分挖掘典型事例，鼓励青年学生将社会主义核心价值观内化于心、外化于行，以个人行动影响和带动家庭、带动周围、带动更多人自觉践行社会主义核心价值观，形成“涟漪效应”。

第四节　中华优秀传统文化是中华民族的精神命脉

中华优秀传统文化是中华民族的精神命脉，是我国主流意识形态不断创新的文化沃土。高校思政课作为传导主流意识形态的重要阵地，愈加重视把中华优秀传统文化融入教学中。同时，青年学生正处在人生成长的关键期，其对中华优秀传统文化的认识、情感、价值判断和实践处于尚未成熟的阶段，需要加以正确引导。特别是当前文化领域的一些问题引起了青年学生的关注和质疑：一些古装剧以“宫斗”为主线，大肆宣扬封建主义的利益斗争，并诋毁中国人的国民性，究竟应该如何认识中华传统文化？学术领域内“尊儒去马”的呼声沉渣泛起，究竟应该如何看待中华优秀传统文化在主流意识形态中的地位？年轻人过圣诞节的热情比较高涨，学校对此管理得又比较严格，究竟应该如何对待“洋节”？汉服受到年轻人追捧，但大多又流于形式，究竟应该如何弘扬中华优秀传统文化？按照习近平总书记在学校思想政治理论课教师座谈会上提出的思政课坚持建设性和批判性相统一“要坚持问题导向”的要求，高校思政课亟须用透彻的理论解答好如何科学理解中华传统文化、中华优秀传统文化和马克思主义两者之间的关系，弘扬中华优秀传统文化和借鉴吸收外来优秀文化的关系；如何弘扬中华优秀传统文化等，同时对相关不良社会思潮和观点加以批判。

一 科学理解中华传统文化，反对文化虚无主义

近年来，《甄嬛传》《芈月传》《延禧攻略》《如懿传》等古装剧热播。其以“宫斗”为主线，以人物“黑化”为噱头，一边塑造中国传统女性自强进取的性格，一边大力展现封建等级社会的权力斗争和人性丑恶，吸引了大批的年轻人。同时，社会上出现了众多的解读，提出宫斗剧热播和吸引年轻人的原因在于，其体现和投射了现代社会的职场生态和中国文化心理学，契合“职场小白”的心理需求。这种以贬低中国人道德品质、虚无民族精神来否定中华优秀传统文化并通过踩低捧高的手法宣扬西方平等、自由的现象，是文化虚无主义在新时代的表现手法。青年学生往往对文化虚无主义中直接否定中华优秀传统文化的现象和观点能够保持清醒，却容易被这种以隐蔽方式间接否定中华优秀传统文化的现象和观点迷惑，并在一定程度上影响其价值观尤其是人性观和劳动观的构建。他们中有一部分人甚至产生了“中国人自古以来就具有善于内斗、自私自利的国民劣根性”的观点，同时把宫斗剧奉为“职场升迁攻略”，认为修炼好办公室政治权谋才不至于在职场竞争中死在“片头曲”里。

青年学生被以上错误观点和思潮迷惑的原因是，没能科学理解中华传统文化。文化虚无主义夸大中华传统文化的糟粕部分，认为中华传统文化的糟粕占据了中华传统文化甚至是中国特色社会主义道德文化的主流，而将中华传统美德及社会主义核心价值观边缘化。2013 年，习近平总书记在主持十八届中央政治局第十二次集体学习时指出：“要继承和弘扬我国人民在长期实践中培育和形成的传统美德，坚持马克思主义道德观、坚持社会主义道德观，在去粗取精、去伪存真的基础上，坚持古为今用、推陈出新，努力实现中华传统美德的创造性转化、创新性发展，引导人们向往和追求讲道德、尊道德、守道德的生活，让 13 亿人的每一分子都成为传播中华美德、

中华文化的主体。”① 思政课要以此为依据，结合“思想道德与法治”课程中“明确价值要求，践行价值准则”“遵守道德规范 锤炼道德品格”，以及“毛泽东思想和中国特色社会主义理论体系概论”课程中“建设社会主义文化强国”的教学内容，引导青年学生科学理解中华传统文化，讲清楚社会主义核心价值观的地位、先进性和中华传统美德的基本精神。

（一）要引导青年学生辩证地看待中华传统文化

要历史地、一分为二地认识中华传统文化。中华传统文化里包含着糟粕部分，但不能对本应摒弃的糟粕进行肯定、对本应肯定的精华加以摒弃。“传统文化在其形成和发展过程中，不可避免会受到当时人们的认识水平、时代条件、社会制度的局限性的制约和影响，因而也不可避免会存在陈旧过时或已成为糟粕性的东西。”“要坚持古为今用、以古鉴今，坚持有鉴别的对待、有扬弃的继承，而不能搞厚古薄今、以古非今”。② 中华传统文化中的糟粕部分，如封闭保守、阶级压榨、利益斗争、人性扭曲、“劳心者治人、劳力者治于人”等，是束缚和阻碍中国进步发展的落后消极因素，是近代中国沦为半殖民地半封建社会的重要原因，是中国共产党历尽千辛万苦所要推翻消灭的对象。虽然经过新文化运动、五四运动的批判、涤荡和新中国成立后的改造、扬弃，中华传统文化中的消极因素大幅度地弱化和减少了，但仍有一些封建糟粕以不同形式在不同范围内存在着，并利用各种机会“死灰复燃”，企图开历史的倒车。要坚决反对社会文化领域中“合理化”“时代化”中华传统文化糟粕，“边缘化”“无视化”中华传统文化精华的现象。中国共产党非常重视传承发展中华传统文化的精华要义，即中华优秀传统文化。2017 年，

① 《习近平谈治国理政》第一卷，外文出版社，2014，第 160～161 页。

② 习近平：《在纪念孔子诞辰 2565 周年国际学术研讨会暨国际儒学联合会第五届会员大会开幕会上的讲话》，《人民日报》2014 年 9 月 25 日，第 2 版。

中共中央办公厅、国务院办公厅印发的《关于实施中华优秀传统文化传承发展工程的意见》（以下简称《意见》）指出，中华优秀传统文化传承发展的主要内容包括中华优秀传统文化蕴含的核心思想理念、中华传统美德、中华人文精神。[①] 在传承发展中华传统文化时，要坚持以传承发展中华传统文化的精华要义为中心，而不能与这些精华要义背道而驰。

（二）激发青年学生正向的文化认同和道德情感

青年学生要自觉树立和践行社会主义核心价值观，善于从中华民族传统美德中汲取道德滋养。要引导青年学生充分认识，在国际国内形势深刻变化、我国经济社会深刻变革的大背景下，道德领域存在着各种错综复杂的现象和问题，就业领域也存在一些负面的现象和问题，但不能因为发现这些问题就否定中国人的整体道德状况，进而否定中华传统美德和社会主义核心价值观，转而盲目崇拜西方"普世价值"论宣扬的"自由""平等"。青年学生要深入理解和牢牢掌握社会主义核心价值观的地位、先进性和中华传统美德的基本精神。思政课要讲清楚社会主义核心价值观是当代中国精神的集中体现，是全体人民共同的价值追求。社会主义核心价值观扎根中华优秀传统文化土壤，继承弘扬了中国传统文化中反映人类社会发展进步的价值理念，把长期以来我们民族形成的积极向上向善的思想文化充分继承和弘扬开来，具有超越以往一切社会核心价值观的先进性。思政课要讲清楚中华传统美德"重视整体利益，强调责任奉献""推崇仁爱原则，注重以和为贵""注重人伦关系，重视道德义务""追求精神境界，向往理想人格""强调道德修养，注重道德践履"的基本精神及其当代价值。要鼓励青年学生"见贤思齐，见不贤而内自省"，在未来职业生活中树立正确的劳动观，遵守职业规范

① 《中共中央办公厅、国务院办公厅印发〈关于实施中华优秀传统文化传承发展工程的意见〉》，《人民日报》2017 年 1 月 26 日，第 6 版。

和职业道德。

二 明确传承弘扬中华优秀传统文化与坚持马克思主义之间的关系，反对文化复古主义

党的十八大以来党和国家大力传承和弘扬中华优秀传统文化，文化领域中由此掀起“国学热”“儒家热”的又一波浪潮。同时文化复古主义也借风使船，把当下出现的、人们广为关注的家庭、教育、生态和道德等问题片面地归因为传统文化的“不在场”“缺失”，主张全面复兴传统文化。在文化复古主义的影响下，“大陆新儒家”的“再儒化”中国的政治主张沉渣泛起。“大陆新儒家”利用网络新兴媒介，以复兴“儒学”“国学”为旗号，歪曲解读党的十八大以来党和国家大力弘扬中华优秀传统文化的做法，宣扬“崇儒去马”。① 青年学生对文化复古主义中传播封建糟粕文化或者打着弘扬传统文化的旗号摧残人的丑恶现象有比较正确的批判态度，但易被“大陆新儒家”的“崇儒去马”观点迷惑。因为随着中国国际地位的不断上升，一些青年学生的文化民族主义、文化本位主义情绪高涨。他们认为文化强国建设的关键在于确立中华传统文化在主流意识形态中的中心地位，马克思主义信念有所淡化。“大陆新儒家”的“再儒化”中国的政治主张恰恰迎合了这些青年学生对国家文化发展的“期待”。

青年学生被以上错误观点迷惑的理论痛点是，没有深刻地认识清楚传承弘扬中华优秀传统文化与坚持马克思主义的关系。2014 年，习近平总书记在纪念孔子诞辰 2565 周年国际学术研讨会上指出：“中国人民的理想和奋斗，中国人民的价值观和精神世界，是始终深深植根于中国优秀传统文化沃土之中的，同时又是随着历史和时代前进而不断与日俱新、与时俱进的。”“中国共产党人是坚定的马克思主义者，我们党的指导思想就是马克思列宁主义、毛泽东思想和

① 杜运辉：《马克思主义视阈下的大陆新儒学》，《马克思主义研究》2017 年第 5 期。

中国特色社会主义理论体系。同时，我们不是历史虚无主义者，也不是文化虚无主义者。”马克思主义基本原理必须同中国具体实际紧密结合起来，应该科学对待民族传统文化，科学对待世界各国文化，用人类创造的一切优秀思想文化成果武装自己。”[①] 2021 年，习近平总书记在庆祝中国共产党成立 100 周年大会上的讲话中提出“两个结合”：“必须继续推进马克思主义中国化。……坚持把马克思主义基本原理同中国具体实际相结合、同中华优秀传统文化相结合”。[②] 习近平总书记的系列论述清晰阐释了传承弘扬中华优秀传统文化与坚持马克思主义的关系，是对“大陆新儒家”进行批判的重要理论依据。思政课要按照这些要求，结合“毛泽东思想和中国特色社会主义理论体系概论”课程中“导论”和“建设社会主义文化强国”的教学内容，对“大陆新儒家”观点进行批判，讲清传承弘扬中华优秀传统文化与坚持马克思主义的关系。

（一）二者互相结合，不可割裂

习近平总书记的“两个结合”已经鲜明指出，马克思主义同中国具体实际、中华优秀传统文化相结合实现了自身的中国化。“两个结合”是继续推进马克思主义中国化的指导原则。中国共产党促进了马克思主义与中华优秀传统文化相互借鉴、不断融合。没有共性的文化和主义，可以共存，但很难结合。文化和主义之间有共性，才能有吸引、有融合。马克思主义之所以能够在中国广泛传播并不断实现中国化，是因为马克思主义与中华优秀传统文化具有契合性并在中国共产党的推动下成功实现了结合。如，中华优秀传统文化中的“仁政”“民本”“大同”理念和马克思主义“为全人类利益而奋斗”的共产主义理想都旨在追求社会的公平正义、追求人民的美

① 习近平：《在纪念孔子诞辰 2565 周年国际学术研讨会暨国际儒学联合会第五届会员大会开幕会上的讲话》，《人民日报》2014 年 9 月 25 日，第 2 版。

② 习近平：《在庆祝中国共产党成立 100 周年大会上的讲话》，《人民日报》2021 年 7 月 2 日，第 2 版。

好生活。两者的契合性是中国共产党领导中国人民选择走社会主义道路的重要推动力。而选择走社会主义的道路，也绝不是教条化马克思主义，绝不是亦步亦趋地照搬共产国际和苏联经验。我们党带领全国人民开展革命、建设、改革的一条根本成功经验，就是不断推进马克思主义中国化，并运用马克思主义中国化的理论成果指导新的实践。马克思主义不断中国化的过程是马克思主义基本原理与中华优秀传统文化不断结合的过程。如，毛泽东对《汉书》中的“实事求是”作了创造性的解释，既坚持了马克思主义唯物辩证法的“物质第一性”原理，又升华了“实事求是”这一传统文化概念；邓小平从《诗经·大雅·民劳》的“民亦劳止，汔可小康”中提出小康社会的建设目标，习近平总书记带领中国人民于2020年在中华大地上全面建成了小康社会；习近平总书记提出“我将无我，不负人民”，既彰显了共产党人“大公无私”的共产主义价值观，也赋予了《左传》中的“夙兴夜寐”、《晋书》中的“成名在乎无私，故在当而忘我”等中国优秀政治文化传统新的实践内涵和时代特色。历史与现实已经证明，在中国共产党的领导下马克思主义与中华优秀传统文化的结合不仅是可行的，而且是成功的和必须要坚持的。

（二）二者对主流意识形态所起的作用不同

马克思主义是我们立党立国的根本指导思想，是我们党的灵魂和旗帜，在意识形态领域中占据指导地位。中华优秀传统文化是中华民族的魂和根，是主流意识形态不断创新的文化沃土。建设中国特色社会主义文化，必须巩固马克思主义在意识形态领域的指导地位，牢牢掌握意识形态领导权。包括马克思列宁主义、毛泽东思想和中国特色社会主义理论体系在内的广义马克思主义是党和国家的指导思想，必须一直坚持。马克思主义的指导地位也体现在科学传承弘扬中华优秀传统文化上。传承弘扬中华优秀传统文化面临着很多认识和实践误区，要防止脱离马克思主义指导思想和科学方法乱传承、乱弘扬的现象；中华优秀传统文化为中华民族生生不息、发展壮大提供了丰厚滋养，是马克思主义、社会主义核心价值观等主流意识形态不断丰富创新的文化沃土。离开了中华优秀传统文化，就等于割断了中华民族的精神命脉。同时，传承弘扬中华优秀传统文化，不是主张全盘恢复中国“固有文化”，将儒学中心化、政治化，放弃、取代马克思主义，而是要以马克思主义辩证唯物主义和历史唯物主义为指导，科学对待民族传统文化，坚持以古鉴今、古为今用的原则，更好地吸收精华、汲取营养、武装自己。其目的是，发挥优秀传统文化化人、育人的作用，助力社会主义文化的发展和繁荣，使马克思主义更具民族性、生命力、凝聚力和感召力。“大陆新儒家”的观点脱离文化发展的时代要求，回避了儒家文化中的封建糟粕成分，虚无了中华优秀传统文化与马克思主义相结合产生的伟大历史成就。如果儒家文化体系能自发、自为、自觉地抛弃其糟粕，推动中国社会问题的解决，中国就不会在清末沦为半殖民地半封建社会。百年前中国共产党正是因为选择了马克思主义，把马克思主义基本原理同中国具体实际相结合、同中华优秀传统文化相结合，实现了马克思主义中国化，才取得革命、建设、改革伟大胜利，从根本上改变了中国人民和中华民族的命运。所以，党的灵魂和旗帜不容动摇。动摇了马克思主义的指导地位，等于质疑党的领导，等于质疑社会主义制度。“对中国道路上存在和出现的问题，儒化不是出路……反对儒学政治化、儒学宗教化……我们绝不能走以儒化国、以儒化党的道路。”①

三　明确中华优秀传统文化和外来文化的关系，既反对关门主义也警惕文化渗透

近年来，大学生应不应该过“洋节”成为青年学生关注较多、比较疑惑的问题。青年学生普遍表示，中国传统节日牢牢根植于中

① 陈先达：《历史唯物主义与中国道路》，《光明日报》2016年9月7日，第13版。

国文化基因之中，也深深根植于青年学生的心中。随着国家的快速发展，青年学生对传统节日的热爱和崇尚之情愈来愈强。同时，他们也喜欢过“洋节”。近年来，社会上出现了一些反对青年学生过“洋节”的观点，如《国家终于出手了！洋节，再见!》① 这类文章在网站上、微信群、朋友圈中被大量转发。国内一些高校也规定青年学生不可以过圣诞节。对此，青年学生提出，过“洋节”与中国文化及价值观被边缘化、被解构不形成直接因果关系。这种观点有一定道理，但也不完全正确。要特别注意的是，青年学生在重视过“洋节”带来的节日新鲜感和愉悦感时，往往缺乏足够的文化安全意识和法律意识去防范一些“洋节”背后的宗教活动目的。

思政课要积极回应青年学生普遍关心和困惑的应不应该过“洋节”的问题，引导青年学生理性地看待传承弘扬中华优秀传统文化和借鉴吸收外来文化的关系。2014 年，习近平总书记在联合国教科文组织总部的演讲中提出“文明交流互鉴”②。2017 年，中共中央办公厅、国务院办公厅印发《关于实施中华优秀传统文化传承发展工程的意见》（以下简称《意见》），强调“坚守中华文化立场、传承中华文化基因，不忘本来、吸收外来、面向未来”③。2018 年，习近平总书记在全国宣传思想工作会议上强调维护文化安全的重要性：“我们必须既积极主动阐释好中国道路、中国特色，又有效维护我国政治安全和文化安全。我们必须坚持以立为本、立破并举，不断增强社会主义意识形态的凝聚力和引领力。”④ 这些论述和要求为青年

① 《国家终于出手了！洋节，再见!》，新浪网，http://k. sina. com. cn/article_2092032733_7cb1e2dd019002g43. html。

② 习近平：《在联合国教科文组织总部的演讲》，《人民日报》2014 年 3 月 28 日，第 3 版。

③ 《中共中央办公厅、国务院办公厅印发〈关于实施中华优秀传统文化传承发展工程的意见〉》，《人民日报》2017 年 1 月 26 日，第 6 版。

④ 《习近平在全国宣传思想工作会议上强调 举旗帜聚民心育新人兴文化展形象更好完成新形势下宣传思想工作使命任务》，《人民日报》2018 年 8 月 23 日，第 1 版。

学生辨析应不应该过“洋节”提供了理论支撑。思政课要以此为指导，结合“思想道德与法治”课程中“借鉴人类文明优秀道德成果”和“毛泽东思想和中国特色社会主义理论体系概论”课程中“建设社会主义文化强国”的教学内容，讲清楚坚持中华优秀传统文化的开放性与维护国家文化安全的辩证关系。中国共产党历来重视积极学习借鉴世界各国人民创造的文明成果，同时也坚决反对任何执意改造甚至取代中华文明的行为。

（一）要引导青年学生正确看待中华优秀传统文化的开放性，反对关门主义

一刀切地反对青年学生过“洋节”是不正确的。中华优秀传统文化需要吸收外来文化的积极因素，要在文明的互相交流中不断传承弘扬。所以，本着世界文化交流的原则，中华传统节日和西方传统节日并不构成冲突。一些西方国家也崇尚过春节，把春节作为法定节日。而且西方传统节日中也存在一些值得肯定的超越时代、国家、民族乃至阶级界限的道德资源。例如，“孝顺父母”是西方传统节日和中国传统节日的共性道德认识。青年学生也热衷于借助母亲节、父亲节表达对父母的尊敬和爱戴。一刀切地抵制“洋节”以图捍卫和弘扬中华优秀传统文化显然不正确。强调民族文化的主体性，关键在于我们要立足中华优秀传统文化自身，挖掘好、传承好、传播好中华传统文化的价值。要积极引导青年学生去理解传统节日所蕴含的深刻伦理教育意义，鼓励他们积极把中国传统节日以世界能够听得懂的声音传播出去。我们欢迎把外来优秀文化“引进来”，但我们更要坚定地使中华优秀传统文化“走出去”，展示社会主义中国的良好形象。

（二）要增强青年学生的文化安全意识，警惕文化渗透

当前，世界范围内各种思想文化交流交融交锋日益频繁。国家安全由传统军事安全领域向经济、政治、文化等非传统安全领域扩

展。西方敌对势力进行各种“民主”输出、宗教文化渗透和“颜色革命”，其“认为自己的人种和文明高人一等，执意改造甚至取代其他文明”[①]，使我国文化安全受到严重的威胁和挑战。我们不会关起国家的文化之门，排斥、抵制和否定西方文化，但要坚决反对执意改造甚至取代中华文明、解构社会主义意识形态的西方文化侵略。要注意引导青年学生认清西方敌对势力亡我之心不死、大肆进行西方文化入侵的丑恶嘴脸。西方敌对势力一方面把其意识形态植入影视、图书等文化载体，利用互联网对我国青少年进行隐形的文化渗透，另一方面持续地利用传教、基金会赞助、学术交流等途径，传播资本主义价值观念。其不停兜售“有神论”、西方“宪政民主”等资本主义意识形态，目的在于摧毁中国青年一代所信奉的社会主义文化和理想信念而以资本主义文化和理想信念取而代之。利用“圣诞节”“万圣节”等带有宗教色彩的节日在青年学生中传播西方宗教信仰，是西方近年对我国进行文化渗透惯用的手段。同时，我国相关法律法规对宗教及宗教活动进行了严格规定，对党员和青年学生群体提出了明确要求。《普通高等学校学生管理规定》要求，学校应当坚持教育与宗教相分离原则，任何组织和个人不得在学校进行宗教活动。《关于新形势下党内政治生活的若干准则》要求，党员不准搞封建迷信，不准信仰宗教。习近平总书记在全国宗教工作会议上也强调指出，共产党员要做坚定的马克思主义无神论者，严守党章规定，坚定理想信念，牢记党的宗旨，绝不能在宗教中寻找自己的价值和信念。要加强对青少年的科学世界观宣传教育，引导他们相信科学、学习科学、传播科学，树立正确的世界观、人生观、价值观。[②] 所以，青年学生务必警惕西方意识形态渗透，增强文化安全意识，筑牢国家文化发展的安全屏障。

---

① 习近平：《深化文明交流互鉴　共建亚洲命运共同体——在亚洲文明对话大会开幕式上的主旨演讲》，《人民日报》2019 年 5 月 16 日，第 2 版。

② 《习近平在全国宗教工作会议上强调 发展中国特色社会主义宗教理论全面提高新形势下宗教工作水平》，《人民日报》2016 年 4 月 24 日，第 1 版。

四 明确弘扬中华优秀传统文化的“两创”方针，反对僵化地搬运中华优秀传统文化

党的十八大以来，中国特色社会主义进入新时代，以“00后”为主体的年轻人在中国大地掀起了一股“汉服热”，将其对美好生活的向往、民族自豪感和文化自信与对中国传统服饰的热爱紧紧联系在一起。“汉服热”也影响到青年学生群体，着汉服行复古式成人礼、着汉服旅游拍照甚至将汉服作为日常服饰进行穿戴成为一种新风尚，一些高校甚至成立了汉服社。《意见》明确指出“实施中华节庆礼仪服装服饰计划”①。同时“汉服热”的背后也存在着一些问题。一是人们普遍对汉服各种款式和由来及其所蕴含的道德文化认识不深，多数年轻人喜欢汉服是因为汉服具有民族特色、形制好看、代表时尚文化。二是，随着汉服的受众群逐渐扩大和商业化的不良发展，汉服圈形成了等级森严的鄙视链：圈内“权威”鄙视刚入圈的“萌新”，“正”鄙视“山”。汉服圈的认知表象化、内部等级化问题引起了青年学生的高度关注。

出现这些问题，主要原因是相关群体没有深刻地领悟好、贯彻好、执行好传承弘扬中华优秀传统文化的“两创”方针。新时代对中华优秀传统文化的弘扬，不是简单将中华优秀传统文化拿到当下来加以膜拜和机械重复，而是要推动中华优秀传统文化的创造性转化和创新性发展。2014 年，习近平总书记在文艺工作座谈会上强调：“传承中华文化，绝不是简单复古，也不是盲目排外，而是古为今用、洋为中用，辩证取舍、推陈出新，摒弃消极因素，继承积极思想，‘以古人之规矩，开自己之生面’，实现中华文化的创造性转化和创新性发展。”② 习近平总书记的“两创”方针具有强烈的时代

① 《中共中央办公厅、国务院办公厅印发〈关于实施中华优秀传统文化传承发展工程的意见〉》，《人民日报》2017 年 1 月 26 日，第 6 版。

② 习近平：《在文艺工作座谈会上的讲话》，人民出版社，2015，第 26 页。

性，其要求使中华民族最基本的文化基因与当代文化相适应、与现代社会相协调。而坚持“两创”方针，关键是处理好继承和创新的关系，处理好传统文化与当今时代的关系，使传统文化回应时代的需求和挑战，转化为推动国家富强、民族复兴、人民幸福的有益精神财富。思政课要以此为指导，结合“思想道德与法治”课程中“遵守道德规范 锤炼道德品格”和“毛泽东思想和中国特色社会主义理论体系概论”课程中“建设社会主义文化强国”的教学内容，引导青年学生树立起弘扬优秀传统文化的科学观念和方法。

（一）要在弘扬中华优秀传统文化中增强“使命担当”

继承和弘扬中华优秀传统文化，不能只躺在历史与时代的功劳簿上唱赞歌。青年学生不能只做美好生活的歌唱家和社会发展进步的受益者，而且也要做勇于担当、善于作为、善做善成的担当者和奋斗者。习近平总书记强调：“青年兴则国家兴，青年强则国家强。青年一代有理想、有本领、有担当，国家就有前途，民族就有希望。”① 青年强烈的使命担当决定着国家和民族的兴盛与强大。而世界正经历百年未有之大变局，中华民族伟大复兴正处于关键时期，前进道路上必然会面临各种风险挑战，必须要进行具有许多新的历史特点的伟大斗争。这是新时代青年要面对的时代机遇与现实挑战。所以，思政课要充分肯定青年学生积极弘扬中华优秀传统文化的热情，大力推动青年学生对弘扬中华优秀传统文化从情感认知转向信念生成。引导青年学生在体验中华优秀传统文化仪式感和美感、在感受强烈的民族自尊心和文化自信时，自觉树立国家意识、民族意识、责任意识、斗争意识，肩负起时代赋予的使命，全身心地投入建设社会主义现代化强国和实现中华民族伟大复兴的事业中，使青年学生对中华优秀传统文化的喜爱转化为、发展成推动新时代不断

---

① 习近平：《决胜全面建成小康社会　夺取新时代中国特色社会主义伟大胜利——在中国共产党第十九次全国代表大会上的报告》，人民出版社，2017，第70页。

进步的动力。

（二）要在弘扬中华优秀传统文化中“尚文化”“修美德”

继承和弘扬中华优秀传统文化，不能陷入形式主义的误区。中华传统文化之所以绵延数千年，主要源于它作为一种独特的价值体系构建了中国人的思维方式和行为方式，根植在中国人内心深处，成为中华民族的文化基因。继承和弘扬中华优秀传统文化，是要让这些历久弥新和仍具进步意义的价值观念内化于心、外化于行。弘扬和发展汉服文化，也不能停留于形式上的热闹、追赶时尚的激情层面，而要深刻认识汉服蕴含的器物礼仪文化。汉服袍服袖广、褒衣博带的形制，塑造的是天人合一、包容随和的穿着风格，彰显的是追求平和、宽厚仁爱的人生境界，体现的是柔静娴雅、泰然自若、崇尚自然的民族性格，蕴含的是“尚和合”的道德追求。要引导青年学生把汉服中这些具有时代价值的道德精神挖掘出来、崇尚起来和践行起来。例如，2014 年的 APEC 会议上，习近平夫妇和其他与会的 APEC 领导人夫妇身着特色中式服装亮相“水立方”，成功地向世界展现了蕴含着“天下为公”“世界大同”美好愿景的人类命运共同体理念，是中华优秀传统文化为今所用的范例。同时也要注意，在汉服的礼典服制文化中，也蕴含着等级文化、亲属文化、政治文化、重嫡轻庶、重长轻幼等思想。我们要将传统道德中带有阶级和时代局限性的成分剔除出去，摒弃汉服文化原有的封建等级糟粕，更要防止在中国特色社会主义新时代以对物质的占有、对资历的累加在汉服圈划出新等级、形成新压迫。

第六章
立足建设性加强对具体社会思潮和观点的分析批判

坚持批判性要立足建设性，真正实现批判性“立”的目的。提高青年学生对马克思主义、共产主义远大理想和中国特色社会主义共同理想、社会主义核心价值观、中华优秀传统文化等主流意识形态的认同，培养青年学生担当实现中华民族伟大复兴的历史使命是高校思政课批判性的立足点。同时，习近平总书记在全国高校思想政治工作会议上强调：“做好高校思想政治工作，要因事而化、因时而进、因势而新”。[①] 所以，立足建设性坚持好高校思政课的批判性，也要因事而化、因时而进、因势而新。由于2021版思政课教材对给青年学生造成不良影响的拜金主义、享乐主义、极端个人主义等错误思潮已经进行了批判，所以本着有重点地进行补充的原则，我们对以上错误社会思潮和观点不做赘述。本研究选取当下对青年学生影响较大的、高校思政课亟须积极回应的历史虚无主义、民族主义、“丧文化”、“佛系文化”、“内卷化”逐一进行分析与批判。

第一节　历史虚无主义

为什么要着重批判历史虚无主义？因为历史虚无主义并没有像

① 《习近平谈治国理政》第二卷，外文出版社，2017，第378页。

“新自由主义”、“普世价值”、西方“宪政民主”等社会思潮和观点一样随着新冠肺炎疫情的全球蔓延而在青年学生中逐渐丧失影响力。历史虚无主义对青年学生的影响依旧较大。面对这一问题，要从国际舆论环境的角度分析原因，也要从青年学生的角度分析原因，还要从主流意识形态宣传教育的角度分析原因。尤其要反思青年学生接受历史教育的广度和深度能否对抗历史虚无主义的侵蚀。根本上，也就是反思主流意识形态传导中对青年学生历史教育的重视度和引导青年学生树立正确历史观的重视度的问题。

一　历史虚无主义的表现

历史虚无主义往往以一种轻蔑、否认、虚无的态度对待中华民族传统文化与历史遗产，主张抛弃我们的传统文化，全盘接受代表“近代文明主流”的西方文化。这种思潮由于抹杀中华民族文化的独立主体地位，夸大西方文化的世界性意义，故而引起各方的强烈批评。在抗日战争中，随着民族主义的高涨，全盘西化论逐渐失去市场。新中国成立之后，我国的主流意识形态是以马克思主义为指导的社会主义意识形态，全盘西化论走向沉寂。20世纪70~80年代，在党和国家拨乱反正、进行改革开放和转入现代化建设这一特定的历史条件下，西方敌对势力大肆鼓噪“非毛化”。国内也有人开始极力诋毁、攻击毛泽东和毛泽东思想。20世纪90年代起，历史虚无主义波及史学研究以及历史题材的文学、艺术、影视作品。随着互联网的发展，历史虚无主义在网络上又掀起诋毁英雄人物的风波。例如，有些人对社会主义发展历史上革命的意义进行抹杀，认为革命只起破坏性作用，只有改良是“能量的积累”；在文学领域中，一些人打着文学批评的旗号对20世纪的中国文学进行全盘否定；在文艺创作领域中，掀起了一波改编革命历史题材作品的热潮，夹杂了大量否定、诋毁、庸俗化、桃色化革命人物和英雄人物的剧情。21世纪初我国社会上又开始出现一些否定改革开放前后两个历史时期的联系的言论。

近年来网络中的历史虚无主义更加泛滥。例如，有人在网络上散播关于中国抗美援朝斗争、中国社会民生制度的错误言论，宣扬中国进行“抗美援朝”战争是由于毛泽东主席做了错误的预判，结果是让十几万人白白送了性命。2015 年，网络上又流行起抹黑英雄人物的话题：“狼牙山五壮士”是逃兵、火烧邱少云违背生理学、雷锋帮人太多过劳死、黄继光摔倒顺便堵了枪眼、董存瑞的死因是被炸药包的两面胶黏住了。这种历史虚无主义论调，造成英雄人物是被“虚构”和“制造”出来的假象，以此迷惑群众。近几年，历史虚无主义思潮更加间接和隐蔽地呈现其话语。例如，一些人开始以对民国史研究为主线，制造各种“民国热”，尤其是美化民国如何重视教育，拔高民国时期学术水平、教育水平，借此美化中华民国政府。一些青年学生受到影响，甚至开始缅怀民国，漠视民国时期中国百姓受到帝国主义、封建主义、官僚资本主义的三重压迫，温饱难以解决，人均寿命 35 岁，文盲率高达 80% 的基本事实，模糊了新民主主义革命和中华人民共和国成立的历史必然性、中国共产党执政的历史正当性。

综上，历史虚无主义往往打着还原“历史真相”“考据事实”的旗号，以“胡编乱造”“媚外排己”“借古非今”等手段对历史进行剪裁和肢解，否定和歪曲中国的历史和文化、党和国家的基本制度、历史人物特别是英雄人物。历史虚无主义的危害，也引起了党和国家的重视。

二　历史虚无主义对青年学生的影响及原因

当前我国主流意识形态得到青年学生普遍认同，党和国家也高度重视充分发挥历史“以史鉴今、资政育人”的重要作用。但历史虚无主义向青年学生输出一套与主流意识形态不同的话语体系，打着“解构权威”“说真话”“讲历史真相”“揭露现实”的旗号，大肆歪曲和攻击中国共产党领导中国人民进行革命、建设、改革的历史，妄图裁剪、拼接甚至捏造出种种“历史真相”，与唯物史观、中国近现代革命史和爱国主义教育争夺阵地，在大众中制造“学校教的都是骗人的”“主流意识形态一直在说谎”这种负面情绪，诱导青年学生怀疑主流意识形态在“愚民”与“撒谎”，从而消解青年学生对主流意识形态的认同。尤其某些有一定社会地位、在青年学生中有影响力的人，他们“大胆”“独特”的言论会影响到一些青年学生的世界观、人生观、价值观，容易使部分青年学生对马克思主义的科学性、走社会主义道路的必然性、中国共产党执政的合理性、改革开放的进步性产生怀疑，丧失国家观念、民族自尊心和爱国主义情感，消解和倾覆我们立党立国的思想基础。如果任由历史虚无主义蔓延，必然会动摇社会主义和中国共产党领导的历史基础，将会造成广大青年学生认识模糊、信仰缺失、国家和民族观念淡薄。这反映的是严峻的政治问题，关系到青年学生对党和国家文化、制度、发展的历史和现实的态度，必须给予高度关注。

综合分析，历史虚无主义对青年学生产生不良影响的原因主要在于西方敌对势力一直绞尽脑汁图谋对我国进行“和平演变”、西方“解构主义”思潮的影响、青年学生政治判断力弱、我国主流意识形态对社会问题的解释力还不够有力。

（一）西方敌对势力对我国进行“和平演变”的图谋

西方敌对势力一直没有放弃对我国进行“和平演变”。尤其是进入21世纪以来，世界社会主义运动逐渐走出“苏东剧变”的低潮，中国特色社会主义取得的巨大成绩引起了国际社会普遍关注。俄罗斯联邦共产党中央委员会主席久加诺夫评价道：“在国际共产主义运动步履维艰的年代，中国不但挺住了，还接过了从兄弟般的苏共手中掉落的旗帜，成为通往共产主义社会道路上的领导者。”① 但是，中国的快速发展也引起了西方敌对国家的高度警惕和排斥，其无法

① 《中共成功的最重要秘诀是什么？俄共主席这样说》，光明网，https://m.gmw.cn/baijia/2021-03/06/34665466.html。

正确看待中华民族不断接近实现伟大复兴的事实，站在西方中心主义的立场上，利用各种或明显或隐蔽的手段，支持各种反华势力，炮制出各种言论和文章，对中国的历史和现实政治制度进行诋毁、诽谤。①

（二）西方“解构主义”思潮的影响

受西方“解构主义”思潮质疑理性、颠覆传统特质的影响，现在部分青年学生排斥“权威”“主流”“中心”，开始喜欢“怀疑一切”“颠覆传统”。要深刻反思是不是我们的主流意识形态传播还没来得及应对“解构主义”思潮就反被“解构”了？问题在于，很多思想教育宣传阵地在对历史主线、主流进行宣传时，只注重讲历史结论讲历史意义，缺少了一些详细的、生动的历史考证支撑，不足以让青年学生信服。这种长期僵化的宣传教育，使一部分青年学生看到官方语言的第一反应就是“这是不是真的”“这怎么会是真的”。换言之，青年学生对详细的、生动的历史考证的不知情是其受历史虚无主义影响的重要原因之一。

（三）青年学生具有强烈求知欲和爱国情感，但政治判断力弱

青年学生正处于世界观、人生观和价值观的形成期，思想活跃，好奇心较强。强烈的求知欲和猎奇心理，使他们对新事物接受较快，但也容易被一些所谓的历史“新解读”吸引。他们自认为见解独到、与众不同、知别人所不知，具有他人所没有的“批判性精神”。但这些青年学生并不是盲目地对所有“权威”“主流”“中心”都不分青红皂白地质疑，他们往往是从爱党、爱国、爱社会主义的角度出发，容易被一些思潮和言论蛊惑，形成一些错误的历史观，不知不觉加入“历史虚无主义”的阵营中。一些青年学生在热切希望党和国家能够更强大、中国特色社会主义制度能够更完善的精神驱动下，被

① 张继龙：《驳西方“中国新帝国主义论”》，《马克思主义研究》2020年第5期。

蛊惑着跟随一些网络公知等不良媒体人从当今社会发展的角度、从个人感受的角度去评价历史事件和历史人物，从中外简单对比中比较理想化地甚至脱离实际地对中国现实社会提出要求，过度关切与放大中国社会出现的矛盾和问题。青年学生受性格特征、阅历、学识的限制，其勇于“追求真理”的激情、强烈爱国热情易使他们陷入敏感、犀利和偏执的认识误区。对正在接受高等教育的青年学生来说，他们不会听到或看到一些耸人听闻的消息或是文章，如《大事不好!!!》《震惊!!!》《刚刚!!!》《定了!!!》，就随意转发传播，但是他们更容易受到打着“追根溯源”“专业知识考证”“剥离真相”旗号的观点的诱导。历史虚无主义思潮正是利用青年学生的这些思想特点，歪曲历史真相，模糊青年学生的政治信仰。

（四）思政课的主流意识形态解释力有待增强

高校思政课的教材中“文件性”语言较多、理论性较突出，同时生动性和针对性不够、亲和力不强。中央宣传部门和教育部门亟须出版一批高质量的面向青年学生的辅导书和课外读物。同时，无论是中共党史、新中国史、改革开放史、社会主义发展史还是中华民族史，都需要思政课教师具备较开阔的历史视野和较强的综合阐释能力。提高思政课的针对性和时效性，就要实现教材体系向教学体系的科学转化。尤其是，青年学生普遍对我国社会主义探索时期的历史错误、改革开放中出现的贫富差距拉大等问题产生疑惑，部分学生甚至对马克思主义、社会主义和共产主义存在信仰危机。所以，我们也要反思部分思政课是不是缺少了对一些历史错误和社会问题的正视。弘扬主旋律与总结历史经验和呈现现实社会问题并不冲突。反思历史错误、总结历史经验才能更好出发。对现实社会问题的发现和解决也是弘扬主旋律的应有之意。一些“负面材料”之所以“负面”是因为只呈现了问题，而缺少对问题的深入分析、持续跟踪、解决反馈和总结反思。青年学生之所以愿意越来越相信网络上的东西，一部分原因在于其认为网络是“沉默的大多数”发声的平台，在一定程度上也起着民众舆论监督的作用。所以，要从历史虚无主义对青年学生产生的不良影响入手，不回避历史错误、不回避社会问题，不回避历史发展和社会进步的曲折性，重点讲曲折中的前进，讲问题的解决与完善，这样传播主流意识形态会更有实效。以切合的、有效的教学内容和教学方式“发声”“亮剑”，才能更好地守住社会主义意识形态的思想阵地。

三　思政课如何对历史虚无主义进行批判

“灭人之国，必先去其史。”历史虚无主义作为错误社会思潮，一直以各种方式歪曲和颠覆历史，否定历史进程中的社会进步，否定历史人物的功绩。习近平总书记强调，历史虚无主义的要害，是从根本上否定马克思主义指导地位和中国走向社会主义的历史必然性，否定中国共产党的领导。要警惕和抵制历史虚无主义的影响，坚决抵制、反对党史问题上存在的错误观点和错误倾向。[①] 习近平总书记关于世界社会主义五百年的论述、关于改革开放前后两个三十年关系的精辟阐释、关于如何评价党的历史和历史人物的深刻论述、关于纪念五四运动一百周年大会的讲话、在纪念中国人民抗日战争暨世界反法西斯战争胜利75周年座谈会上的讲话，等等，都体现了深邃的历史思维，是思政课批判历史虚无主义，提高青年学生运用科学的历史观和方法论分析和评价历史问题、辨别历史是非和社会发展方向能力的重要学习资料。

（一）思政课要有针对性地将历史教育融入课堂

知之愈深，信之愈笃，行之愈实。历史在培育民族国家认同感、增强民族自信心和凝聚力等方面具有重要作用。青年学生是祖国未来各条战线的生力军，是中国特色社会主义事业的建设者和接班人。

---

① 《历史是最好的教科书：学习习近平同志关于党的历史的重要论述》，中共党史出版社，2014，第8页。

为了肩负起建设祖国的责任，必须了解中国的国情，不仅要了解中国的今天，还应当了解中国的昨天和前天。批判历史虚无主义，首先要有针对性地将历史教育融入课堂。习近平总书记强调："了解历史，才能看得远"①，"历史是最好的教科书"②，"要在学生中加强中国历史特别是中国近现代史、中国革命史、中国共产党史、中华人民共和国史、中国改革开放史等的教育，坚持不懈培育和弘扬社会主义核心价值观"③。"历史是最好的老师。思政课教师的历史视野中，要有五千多年中华文明史，要有五百多年世界社会主义史，要有中国人民近代以来一百七十多年斗争史，要有中国共产党近一百年的奋斗史，要有中华人民共和国七十年的发展史，要有改革开放四十多年的实践史，要有新时代中国特色社会主义取得的历史性成就、发生的历史性变革，通过生动、深入、具体的纵横比较，把一些道理讲明白、讲清楚。"④ 思政课要按照习近平总书记的要求积极引导青年学生深刻了解中国人民和中华民族不懈奋斗的光荣历史和伟大历程，通过历史这本最好的教科书，激发青年学生爱党、爱国、爱社会主义的巨大热情，增强青年学生的"四个自信"，使其立志肩负起民族复兴的时代重任。特别是要在课堂上主动有针对性地回应青年学生对历史问题的疑惑，选取有代表性的、详实的史料批驳历史虚无主义的观点，引导青年学生辨明是非曲直，有效阻止历史虚无主义在青年学生中的传播。

（二）思政课要注意引导青年学生掌握历史主线

历史虚无主义总是将一些零碎的历史事实加以涂抹、剪裁，以偏概全地把支线当主线、以支流当主流，来歪曲历史。习近平总书记强调："我们党的一百年，是矢志践行初心使命的一百年，是筚路

---

① 习近平：《论中国共产党的历史》，中央文献出版社，2021，第 261 页。

② 《习近平谈治国理政》，外文出版社，2014，第 405 页。

③ 习近平：《论中国共产党的历史》，中央文献出版社，2021，第 10 页。

④ 习近平：《论中国共产党的历史》，中央文献出版社，2021，第 11 ~ 12 页。

蓝缕奠基立业的一百年，是创造辉煌开辟未来的一百年。”[①] “新民主主义革命的胜利成果决不能丢失，社会主义革命和建设的成就决不能否定，改革开放和社会主义现代化建设的方向决不能动摇。这是党和人民在当今世界安身立命、风雨前行的资格。”[②] 上述论述告诫我们，学习历史一定要在掌握基本史实的基础上，善于把握历史主题、主线、主流与本质。高校思政课要把党史、新中国史、改革开放史、社会主义发展史充分融入课堂教学和社会实践，通过对相关历史进程、事件和人物的分析，帮助青年学生进一步明确中国近现代历史的主题、主线和主流、本质，尤其是中国共产党领导中国人民进行革命、建设和改革的历史主题、主线和主流、本质。要使青年学生能够了解历史规律、认清历史趋势，辨别历史是非，坚定中国特色社会主义方向，增强青年学生的自豪感、自信心、感悟力，争当走在时代前列的奋进者、开拓者、奉献者。

（三）思政课要为青年学生讲好历史故事

用毫无根据甚至有意编造的历史“假故事”引诱青年学生，是历史虚无主义的重要手段。铲除这些“假故事”滋生的土壤必须正本清源讲好历史故事。习近平总书记指出：“思政课就要讲好中华民族的故事、中国共产党的故事、中华人民共和国的故事、中国特色社会主义的故事、改革开放的故事，特别是要讲好新时代的故事。”[③] 讲故事，不仅老师讲，而且要组织学生自己讲。思政课要把习近平总书记强调的“毛泽东点一根灯芯”的故事、“长征途中军需处长”的故事、“半条被子”的故事、“半截皮带”的故事，以及陈望道同志、刘启耀同志、开国将军甘祖昌夫人龚全珍同志、焦裕禄同志、谷文昌同志、张富清同志等的故事作为党史教育和党建内容的生动

---

① 习近平：《在党史学习教育动员大会上的讲话》，人民出版社，2021，第5页。

② 习近平：《在纪念邓小平同志诞辰110周年座谈会上的讲话》，人民出版社，2014，第23页。

③ 习近平：《论中国共产党的历史》，中央文献出版社，2021，第31页。

教材，同时邀请老红军及其后代、革命烈士家属、先进模范人物等进课堂讲故事，并鼓励青年学生寻红色记忆讲党史故事，积极弘扬中国共产党的清正廉洁精神、为民精神、无私奉献精神、艰苦奋斗精神。在讲故事中用真情实感去感染和鼓励青年学生，引导青年学生加深对党的历史的理解和把握，加深对党的理论的理解和认识，最终使其进一步坚定理想信念，坚定不移跟党走，自觉抵制历史虚无主义的影响。

（四）思政课要引导青年学生认清政治问题与历史问题的关系

历史虚无主义，总是打着“学术考证”“还原历史”的旗号，向青年学生输出一套与国家主流意识形态不同的话语体系。历史虚无主义者无视社会要素的整体性和全局性，忽视历史发展中各类因素的关联性和复杂性，将历史问题肤浅化、绝对化、孤立化，诱导青年学生怀疑和否定主流意识形态，达到其“先去其史、后灭人之国”的丑陋目的。习近平总书记在“正确认识改革开放前和改革开放后两个历史时期”这个问题上引用邓小平的话：“对毛泽东同志的评价，对毛泽东思想的阐述，不是仅仅涉及毛泽东同志个人的问题，这同我们党、我们国家的整个历史是分不开的。要看到这个全局。”“这不只是个理论问题，尤其是个政治问题，是国际国内的很大的政治问题。”① 习近平总书记强调：“试想一下，如果当时全盘否定了毛泽东同志，那我们党还能站得住吗？我们国家的社会主义制度还能站得住吗？那就站不住了，站不住就会天下大乱。所以，正确处理改革开放前后的社会主义实践探索的关系，不只是一个历史问题，更主要的是一个政治问题。”②“这个重大政治问题处理不好，就会产生严重政治后果。”“国内外敌对势力往往就是拿中国革命史、新中国历史来做文章，竭尽攻击、丑化、污蔑之能事，根本目的就是要

① 习近平：《论中国共产党的历史》，中央文献出版社，2021，第5页。

② 习近平：《论中国共产党的历史》，中央文献出版社，2021，第5~6页。

搞乱人心，煽动推翻中国共产党的领导和我国社会主义制度。苏联为什么解体？苏共为什么垮台？一个重要原因就是意识形态领域的斗争十分激烈，全面否定苏联历史、苏共历史，否定列宁，否定斯大林，搞历史虚无主义，思想搞乱了，各级党组织几乎没任何作用了，军队都不在党的领导之下了。最后，苏联共产党偌大一个党就作鸟兽散了，苏联偌大一个社会主义国家就分崩离析了。这是前车之鉴啊！”① 高校思政课要引导青年学生确立以社会历史的整体性为出发点，尤其以政治性为基本出发点考察和评价历史的逻辑思维。高校思政课要引导青年学生了解，任何历史事件都不单单是肤浅、绝对、孤立的历史事件，要树立全局性、系统性、整体性的历史观。尤其是确立历史、政治不分家的历史思维方式，在研究和评判历史问题时首先要做到政治性与历史性相统一。除此之外，还需要结合经济学、外交学、军事学、地理学等相关知识。形而上地考察单个历史事件很容易陷入历史虚无主义的泥潭。

（五）思政课要引导青年学生掌握历史发展的曲折性和前进性相统一原理

拿历史发展过程中的失误和曲折来否定马克思主义、否定中国共产党、否定中国特色社会主义是历史虚无主义的惯常伎俩。习近平总书记强调：“人世间没有一帆风顺的事业。综观世界历史，任何一个国家、一个民族的发展，都会跌宕起伏甚至充满曲折。……这是一切正义事业发展的历史逻辑。我们的事业之所以伟大，就在于经历世所罕见的艰难而不断取得成功。”② “历史就是历史，历史不能任意选择，一个民族的历史是一个民族安身立命的基础。不论发生过什么波折和曲折，不论出现过什么苦难和困难，中华民族五千多年的文明史，中国人民近代以来一百七十多年的斗争史，中国共产

① 习近平：《论中国共产党的历史》，中央文献出版社，2021，第 4 ~ 5 页。

② 习近平：《论中国共产党的历史》，中央文献出版社，2021，第 56 页。

党九十多年的奋斗史，中华人民共和国六十多年的发展史，都是人民书写的历史。历史总是向前发展的，我们总结和吸取历史教训，目的是以史为鉴、更好前进。”“不能因为（革命领袖）他们伟大就把他们像神那样顶礼膜拜，不容许提出并纠正他们的失误和错误；也不能因为他们有失误和错误就全盘否定，抹杀他们的历史功绩，陷入虚无主义的泥潭。前事不忘，后事之师。一个马克思主义政党对自己的错误所抱的态度，是衡量这个党是否真正履行对人民群众所负责任的一个最重要最可靠的尺度。我们党对自己包括领袖人物的失误和错误历来采取郑重的态度，一是敢于承认，二是正确分析，三是坚决纠正，从而使失误和错误连同党的成功经验一起成为宝贵的历史教材。”① 但是，要尤其注意，思政课不能只讲社会主义发展的曲折性。习近平总书记在学校思想政治理论课教师座谈会上对此做过明确要求：“可以讲社会主义建设的复杂性和艰巨性，更要引导学生对社会主义前景充满信心。无论怎么讲，最终都要落到引导学生树立正确的理想信念、学会正确的思维方法上来。”② 所以，思政课要引导青年学生正确看待历史发展的曲折性，要认识到曲折的发生不可避免，也要认识到历史前进的必然，即历史的前进趋势并不会因为在实践探索中出现某种曲折而改变，还要认识到客观对待失误和错误、认真总结和吸取经验教训对推动历史发展的重大作用和意义。尤其要讲清楚，在我国探索实践史无前例的社会主义事业，发生一定曲折和错误是在所难免的，不能只看到所发生的曲折和错误，还要看到中国共产党对这些曲折和错误的反思和纠正，以防青年学生因历史发展的曲折性而对社会主义轻易产生怀疑和失去信念。

（六）思政课要引导青年学生明确历史发展的渐进性

历史虚无主义者经常“借外非中”，脱离我国和其他国家的具体

---

① 习近平：《论中国共产党的历史》，中央文献出版社，2021，第 57 ~ 58 页。

② 习近平：《思政课是落实立德树人根本任务的关键课程》，《求是》2020 年第 17 期。

国情，将中国和其他国家进行各种简单对比，一边鼓吹西方国家的社会福利制度，一边夸大中国现阶段出现的贫富差距、生态污染等社会问题，以此否定中国特色社会主义制度的优越性。习近平总书记强调："坚持和发展中国特色社会主义是一项长期的艰巨的历史任务。邓小平同志说：'我们搞社会主义才几十年，还处在初级阶段。巩固和发展社会主义制度，还需要一个很长的历史阶段，需要我们几代人、十几代人，甚至几十代人坚持不懈地努力奋斗，决不能掉以轻心。'"① 高校思政课教师要正确引导青年学生联系"社会主义初级阶段"这一最大国情来评价当下中国社会问题，既积极肯定中国特色社会主义的伟大成绩，也客观看待新时代中华民族伟大复兴道路的开创性、艰巨性、复杂性。例如针对贫富差距，要多讲改革开放初确立的先富带动后富、最终达到共同富裕的波浪形致富道路，多讲新时代党和国家缩小贫富差距、倡导共同富裕的具体政策，多讲共同富裕事业需要远近兼顾、深谋远虑，而杀鸡取卵、涸泽而渔式的社会福利分配是很难持久的。西方福利社会建立在人口少、人均 GDP 高、工业化历史悠久的基础上，福利虽高但发展易陷入"停滞"，缺乏可持续性。对中国而言，在人均 GDP 刚超过世界平均水平的条件下，跃进式的社会福利增长不可能也不现实。西方福利社会的深刻教训也警示我们，要平衡好经济发展与社会福利增长两者之间的关系，在高质量发展中促进共同富裕。《中国的全面小康》白皮书指出，十八大以来，我国居民收入分配格局逐步改善。虽然存在贫富差距，但城乡、地区和不同群体居民收入差距总体上趋于缩小。一方面，要以文化教育的高水平发展和劳动者素质的提升促进经济的高质量发展，以可持续的经济发展和财力为社会福利增长提供坚实的物质基础。另一方面，要坚持"共同富裕"的社会主义本质，不断缩小贫富差距，逐步建立起全覆盖、保基本、多层次、可持续的社会保障体系。特别是，要注意贯彻"共享"发展理念，坚持全

① 《习近平谈治国理政》第二卷，外文出版社，2017，第 48 页。

民共享、全面共享、共建共享、渐进共享，避免学生陷入“为了公平放弃效率”的思维误区。习近平总书记在中央财经委员会第十次会议上强调：“共同富裕是全体人民的富裕，是人民群众物质生活和精神生活都富裕，不是少数人的富裕，也不是整齐划一的平均主义，要分阶段促进共同富裕。要鼓励勤劳创新致富，坚持在发展中保障和改善民生，为人民提高受教育程度、增强发展能力创造更加普惠公平的条件，畅通向上流动通道，给更多人创造致富机会，形成人人参与的发展环境。要坚持基本经济制度，立足社会主义初级阶段，坚持‘两个毫不动摇’，坚持公有制为主体、多种所有制经济共同发展，允许一部分人先富起来，先富带后富、帮后富，重点鼓励辛勤劳动、合法经营、敢于创业的致富带头人。要尽力而为量力而行，建立科学的公共政策体系，形成人人享有的合理分配格局，同时统筹需要和可能，把保障和改善民生建立在经济发展和财力可持续的基础之上，重点加强基础性、普惠性、兜底性民生保障建设。要坚持循序渐进，对共同富裕的长期性、艰巨性、复杂性有充分估计，鼓励各地因地制宜探索有效路径，总结经验，逐步推开。”① 提升学生用唯物史观阐释和回应新时代出现的新问题的能力，促使青年学生继续保持艰苦奋斗精神，积极为实现中华民族伟大复兴中国梦贡献力量。

（七）思政课要引导青年学生用全面、历史、辩证的方法评价历史人物

脱离历史人物所处时代条件对历史人物进行攻击、抹黑，对历史人物进行断章取义的评价，达到否定历史人物功绩的效果，是历史虚无主义的惯用手段。马克思指出：“人们自己创造自己的历史，

① 《习近平主持召开中央财经委员会第十次会议强调 在高质量发展中促进共同富裕 统筹做好重大金融风险防范化解工作》，《人民日报》2021年8月18日，第1版。

但是他们并不是随心所欲地创造，并不是在他们自己选定的条件下创造，而是在直接碰到的、既定的、从过去承继下来的条件下创造。"[①] 习近平总书记强调："在中国这样的社会历史条件下建设社会主义，没有先例，犹如攀登一座人迹未至的高山，一切攀登者都要披荆斩棘、开通道路。……对历史人物的评价，应该放在其所处时代和社会的历史条件下去分析，不能离开对历史条件、历史过程的全面认识和对历史规律的科学把握，不能忽略历史必然性和历史偶然性的关系。不能把历史顺境中的成功简单归功于个人，也不能把历史逆境中的挫折简单归咎于个人。不能用今天的时代条件、发展水平、认识水平去衡量和要求前人，不能苛求前人干出只有后人才能干出的业绩来。""革命领袖是人不是神。尽管他们拥有很高的理论水平、丰富的斗争经验、卓越的领导才能，但这并不意味着他们的认识和行动可以不受时代条件限制。"[②] 高校思政课要引导青年学生用全面、历史、辩证的方法正确评价历史人物，以"放在其所处时代和社会的历史条件下去分析"和六个"不能"为重要评价依据，以对历史人物的评价带动对历史的深入思考，不断提高青年学生对历史的认知能力、对历史是非的辨别能力。

（八）思政课要引导青年学生深刻认识英雄人物保家爱国的伟大力量

英雄人物是中华民族的脊梁。网络上一些别有用心的人对英雄造谣中伤，甚至妄图通过"细节考证"来诋毁英雄形象，质疑英雄事迹。面对这些污蔑英雄的言论，必须摆清事实，通过充分的证人、证言、证据，以充分的透彻的细节考证回应"细节考证"。近年来，我们的主流媒体积极行动起来，对这股历史虚无主义思潮进行有力回击。《人民日报》客户端围绕"捍卫英雄"宣传主题，通过原创、

① 《马克思恩格斯选集》第1卷，人民出版社，2012，第669页。

② 习近平：《论中国共产党的历史》，中央文献出版社，2021，第56～57页。

转载、推送等途径，发出大量稿件，所推送的新媒体文章《抹黑英雄成网络公害》被多家媒体转载，取得良好传播效果。《人民日报》要闻六版品牌栏目“对话价值观”以“捍卫英雄”为主题，邀请英雄连队官兵、社会各界相关专家、网络意见领袖畅所欲言，充分碰撞，加强热点引导。新华社“为英雄正名”系列报道充分运用全媒体手段，以文字、图片和视频等方式综合展示英雄人物的光辉形象和英勇事迹，借助新华网、新华网客户端等平台，与优酷网等拥有庞大用户规模的视频网站合作，播出《为英雄正名：亲历者讲述刘胡兰的真挚恋情》《为英雄正名：邱少云牺牲之谜》等视频节目，放大报道的影响力和覆盖面。央广“中国之声”策划系列报道《捍卫英雄》，在微信平台连续推出《黄继光血肉之躯为什么能挡住子弹?》《邱少云为何在烈火中一动不动?》《董存瑞是如何炸碉堡的?》等7篇力作，解疑释惑，酣畅淋漓。报道采用多种方式，展示英雄的普通人身份及朴素情感，做到在反驳质疑的同时拉近英雄与大众距离。着眼于增强报道可信度，央广配发英雄战友、亲人提供的史料图片和音视频，并在结尾处请他们直接出来说话；不仅提供确凿的证人、证言、证据，还让广播听众、微信微博网友参与到为英雄正名的行动中。《解放军报》始终坚持从正面进入，下大气力挖掘、还原历史真相和英雄本色，心平气和地把事实讲足讲透。如选取董存瑞、黄继光、邱少云、雷锋等英雄人物，派记者踏访河北、辽宁、山西、四川等十多个省市，采访数百人，寻找线索证据，收集了大量可信的一手资料。新闻调查稿件均由英雄的战友、同事、亲人、目击者等以见证人口述的方式还原历史。[①] 中央主要媒体通过深入细致的采访调查，为近年来屡遭恶意抹黑的英雄人物“正名”，起到正视听、明是非、服人心的作用，有效地引导了社会舆论。思政课教师要做好“搬运工”，将主流媒体所做的工作、所形成的材料，通过案例的

① 《“我们和英雄在一起”——社会各界“捍卫英雄”行动综述》，《人民日报》2015年7月27日，第6版。

形式展现给青年学生。同时，需进一步反思英雄人物为什么会被恶意抹黑，我们党史、国史、军人史、英雄史的宣传教育工作是不是还需要做得更细致一些。如果我们在以往的宣传教育工作中，就把英雄人物的故事讲得如此细致、如此深入人心，在全社会形成价值共识。那么，这股污蔑英雄的言论就无法兴风作浪了。

第二节　民族主义

20 世纪 90 年代以来民族主义思潮在我国凸显，并表现出不同的价值取向和特点。健康、理性的民族主义在引导青年学生进行中国特色社会主义建设中发挥建设性作用；激进、偏执、狭隘的民族主义则导致青年学生产生盲目排外、尚武等错误的思想和行为，对中国的社会发展、政治稳定和国际形象产生不利影响。思政课要以马克思主义的立场和观点分析、认识民族主义思潮，促进民族主义朝着健康和理性方向发展，发挥其在青年学生思想领域中的建设性作用。

一　民族主义的表现

“民族主义”一词被广泛使用是在 20 世纪以后。民族主义一词在我国的发展有一个转变过程。新中国成立后很长一段时间，民族主义是指资产阶级抹杀民族内部的阶级对立和阶级矛盾，奉行民族压迫和民族分裂的意识形态。如，希特勒宣扬极端民族主义，迫害和屠杀犹太人。20 世纪 90 年代后，国内学界对民族主义的研究开始摆脱意识形态的束缚，普遍认为民族主义是建立在民族情感之上的维护民族统一、保持民族独立、实现民族繁荣的追求、理想和运动。民族主义自此成为一种客观中立的学术话语表达。从本质上说，民族主义以民族利益为核心，维护民族利益是民族主义最有力、最响亮的表达。

近年来，在中国的政治、经济、文化体育、社会生活、外交等领域的重大事件中青年学生大多表现出强烈的民族主义情绪。其中既有理性健康的民族主义，反映出青年学生正当合理的社会意识和群体情感，又有非理性破坏性的民族主义情绪，例如狭隘民族主义、极端民族主义、激进民族主义等。其中，理性健康的民族主义是推动国家、民族、社会发展的巨大动力，但非理性的破坏性的民族主义会阻碍国家、民族、社会发展。

二　民族主义对青年学生的影响及原因

民族主义已经成为当代中国最能牵动青年学生情绪、情感和行为的思潮。那么，民族主义对新时代青年学生造成了哪些影响呢？因为民族主义本身可以分为两类——理性民族主义和狂热、狭隘、极端民族主义，所以其对青年学生也产生了两种不同影响。一方面，理性的民族主义可以催生青年学生的报国志、爱国行。理性的民族主义能够增强爱国意识，提高政治参与自觉性。青年学生通过各种媒体关心世界与中国的大事，主动参与国际、国内问题的讨论，发表自己的见解和观点，推动政治社会化进程。同时，理性的民族主义也提高了青年学生对中华文化的认同，促进青年学生自发自觉地弘扬中华优秀文化。民族凝聚力很大程度上来源于人民对同一文化的认同。从民族主义角度看，中华优秀传统文化是中华民族的象征，扎根于每个中国人的血液中。近几年，不论是党和国家大力倡导青年学生要弘扬和发展中华优秀传统文化，高度重视中国优秀传统文化在青年学生中的传播、继承、转换和发展，还是青年学生自发对中华优秀传统道德文化的回归和认同，比如“汉服热”的流行、关于“韩国申遗”的讨论等，都是受到以弘扬主流文化为基础的民族主义理念的影响。另一方面，狂热、狭隘、极端的民族主义给青年学生带来严重的消极影响。狂热、狭隘、极端的民族主义极易造成青年学生面对政治事件时激进狂热，失去理性思考的能力，也容易使青年学生陷入狭隘保守、固步自封的境地。中美贸易摩擦、山东大学“学伴”事件、《外国人永久居留管理条例》（征求意见稿）出台和 H&M、耐克、阿迪达斯等国际品牌抵制新疆棉等，每一件事都激起青年学生强烈的民族主义情绪。在中美贸易摩擦发生后，青年学生群体中提倡使用华为产品、抵制苹果产品的呼声较高。新疆棉事件发生后，青年学生群体中提倡抵制 H&M 等品牌的呼声更高。在国际上各种摩擦之中，青年学生表现出普遍高涨的民族主义消费情绪。同时，山东大学“学伴”事件和《外国人永久居留管理条例》（征求意见稿）出台这两件事情引起青年学生较多关注。青年学生们举了一些例子，说明改革开放以来，一些外国留学生、外国游客及侨民在生活、治安和行政方面享受了较高规格的待遇。例如，留学生居住设施配备较好的公寓，一些外国人不遵纪守法、侵害中国公民权益却从轻处罚，这些做法让很多青年学生愤愤不平。他们关注外国人在中国享受了“超国民待遇”，甚至有青年学生认为外国人挤占了中国的社会资源，提出让外国人“滚出中国”的口号。青年学生对维护祖国统一、反对民族分裂的问题也非常关注。香港修例风波、台湾统一问题都引起青年学生的高度关注。另外，部分青年学生在政治事件上激进狂热，看待对外关系时持有尚武观念，主张对抗。

青年学生受民族主义思潮的影响较大，主要有三个方面的原因。从青年学生的成长教育环境来分析，青年学生长期在爱国主义教育环境中成长，所以具有较强的爱国主义情感，对维护民族利益的民族主义会产生天然的亲近感；从青年学生所处的时代特点来分析，党的十八大以来，党和国家发展处于快速上升时期，呼应了青年对党和国家不断进步和强大的热切期盼，其民族主义情感更为炽烈；从青年学生政治观来分析，由于青年学生的政治观还处于不断成熟阶段，狭隘、狂热、极端的民族主义容易“钻空子”。

（一）青年学生的成长教育环境使其受民族主义影响较大

青年学生从小开始接受爱国主义教育，具有较高的爱国主义情感，对党和国家的政治发展较为关注，并积极表达自己的观点。作为“网生代”“网络原住民”，他们的爱国主义情感大多以网络言行的方式表现出来，比如发朋友圈、发微博、在一些公众号文章下面留言评论、在一些视频中发弹幕。尤其是外交部发言人办公室的微信公众号、共青团中央的微信公众号得到青年学生的普遍关注。在思政课的大课堂和小课堂上，青年学生在参与实践和课堂讨论时，也都充分表达自己的爱国观点。国家政治生活方面发生一些大事要事时，青年学生的爱国主义情绪更为高涨。所以，青年学生会对以维护民族利益为核心的民族主义产生天然的亲近感。

（二）青年学生所处的时代特点使其受民族主义影响较大

新中国成立 70 多年特别是改革开放 40 多年来，在中国共产党领导下，中国人民在发展前进的道路上实现了一个又一个伟大飞跃，取得举世瞩目的伟大成就。中国的国际地位和国际影响力空前提升，中国崛起被国际媒体称为“近年来最重要的全球变革”。特别是党的十八大以来，以习近平同志为核心的党中央领导集体以巨大的政治勇气和强烈的责任担当，提出一系列新理念新思想新战略，出台一系列重大方针政策，推出一系列重大举措，推进一系列重大工作，解决了许多长期想解决而没有解决的难题，办成了许多过去想办而没有办成的大事，推动党和国家事业取得了全方位的、开创性的历史性成就，发生了深层次的、根本性的历史性变革。习近平总书记强调：“我们比历史上任何时期都更接近中华民族伟大复兴的目标，比历史上任何时期都更有信心、有能力实现这个目标。”① 青年学生所处的时代特点呼应了其对党和国家不断强大的热切期盼。虽然他们没有经历过祖辈所经历的战争苦难，也没有经历过父辈所经历的物质生活体验的巨大转折，但他们更多基于国家强盛与个人幸福体验为党和国家的飞速发展深感自豪与骄傲。抗击新冠肺炎疫情、脱

① 《十八大以来重要文献选编》（上），中央文献出版社，2014，第 83 页。

贫攻坚取得胜利、全面建成小康社会等重大事件进一步提升了青年学生对党和国家的信任度，增强了青年学生的爱国意识，提高了青年学生对国家政治生活的关切度和参与度。

（三）青年学生政治观的特征使其受民族主义影响较大

青年学生处于世界观、人生观、价值观的形成时期。其接受新鲜事物的能力强，但同时也很容易被新奇、感性的观点迷惑，在中国与其他国家的一些政治和贸易摩擦事件中，狂热、狭隘、极端的情绪很容易被激发。同时，青年学生由于对国家政治生活的相关法律法规及参与平台的了解并不透彻，会产生一些模糊认识和疑问。比如，他们看到中国近代历史上的青年学生们为挽救国家危亡而进行了各种政治运动、西方国家的青年人经常开展一些示威游行等，就产生了自己为什么不可以通过大规模的政治运动和游行来表达政治意见和诉求的疑问。同时，部分青年学生在表达爱国主义情感时，只是从短期利益出发，不能忍受中国与其他国家在外交上出现摩擦，强调一定要通过某种极端方式甚至武力方式“出口气”，忽视党和国家的长远利益，这本质上是一种尚武主义思想。所以，青年学生较容易受狭隘、狂热、极端的民族主义的不良影响。

三　思政课如何对民族主义进行理性批判和引导

思政课带着强烈的问题意识，对影响青年学生的不良民族主义思潮进行理性分析，推动其转化为爱党、爱国、爱社会主义的行动，进一步增强党和国家的凝聚力，增强青年学生对党和国家的政治认同感，提高青年学生共同建设中国特色社会主义、实现中华民族伟大复兴目标的能动性和积极性。

（一）思政课要引导青年学生正确认识外国人在华待遇问题

思政课要和青年学生讲清楚外国人在中国暂时居住学习工作或

者享有永久居留权是合理必要的，其目的是维护我们的国家利益和民族利益，而不是损害人民利益。中国要融入世界经济发展的大潮，利用全球经济发展带动自身前进，就不能闭关锁国，而是要不断开放。同时，国家会加强对外国人的有效规范，近年来外国人享受“超国民待遇”的现象已经越来越少。以《外国人永久居留管理条例》为例，其用对我国移民管理进行立法的方式来吸引世界各类人才，在激发我国经济社会发展动能、促进我国进一步扩大开放和现代化建设中的重大意义和积极作用是毋庸置疑的。2020 年 2 月 27 日在司法部网站上公布的是《外国人永久居留管理条例》（征求意见稿），而非正式条例。征求意见稿在形成正式条例前会面向社会集思广益，会在多方讨论、理性辨析、谨慎论证的基础上进一步修改和完善。司法部、国家移民管理局在 2020 年 3 月初联合召开了《外国人永久居留管理条例》（征求意见稿）征求意见座谈会。部分企事业单位人员、社区干部、居民和专家学者应邀参加会议，对此进行了深入讨论，发表了意见建议。与会人员一方面肯定了制定外国人永久居留管理条例的必要性，一方面也指出，该条例征求意见以来，社会高度关注，有的担心有关资格、条件设计是否合理，会不会出现大量海外人员挤占国内就业岗位和社会公共福利资源问题，也有的反映一些规定过于原则、不够细化，顾虑实施后出现管理漏洞、难以监督问题。与会人员建议结合我国国情以及国际有益做法，进一步评估论证，完善优化相关制度设计，使申请永久居留资格的条件和程序更周延、更严密。而司法部有关负责人同时表示，条例目前尚处于向社会征求意见阶段，司法部将按照科学立法、民主立法、依法立法的要求，对公众所提的意见建议，认真深入予以研究。条例在充分吸纳公众意见、进一步修改完善之前不会仓促出台。同时，国家移民管理局有关负责人也表示，“高度重视公众对完善境内外国人管理工作的关切，在依法保护广大中外出入境人员合法权益的同时，将进一步强化对非法入境、非法滞留人员检查、遣返力度，依法严肃查处相关违法犯罪活动，维护正常的出入境秩序”。[①] 所以，青年学生应该辩证地看待、理性地分析《外国人永久居留管理条例》（征求意见稿），其是要在不断摸索实践中逐步改善的，所以需要给予一定的理解、包容与信任。而国家进行外国人永久居留管理方面的立法也是要加强对外国人的引进和管理，目的是保护我们的国家利益和民族利益。青年学生不能因此产生盲目排外的情绪。

（二）思政课要向青年学生讲清楚民族主义消费文化对中国的影响

民族主义消费文化建立在参与人共同的民族情感基础之上，其把民族主义和消费主义结合起来，赋予经济活动强烈的政治倾向，主要体现在抵制外货运动中。在中国，民族主义消费文化体现了人民对发达国家“强权政治”的情绪反应，它是群众通过消费活动自发进行集体性反抗的表现。我国在近代历史上，发生过数次抵制外货的爱国行动，邓小平等党和国家领导人在年轻时也都参加过这些活动。但那时抵制外货的历史环境与现在不同。彼时中国国力孱弱，经济发展缓慢，尚没有融入全球化进程，民间爱国人士只能以此表示对发达国家“强权政治”的抵抗。但改革开放以后，我国的国际国内环境均发生了翻天覆地的变化，随着经济全球化深入发展，中国与其他国家在经济上形成了越来越紧密的“你中有我，我中有你”共同发展的关系。日本、美国等发达国家在中国开设大量工厂，给中国政府增加了税收，解决了一部分就业问题。从消费对生产的反作用原理来考察，抵制消费一些外国货物，对在中国生产和销售这些外国货的相关领域会造成不良影响。在这种环境下，盲目抵制“外货”必然对我们自身的经济发展和稳定产生不良影响。具体到

---

① 《司法部、国家移民管理局召开座谈会就外国人永久居留管理条例征求意见稿听取意见 将广泛听取认真吸收公众意见》，新华网，http：//www.xinhuanet.com/legal/2020－03/07/c_1125677004.htm。

“中国部分消费者要求禁售苹果公司 iPhone”的问题，任正非在采访中也说了自己的两个看法：首先就是中国不会对苹果公司进行“报复”，其次就算发生这种情况，自己也会第一个抗议，不能因为华为这一家公司，就毁了国家的开放政策，影响了国家的利益就不好了。抵制苹果公司的产品，会使中国在税收、就业、产业发展等方面受到影响。目前，苹果公司的产业链和生产线很多设在中国。例如，郑州富士康园区，是世界上最大的苹果手机组装工厂，高峰时员工接近 30 万。还有很多依靠苹果产品的 3C 数码配件厂家，从事数据线、充电头等的生产和产品维修等。国内电子产业供应链集群的形成，与苹果公司也是有直接相关性的。所以，民族主义消费文化会损害中国的经济利益和改革开放的良好国家形象。正确的爱国，不是不分条件不看前提地把消费行为与爱国主义相结合。对青年学生来说，正确的爱国方法根本上在于认真学习，为党和国家发展献出自己的力量。面对实现社会主义现代化强国和中华民族伟大复兴中国梦的战略目标，面对经济社会发展的新趋势、新机遇、新矛盾和新挑战，国家的发展需要科学的理念作指导，青年人的发展要自觉与国家的发展保持一致。党的十八届五中全会提出了创新、协调、绿色、开放、共享的新发展理念。其中，创新是引领发展的第一动力。抓住了创新，就抓住了牵动经济社会发展全局的关键。所以，青年学生踏踏实实地努力学习，实实在在地为国家创新做贡献，持续不断地提升我国的自主创新能力，做好做强民族品牌，是比抵制“外货”更为根本和有效的方式。这样的爱国之情才能有效、持久而深远。正确的爱国也是敢于面对自身的不足，善于学习别人的优点，展示大国风范，体现国之自信。

（三）思政课要引导青年学生不要陷入“尚武”“对立”“唯我独尊”等极端民族主义之中

在经济全球化的今天，思政课要积极探索引导民族主义思潮的方法策略，提高青年学生辨别是非的能力，引导青年学生抵制各种

“尚武”“对立”“唯我独尊”的极端民族主义思潮。2019年，中共中央、国务院印发的《新时代爱国主义教育实施纲要》也强调指出：“涵养积极进取开放包容理性平和的国民心态。加强宣传教育，引导人们正确把握中国与世界的发展大势，正确认识中国与世界的关系，既不妄自尊大也不妄自菲薄，做到自尊自信、理性平和。……理性表达爱国情感，反对极端行为”。[①] 要引导青年学生认清极端民族主义的表现和不良影响，其宣泄和挑动仇外、排外情绪，鼓吹对抗、鼓吹战争、贬低其他民族和国家，将本民族利益置于至高无上的地位，而对其他民族则持“非我族类、其心必异”的态度。美国近年来“麦卡锡主义”思潮重新泛滥，其抱着“零和”博弈和强权政治旧思维，大搞“美国优先”，奉行唯我独尊，其实就是在走极端、狭隘民族主义的路线。中国历来倡导各个国家的互相尊重与和平共处，珍惜和维护和平的外交环境。习近平强调：“各国历史文化和社会制度各有千秋，没有高低优劣之分，关键在于是否符合本国国情，能否获得人民拥护和支持，能否带来政治稳定、社会进步、民生改善，能否为人类进步事业作出贡献。……差异并不可怕，可怕的是傲慢、偏见、仇视，可怕的是想把人类文明分为三六九等，可怕的是把自己的历史文化和社会制度强加给他人。”[②]“亲仁善邻、协和万邦是中华文明一贯的处世之道。”习近平还多次在国内外公开场合坚定地表示，无论发展到哪一步，中国都永远不称霸、永远不搞扩张，永远不会把自身经历过的悲惨遭遇强加给其他民族。中华民族的伟大复兴是以追求中国的现代化为目标，而不是以追求称霸为目标。习近平提出的“人类命运共同体”，就是表达中国要与各国发展共同推进、安全共同维护、治理共同参与、成果共同分享的理念。归根结底，摒弃意识形态偏见，放弃“零和”博弈思维，走和平共处、互

① 《十九大以来重要文献选编》(中)，中央文献出版社，2021，第322~323页。

② 习近平：《让多边主义的火炬照亮人类前行之路——在世界经济论坛“达沃斯议程”对话会上的特别致辞》，《人民日报》2021年1月26日，第2版。

利共赢之路，方是世界历史的大势所趋。习近平外交思想不仅传承发扬了新中国反对殖民主义、霸权主义、强权政治的正义立场，同时也在涉及国家主权和领土完整的重大问题上划出红线、亮明底线，坚决捍卫国家核心利益与民族尊严。中国人民珍爱和平，决不搞侵略扩张，但有战胜一切侵略的信心，谁都不要指望我们会吞下损害我国主权、安全、发展利益的苦果。中国人民也绝不允许任何外来势力欺负、压迫、奴役我们，谁妄想这样干，必将在14亿多中国人民用血肉筑成的钢铁长城面前碰得头破血流！

（四）思政课要把课堂建成青年学生表达民族主义观点和情感的阵地

中国青年学生的民族主义观点和情感在哪里表达？现在大部分青年学生热衷于在Bilibili网站或观察者网发布的时政类视频下发表自己的观点和看法。2011年6月，一民间智库与《文汇报》合作，组织张维为与弗朗西斯·福山的世纪大辩论，最后宣布“历史终结论”被终结。此后，观察者网开始在网络媒体中崭露头角，在为中国发展高铁辩护、反对“华盛顿共识”、揭穿西方制度神话、肯定中国发展优势、主张中国模式等一系列舆论工作中，不断扩大影响并吸引大量精英作者参与，成为新爱国主义传媒的旗帜。① 观察者网虽然不是官方媒体，但是现在已经成为一家对青年学生有较大影响的政治类自媒体。其经常关注国内外一些热议话题，开办网络时政节目较为频繁，与观看者互动较多，比较贴近青年学生参与政治问题讨论的心理。相较于传统官方媒体，观察者网在吸引受众上面取得了较大成功。青年学生愿意接受他们这种报道新闻的方式以及相关解读。同时，由于此类自媒体上面的“观察员”很少是思政课教师出身，所以其思想深度与政治高度有时并不能达到统一。面对青年学生的民族主义思潮，思政课要有阵地意识，要发挥好思政课堂阵

① 余亮：《小粉红的系谱、生态与中国青年的未来》，《文化纵横》2021年第5期。

地对青年学生的主要引导作用。思政课在由老师讲授的同时，也要尽可能多地给青年学生提供表达自己的政治观点和意见的机会，引导青年学生发表自己的见解，多倾听青年学生的观点、多与青年学生进行沟通和互动。通过这样的方式，能够较为直观地了解青年学生对党和国家政治生活的关注点及困惑点，思政课教师也能及时运用其较强的政治素养、较专业的理论知识，引导青年学生对国内外政治新闻形成客观认知和理性判断。

第三节　丧文化

在与青年学生的接触之中，能够深刻地体会到，近几年来他们所处的思想文化环境中充斥着一股“丧”“佛”“卷”的气息。这些是新兴的社会观点，但传播迅速，成为一种青年亚文化。青年学生普遍表示已经习以为常。高校思政课坚持批判性，要高度重视、分析、批判和引导此类社会观点。

一　丧文化的表现

根据百度指数的搜索，我们可以看出，在2016年下半年之前并没有丧文化的提法。2016年下半年“葛优躺”的图片在网络上流行起来，“葛优躺”表情包也开始出现在网络上。随着新媒体、互联网推波助澜，丧文化开始作为一种网络青年亚文化出现，而之前的具有相同风格的语言、图片和表情包也都归于丧文化的模糊概念之下。2017年7月18日，教育部、国家语委在北京发布《中国语言生活状况报告（2017）》，“葛优躺”入选2016年度十大网络用语。网络上也列出了“葛优躺”的社会学意义：这样的形象跟所有年代提倡的积极、健康、向上的主流精神相悖，但在此时此刻，恰好跟这个时代的青年文化无缝切合。“葛优躺”式的“颓废”正是这批超时工作、超额吃饭、压力大、挣钱难的青年的内心状态。可以说，“葛优躺”让“丧”成了一种文化。

除了“葛优躺”，丧文化还有其他各式各样的具体表现。表情包丧——懒蛋蛋、悲伤蛙 pepe、长腿闲鱼；歌曲丧——“丧歌天后”Lana Del Rey 的作品、网络神曲《感觉身体被掏空》；影视剧、视频丧——《马男波杰克》《一家之主鲍比 · 希尔》《逃避虽可耻但有用》《不求上进的玉子》《被嫌弃的松子的一生》《伦敦生活》《海边的曼彻斯特》等；[①] 段子丧——微博、贴吧、Facebook 上有着“丧”和“负能量”气息的戳心段子非常流行，并广受吹捧，像“人生没有真相，但一定有假象”“经常有人说青春无敌，其实好看的青春才是无敌的”等都是这一类的代表。比较典型的有台湾畅销作家林育圣的 Facebook 上“每天来点负能量”的粉丝团，这个粉丝团目前包括 70 多万人，每天会更新贴文和语录。[②] 根据“每天来点负能量”这个题材，作家林育圣先后出版了多本畅销书，其中《每天来点负能量》很受青年学生喜欢。此外还有消费品丧——2016 年，微博用户“养乐多男孩洗洗”的一条微博，表达了这样一个想法：“想在喜茶对面开一家丧茶，主打‘一事无成奶绿、碌碌无为红茶、依旧单身绿茶、想死没勇气玛奇朵’等产品”，受到广大网友的支持。随后饿了么和网易新闻乘势在喜茶对面开了一家“丧茶”。“丧茶”一出现迅速成为网红店，一众自诩为“丧”的青年人大排长龙。[③] “丧茶”兴起于“葛优躺”等丧文化表情包、段子广泛传播之后，发展出全国各地多家门店。人们纷纷打卡快闪店，发布朋友圈，掀起一大波热潮。丧营销没有止步于此，还有“UCC 咖啡”的“丧”营销海报、“Moonleaf 月葉”的消极杯、“试物所”打造的“丧”系列酸奶等。“丧”这一情绪或者说是表达方式被企业主们利用，其针对 90 后、00 后打造了一系列的产品和营销活动，并通过社交网络使得

---

① 尤怡丹：《丧文化及其传播研究》，南京师范大学硕士论文，2018，第 21 页。

② 尤怡丹：《丧文化及其传播研究》，南京师范大学硕士论文，2018，第 23 页。

③ 尤怡丹：《丧文化及其传播研究》，南京师范大学硕士论文，2018，第 23 页。

“丧”营销成为热议的话题。

丧文化的传播主要是通过图片或表情包、文字、影视作品等多种方式以线上、线下多个渠道影响青年学生。特别是近年来O2O模式兴起，社群粉丝只要对一种亚文化有所关注，就有参与线下活动的可能。“丧茶”正是由于其快闪店的落地，为丧文化的宣传提供了助力。“每天来点负能量”举办展览，在线下深受欢迎。人际传播，也是丧文化传播的重要路径。当青年学生接收到丧文化的搞笑信息或戳心信息时，会有部分青年学生分享给身边的同学或亲近的朋友一起看。

二 丧文化对青年学生的影响及原因

丧文化由于和主流文化宣传的“正能量”“伟光正”大相径庭，加之网络媒体的推广效应，一出现就吸引了众多青年学生。那么，丧文化对青年人而言是解药还是毒药？这是一个需要谨慎思考的问题。对丧文化的分析，关键在于要对这种青年亚文化来一场“沉浸式”的体验。所以，首先要实事求是地、全面地了解和掌握“丧文化”带给青年学生的影响。一方面，丧文化是青年学生的“哈哈镜”、学业压力的“泄洪口”。在与青年学生的访谈中我们发现，相较于主流意识形态的催人向上，丧文化代表了一些青年学生在压力下“喘息”“小憩”“放松”“补给”的心理需求。就像马拉松的参加选手处在体力透支的临界点时，“加油”这种正向鼓励对他们没有实际意义，反而“慢慢跑”“快到了”这种较为委婉的方式更能让选手将比赛坚持到底。大部分青年学生也表示他们喜欢“丧文化”并不代表他们真“丧”。他们对“丧文化”的态度，消遣居多，并不会真的被其影响。在经过一番自我调适之后，他们又会继续拼搏向上。所以，在此种意义上，丧文化是一种青年学生对现实压力的自我调节机制。另一方面，丧文化中的消极能量会对少部分青年学生产生不良影响。一是，丧文化成为少部分青年学生不积极不努力的“正当性”借口。丧文化迎合了这部分青年学生不想拼搏、甘于平庸的学习生活观念。在这部分青年学生中，积极向上励志的话语会被他们贴上“鸡汤”的标签加以嘲笑，努力拼搏奋斗的人会被他们斥为“钻营”“世俗”的异类。二是，丧文化突出了情绪发泄、娱乐减压的特性，同时有些丧文化过度娱乐化，消解了其心理减压和调适的功能，少部分青年学生因为长期迷失在恶趣味文化中，久而久之开始真“丧”，健康成长受到影响。

青年学生易于接受丧文化，要从国家发展特征、非主流意识形态思潮影响、青年人社会心态特点和中国民族文化性格几大要素入手进行深入分析。中国经济社会发展的快速性是“00 后”青年学生所处时代的一大重要特征，青年学生在承担起时代赋予的重任的同时，也深感压力巨大，需要减压的出口；丧文化综合了后现代主义、娱乐主义和消费主义的要素，勾勒并打造出一种非主流的、青年人独有的话语体系及“身份认同”体系；青年学生对日常生活世界和自身的包容性更强，渴望被关注、被肯定；中华传统民族文化谦虚、谨慎的性格也让其喜欢丧文化中的淡定、低调色彩。

（一）中国在大变局机遇下面临的压力与挑战使青年学生易于接受丧文化

党的十八大以来，中国经济建设取得巨大成就，综合国力和国际影响力显著提升，社会面貌发生较大变化。党的十九大报告指出：“当前，国内外形势正在发生深刻复杂变化，我国发展仍处于重要战略机遇期，前景十分光明，挑战也十分严峻。”① 青年学生也面临着越来越大的压力。2014 年，光明网的一项调查显示，72% 的大学生拥有 1 ~ 3 个证书，22% 的大学生拥有 4 ~ 7 个证书，6% 的大学生拥有 7 个以上证书。为了将来就业多些选择，超过 60% 的大学生表示会考与本专业无关的证。伴随中国特色社会主义进入新时代，中国

① 习近平：《决胜全面建成小康社会 夺取新时代中国特色社会主义伟大胜利——在中国共产党第十九次全国代表大会上的报告》，人民出版社，2017，第 2 页。

经济已由高速增长阶段转向高质量发展阶段，正处在转变发展方式、优化经济结构、转换增长动力的攻关期。所以在国家经济发展转型阶段，青年学生既面临各种机遇，又面临各种挑战。就业形势的严峻、继续升学的激烈竞争等诸多原因让青年学生感觉压力倍增。他们一方面拥抱和欣喜着国家发生的巨大变化、不断迎难而上，一方面又在压力中无所适从、无所归依。这时，丧文化的出现，正好呼应了当代青年表达和释放自己情绪压力的需求。“葛优躺”的疲惫、颓废之态等丧文化作品瞬间引起了青年学生的强烈共鸣。青年学生普遍表示看完丧文化作品最大的感觉是好玩、搞笑，无论是转发给朋友还是自己看，看完都可以莞尔一笑，缓解了一些现实的压力。所以，减压是绝大多数关注丧文化的青年学生的简单而直接的动机。

（二）各种非主流意识形态传播的交互作用使青年学生易于接受丧文化

青年人对传统价值观念和主流意识形态话语虽然普遍接纳，但遇到困难或者不如意后，传统价值观的老生常谈和代际沟通的隔阂让他们望而却步。而后现代主义思潮以“反权威”“反传统”等面貌出现，娱乐主义思潮奉行“开心至上”“放飞自我”，消费主义思潮推崇“用消费构建自我并达到自我认同”。这与传统价值观念和主流意识形态宣传的“正能量”“伟光正”的严肃观点完全不同。而丧文化恰好具有后现代性、娱乐性、潮流性和消费性等各种非主流意识形态的特质，网络媒介传播广、流通快等特点也为丧文化的传播提供了引爆点。网络如滚雪球一样裹挟着越来越多的青年学生参与这场大众娱乐。对表达丧文化的图片和文字等内容意涵和价值观的共同认同，勾勒并构建了青年学生的一种身份和心理认同。青年学生通过丧文化快速进行了一场“集体身份认证”，寻着共同身份的标签找到“自己人”，建构起其精神家园的交流处和小憩处。如购买“丧茶”，发个表情表示自己属于“丧圈”。所以，丧文化映射出当前青年的精神特质和集体焦虑，勾勒并打造出一种非主流的、青年人独有的话语体系及“身份认同”体系。其使青年人进行了一场盲从的、无意识的消费、娱乐和狂欢，少部分青年学生就此陷入丧文化的颓废与惰性之中，受到消极影响。

（三）包容性的社会心态特征使得青年学生易于接受丧文化

改革开放以来，随着经济结构的巨大变化和社会群体的逐步分化，当下社会心态已经呈现出包容性的特征。如今的社会生活万象区别于计划经济时代的整齐划一，社会变得更加丰富多彩，也为个人提供了多种选择。出生在 2000 年以后的青年学生包容性的社会心态特征更为明显。一方面，青年人能够包容和肯定其周围更多不一样的事物和情绪。一些青年学生表示，现在大家对别人身上发生的成功的事情和失败的事情，都更包容了。“丧”虽然从某种角度说是在积极的对立面，但身边出现“丧”的情绪也是人之常情。人生不总是一帆风顺的，哪有人能像“天天打了鸡血”一样的正能量。另一方面，他们也希望生活的世界能够包容和关注他们。当他们在努力过后在生活学习中出现各种好的结果和不好的结果时，他们坦然接受自己，更希望社会坦然接受他们。所以他们有时也通过丧表达自己的疲惫、脆弱，渴求理解。“丧文化，本身不是一种文化，是发泄者想得到更多人关注。自己在社交媒体发布的比较‘丧’的文字和配图都只是为了‘让大家心疼一下自己’‘是为了想要安慰，想要抱抱’‘是为了引起特定人的关注’。”① 所以，从社会心态的多元角度来看，丧也是青年人求理解、求关注和求关爱的代名词。

（四）中华文化谦虚、谦和的品格使青年学生易于接受丧文化

“满招损，谦受益，时乃天道。”中国优秀传统文化一直主张为

① 栾铁枚：《“丧文化”流行为哪般》，《人民论坛》2018 年第 7 期上。

人谦虚、谨慎、不张扬，这种含蓄或低调代表着成熟和理性，代表着中国人处世哲学的高境界。在与青年学生的访谈中，他们普遍反映他们对“丧文化”的接受，也源于他们受传统文化影响，不适应高调对外显示和表达自己，更喜欢塑造自己含蓄低调的性格特征，更钟情于先抑（丧）后扬。所以，丧在某种意义上也成为其谦虚、谨慎、淡定、不张扬的代名词和宣言。而在“丧”的表象下，是暗自努力的实质。比如在中国的家庭里，每当有亲戚朋友问及家里孩子的学习情况时，虽然孩子学习很认真、很努力，成绩也较理想，但是父母或者孩子自己对别人一般都只会说学习“还可以”“过得去”，而不会多加赞赏。青年学生从小受到这种文化的熏陶，所以他们也很少会主动积极去赞美自己。他们认同“虚己者进德之基”“谦虚使人进步”等中国传统哲学的智慧。而“丧”除了能使他们不自满、不骄傲，也能先降低外界对自己的期望值，减少自身的压力，是一种智慧的心理建设手段。所以，他们做人低调、做事高调，外显“丧”，而行动积极。虽然他们喜爱顺手转发“丧”或者自我表达“丧”，叫嚷着“苦”“累”，但其实都没真想“躺一辈子”。

三　思政课如何对丧文化进行理性批判和引导

通过以上对丧文化对青年学生的影响及其原因的分析，我们能够看到，丧文化是一把双刃剑，青年学生在其中通过自我戏谑、自嘲、娱乐化来对抗焦虑、排解现实生活中的压力，也容易受其不良影响形成颓废的价值观、人生观。所以，思政课对待丧文化，既不能提“丧”色变、居高临下地痛斥和批评，也不能任其恣意妄为地发展。

（一）思政课要有鉴别地对丧文化进行批判

由于网络的开放、媒介的助推等因素，丧文化对青年学生的影响迅速扩大。但丧文化在青年学生中流行并不能说明其作为非主流意识形态取得了与主流意识形态对抗和竞争的胜利。一方面，丧文化中存在和主流意识形态互相影响、对主流文化进行补缺的成分。青年学生通过对学习与生活的调侃，以自黑的形式来让自己轻松起来，有助于避免自己出现极端思想和心理问题，防止“压死骆驼的最后一根稻草”落下。另一方面，丧文化也会对主流意识形态形成冲击。丧文化中也包含了不良文化的成分，持续性地“丧”“颓”会使青年学生处于低落情绪中无法自拔，丧失对学习和生活的积极主动意识。而主观世界出现问题势必对其行为实践造成影响。思政课要有鉴别地对丧文化进行引导和批判。例如思政课要从正确的角度去解读“葛优躺”，这个表情包其实不过是一时情绪的表达。要充分关注和理解青年学生的苦闷和压力，让他们感受到被理解、被接受和被关爱。与此同时，提醒青年学生合理安排好学习和生活的时间与节奏，接纳和适应社会的快速发展。思政课还可以引入“每天来点负能量”的案例来进行引导。台湾作家林育圣《每天来点负能量》的大陆独家简体版本叫作《负负得正的人生奥义书》，另外一本书叫作《告别负能量》，在宣传过程中，他也强调：自己只不过把大家生活中的真实感受和故事夸张了一下，戳心的原因是自己的段子给大家带来了“负负得正”的效果。要引导青年学生警惕丧文化中的不良成分。思政课教师要多关注学习生活态度比较懒散和思想出现下滑的青年学生，要和家长、辅导员与心理健康工作室的工作人员建立起联动机制，对心态颓废和心理脆弱的青年学生多做思想教育，引导他们树立起平和、向上的学习生活态度。

（二）思政课要增强主流意识形态的引领力

增强主流意识形态的引领力，不能仅停留于加大主流意识形态传播的力度。思政课教师要进行反思，很多问题的出现，不是因为主流意识形态传播得不够，而是因为主流意识形态传播得不到位、不入心。青年学生被丧文化吸引的原因之一是丧文化的部分现实表现和产品都是年轻态的、接通青年学生心气的、投射社会百态的，而不是满屏的“伟光正”。思政课要有针对性地用更加“柔和”的方式传播主流意识形态、在润物细无声中使青年学生接受主流意识形态。思政课的视频教学内容中，除了播放一些宣传片、纪录片、媒体采访片段之外，还可以播放一些与主流意识形态相关的电视剧片段。比如，2021 年热播的《觉醒年代》在豆瓣评分 9.5，在青年学生中也广受好评。究其原因，就在于青年学生不仅在《觉醒年代》中看到了中国共产党早期领导人在新文化运动和建党过程中的艰辛努力和收获，也看到了这些人身为人父、为人夫、为人子的平凡一面，看到了这些人身上既怀有远大理想又存在着平实的烟火气息，看到了这些人在追寻理想的过程中进行的尝试和摸索、遭遇的艰辛和挫折。青年学生从中看到了主流意识形态在以往传播时所很少呈现的生活性、缺憾性的元素，产生强烈的代入感，增加了对主流意识形态的认同度。同时，要引起思政课教师注意的是，某些影视剧中的一些情节是不符合历史事实的，思政课教师要主动担当起把不符合历史事实的艺术成分过滤掉的责任，注意引导学生区分文艺作品与历史事实的区别。不能随意、任意把不经鉴别的影视剧作为案例。

（三）思政课要训练青年学生对丧文化的判断力

丧文化中的消极情绪长期持续会消解青年群体的前进动力，使青年学生形成一种得过且过的人生观、价值观。“努力不会成功，但是放弃一定会失败。”思政课要引导青年学生辨别丧文化中的消极价值成分，并自觉抵御丧文化中消极价值成分的影响。丧从减压的角度来说确实是一件乐事，但它和励志“鸡汤”的区别在于：“鸡汤”喝多了人生不见得会变好，但“丧”多了人会消极、会倒退。很多喜欢丧文化的青年学生虽然并不认为自己真的非常丧气，但可能会因为长期受到丧文化价值观的影响，真正变得颓废、绝望、悲观，拒绝奋斗。青年学生们也表示，身边有些人喜欢抱怨，听多了那些垂头丧气的话，自己的情绪也不由地低落了。所以知道深渊的存在是必要的，但没必要一直凝视深渊。把握不好“丧”的尺度，丧就不是暂时的幽默的“自黑”“自嘲”，而是长久的逃避和消极；丧就不是先降低外界对自己的期望值，而是先降低了自己对自己的期望值；丧就不是认清社会的现实，而是增加了对社会的不满；丧就不是综合对压力进行归因和调适，而是纯粹的负能量宣泄。对这种自我沉沦、满腹牢骚的丧，青年学生要形成正确的批判态度。

（四）思政课要引导青年学生对自我成长、国家和社会发展保持信心和耐心

青年学生要对自我成长保持充分的信心，意识到自己正处于最富有活力和创造力的年龄段。陈独秀在《新青年》的创刊号中宣告：“青年如初春，如朝日，如百卉之萌动，如利刃之新发于硎，人生最可宝贵之时期也。”1957 年，毛泽东在苏联接见中国留学生时强调：“世界是你们的，也是我们的，但是归根结底是你们的。你们青年人朝气蓬勃，正在兴旺时期，好像早晨八九点钟的太阳。希望寄托在你们身上。”① 2016 年，习近平总书记在全国高校思想政治工作会议上指出：“他们朝气蓬勃、好学上进、视野宽广、开放自信，是可爱、可信、可为的一代。”② 党和国家对青年学生始终充满信任和寄予厚望。青年学生应树立起积极健康的人生观、奋斗观，以拼搏奋斗的信念、坚定理想的精神状态、昂扬向上的心态去追求美好的人生。撒贝宁 2012 年 8 月 27 日在《开讲啦》节目里引用了微博上一段话：如果当你一天到晚拿着手机，刷着微博，坐在家里，宅着看电视，天天上着网。做着那些八十岁以后都能干的事，你要青春干什么呢？青年群体自身应该拥有更为宽广的视野和胸怀，不仅对自我成长之路更有信心，而且对整个国家和社会的发展

---

① 《毛泽东 邓小平 江泽民论青少年和青少年工作》，中央文献出版社、中国青年出版社，2000，第 225 页。

② 《习近平关于青少年和共青团工作论述摘编》，中央文献出版社，2017，第 9 页。

也应该更有耐心。

（五）思政课要引导青年学生正确认识自己和正确对待挫折

青年学生“丧”与“不丧”的一个重要影响因素是其对自我的认知。当自我认知过高以致和现实出现巨大差距时，会表现为“丧”。自我认知过低，也会表现为“丧”。一方面思政课要引导青年学生正确地认识自己，在长辈、老师和同学帮助下合理制定自己的目标，使目标与自身相匹配，不要因为制定过高的目标实现不了而产生挫败感，影响自己的行为努力，也不要因为追随丧的潮流将目标定的过低，而丧失了实现更高目标的机会和可能。凡事看得太悲观和凡事想得太美好都很偏执而狭隘。要引导青年学生平衡自己的学习和生活，尽量不与消极、颓废的人为伍，用平和的心态观察世界和周围。另一方面思政课要帮助青年学生增强抗挫折能力。2013年5月4日，习近平总书记在同各界优秀青年代表座谈时强调，人生之路，有坦途也有陡坡，有平川也有险滩，有直道也有弯路。青年面临的选择很多，关键是要以正确的世界观、人生观、价值观来指导自己的选择。青年时期多经历一点摔打、挫折、考验，有利于走好一生的路。要历练宠辱不惊的心理素质，坚定百折不挠的进取意志，保持乐观向上的精神状态，变挫折为动力，用从挫折中吸取的教训启迪人生，使人生获得升华和超越。

第四节　佛系文化

一　佛系文化的表现

“佛系”一词最早出现在日本的*non－no*杂志上，其介绍了最近流行的一种男性“新品种”——“佛系男子”。这一群体的特征主要包括：兴趣爱好最重要，按照自己的节奏行动；谈恋爱很麻烦，不需要女朋友，更不想结婚生育；不想顾及周遭，喜欢独处。① 佛系男子是日本低欲望社会的产物。后来，佛系逐渐由对佛系男子的描述扩散到对整个社会有“佛系”特征群体的描述。2017 年佛系文化传入中国，迅速在青年群体中传播。一篇名为《第一批 90 后已经出家了》的文章刷遍朋友圈，爆红至今。文章称办公室的 90 后“打工人”已经找到人生的新方向，宣布成佛。而佛系青年日常所谓的“佛系追星”“佛系恋爱”等概念，意思是也有行，没有也行，不争不抢，不求输赢。佛系青年的标志性语句是，“都行”“可以”“随它去”“没关系”。佛系青年的人生态度是，遇事淡定，内心无甚波澜，云淡风轻，没有“态度”。

佛系文化主要是在互联网通过文字、娱乐作品、表情包等多种方式进行传播，作为“互联网原住民”的青年人很容易受其影响。从文字上来看，“佛系文化”“佛系青年”这两个词就很具有迷惑性。许多对佛家思想一知半解的青年人很容易将“佛系”这个词与佛家中的“空”“随缘”“超脱”的思想联系起来，将其奉为自己的人生信条，渲染自己看透了人世间的纷纷扰扰并超脱于众生的“与众不同”。同时，日本动漫《珈百璃的堕落》与《冰菓》等娱乐作品带着怠惰的“佛系文化”影子。宣扬“佛系文化”的表情包在网上也是流传甚广，如“都行、可以、没关系”的“佛系三连”，“想学英语、想减肥、想恋爱”的“光想青年”。还有“随心、随性、天注定”“撕海无涯，回头是岸”“做一个节能环保低消耗的人类”等佛系词句配上各种佛像和卡通人物，成为佛系表情包的灵魂。佛系文化也在青年学生群体中广泛流传，受到追捧。

二　佛系文化对青年学生的影响及原因

佛系文化和丧文化一样，对青年学生产生了正负两个方面的影

① 《日本杂志介绍最近流行的男性新品种——“佛系男子”》，人民网，http://japan.people.com.cn/n/2014/0213/c35467-24344982.html。

响。一是，佛系文化提供给青年学生一种心理自我保护的机制，使他们可以在压力下进行心理的自我调适、自我缓冲。一些青年学生，也通过“佛系”这种态度，在快节奏的生活中“冷”下来、慢下来，做冷静的观察者和沉着的思考者。二是，佛系文化的负面因素也影响了少部分青年学生的价值观，使他们对事物的理解、认知和判断发生偏差，对周围世界抱以“无所谓”“漠然”的态度。“佛系”成为这部分青年学生不努力、不上进、不燃的“正义口号”。他们对学习“顺其自然”，对生活“得过且过”，对爱情“淡然”，对家庭“若离若即”。甚至国家兴亡、社会纷扰、人心善恶也与其“不相干”。他们对自己和周围世界统统表现出一种“无所谓”“漠然”的态度。青年学生应有的朝气和激情，在他们身上荡然无存。“佛系”也成为其逃避失败、迎难而退的避风港。在佛系文化消极成分的影响下，少部分青年学生自甘沉沦、碌碌无为，影响国家和社会的发展。“青年一代有理想、有本领、有担当，国家就有前途，民族就有希望。”[①] 作为“强国一代”的青年学生，他们的责任担当意识的强弱关乎社会主义现代化强国目标能否顺利实现、关乎民族伟大复兴的中国梦能否顺利实现。所以，要对“佛系青年”加以积极引导，把部分青年学生得过且过、疏于奋斗的思想消灭于萌芽之中，不能让其怀着“消极”“避世”的态度来对待自己的学习、生活和前途。

为什么青年学生会受佛系文化的影响？这里面与其受丧文化影响的原因有相同之处，但也有一些不同的原因。相同之处在于，青年群体随着社会的快速发展，生活压力越来越大，加上受外来文化的影响，内心累积了越来越多的“负面情绪”，而佛系文化提供了释放和表达的渠道，也使青年学生的“集体意识”凸显。但佛系文化中无欲无求的消极成分对一些青年学生产生的不良影响更严重。以“葛优躺”为代表的丧文化里包含着青年学生努力过后疲惫、辛苦的

① 习近平：《决胜全面建成小康社会 夺取新时代中国特色社会主义伟大胜利——在中国共产党第十九次全国代表大会上的报告》，人民出版社，2017，第70页。

情绪和谦虚、谨慎、不自满、暗自努力的处世哲学，体现着对目标的期待以及个人的情绪波动。青年学生普遍表示，丧一下其实是在表达自己的辛苦与努力。当然也有少部分青年学生真的“丧”，沉溺于“丧”。而佛系文化呈现的一些负面内容，跳过了丧文化中积极努力的过程，较为直接地表现出漠然和无欲望的人生观，对社会的期待值更低。其亮出了“心中有佛，万物皆可云淡风轻”的底牌，还没有向前一步，就觉得前方无路，或者哪条路都行，表现出一种对现状的直接妥协与放任。佛系文化展现出漠然和无欲望的人生观，积极奋发的正能量元素更少、更隐蔽，对一些青年学生的人生态度有着更为直接的冲击。青年学生拥抱丧文化主要是源于想表达一种疲惫，而青年学生拥抱佛系文化还源于想表达一种放任、无奈与不选择。所以，深入分析后，我们能发现一些青年学生容易受佛系文化影响的社会原因更多的在于对社会阶层固化作出本能反应，对“成功”标准物质化、功利化倾向的对抗，对主流文化与非主流文化争锋的自我态度。但青年学生整体的精神风貌依旧是积极向上、信念坚定的，佛系文化对青年学生的影响虽然比丧文化要恶劣一些，但受佛系文化不良影响的青年学生依旧只是少部分群体。

（一）佛系文化冠以“佛”名使一些青年学生易受其影响

佛教两千多年前自印度传入中国至今，得到了广泛的传播和发展。佛教在不断的发展中与中国本土文化儒、道相互吸收与融合，促进了自身的中国化。同时，信息化也为佛教提供了更加高效的传播方式，人们对佛教的了解不再限于寺院、僧侣和经书。在信息化的助推下其跨越了空间，广泛进入社会中，也进入了青年学生的视野之中。随着近年旅游业的迅速发展，“打卡”佛教圣地也成为青年学生喜欢的一种新潮旅游方式。但青年学生对中国化佛教思想的了解大部分处于模糊阶段，他们大多是因为家中有人信仰佛教或者出于新奇而接触佛教文化。在这样的认知背景下，佛系文化传入我国后，青年学生似乎发现了“玩转”“演绎”“消费”佛教文化的“新大陆”。

（二）社会阶层固化使一些青年学生易受佛系文化影响

改革开放40多年，中国社会各方面都取得了巨大成绩，也产生了一些问题，如城乡二元结构、贫富差距拉大和社会阶层固化。一方面，部分青年学生因家庭环境的优越、在学习和生活中能够享受到各种优质资源，逐渐表现出“不思进取”“低追求”“低欲望”的情绪，他们的理想信念较为模糊，对人生意义、价值的追求比较淡然，往往持有的是享乐、安于现状的人生观和价值观。另一方面，出生于普通家庭的青年学生面临着就业难、房价高、父母赡养压力大等社会问题，[①] 靠努力来实现阶层跃升、改变生活境遇的困难越来越大。佛系文化中“努力不一定成功，但不努力一定轻松”“都可以，没关系”的口号得以在部分普通家庭出身的青年群体中产生影响。所以，在阶层差距较大的背景下，一面是“不用进取”“不付出也收获满满”，一面是“进取无多大意义”“付出也不一定有多少收获”。在这两方面的共同影响下，积极向上的传统奋斗观对青年学生的吸引力减弱，特别是出生于普通家庭、处于社会底层的广大青年学生就会失去奋斗的希望，进取动力逐渐丧失，最终影响国家和社会的发展。

（三）“成功”标准物质化、功利化倾向使一些青年学生易受佛系文化影响

“00后”青年学生被称为“强国一代”，肩负着实现社会主义现代化强国的重任。而中国社会在快速发展的过程中，也不断推高了

---

① 陈赛金、陈超俊：《当代青年“佛系”现象的成因与对策》，《思想理论教育》2018年第7期。

青年学生设定的人生目标。考上大学、本科毕业不再是青年学生的终极学业目标，考上“双一流”大学、最好还能继续深造才是较好的学业目标。同时，社会、家庭和高校普遍比较重视就业导向，对青年学生的培养趋于物质化和功利化。在高考后选报专业和研究生考试前选报专业时，能不能赚钱成为很多青年学生挑选专业的标准，在大学的学习阶段“理想的就业机会成为青年学生角逐‘成功’的唯一标准”①。在这种物质化和功利化目标设定下，“绩点为王”是青年学生的“正事”“大事”，而他们的精神信仰、理想信念和健康心态的培育被忽略，也即人的主体性特征被淹没。所以，一旦社会发展的速度超过了青年学生对物质化目标的设定，他们的工具理性和价值理性都无从彰显，找不到自我价值的他们就很容易受佛系文化中消极的情绪影响，以“非物质化”“非功利化”标签来定义和凸显自我。而在兴趣爱好、精神信仰、理想信念、心态培育和职业理想上得到较为均衡的关注和培养的青年学生，很少会受佛系文化负能量的影响。

（四）对新出现的社会观点盲目地跟风使一些青年学生易受佛系文化影响

后现代主义思潮推崇“去公共性”“去中心化”“解构崇高”的多元化价值观，佛系文化的“无所谓”“可有可无”“万事皆可佛”的价值观便是一种典型表现。一些学者也指出，“佛系文化实则与存在主义的基本精神诸如向死而生、消极遁世、生命悲观主义、绝对自由、快乐至上等更为贴近”②。“一些人声称唯有自己的真实感受才是真理的唯一尺度，一切都由着自己的知觉去体验、评判和反应，在权威标准缺失的情形下其结果自然也就无所谓对错，只不过后果

① 周党、王冬梅：《高校“佛系青年”现象成因及引导策略》，《辽宁工业大学学报》（社会科学版）2020 年第 1 期。

② 宋德孝：《青年“佛系人生”的存在主义之殇》，《中国青年研究》2018 年第 3 期。

需要自负。"[1] 无论是对"存在主义"的靠近，还是"感受才是真理尺度"，对乐于标榜自我、追求个性解放、喜欢站在潮流前线的青年学生来说，佛系文化所代表的都是一种新奇的、与其一直接受的主流价值观相异的价值观。对新奇的推崇、对潮流的追赶、对"身份圈"的认同使其很容易接纳这种无权威、无标准、无中心的非主流价值观。所以，佛系文化是一部分青年学生在精神信仰的建构中盲目的、跟风的、不自觉的选择。

三 思政课如何对佛系文化进行理性批判和引导

习近平总书记曾在学校思想政治理论课教师座谈会上指出，青年阶段是人生的"拔节育穗期"，最需要精心引导和栽培。要"理直气壮"办好思政课，引导主旋律。[2] 对佛系文化这种近年来在青年学生中广为流传并产生不良影响的社会观点，思政课要给予积极引导。

（一）思政课要引导青年学生认识"佛系"和"佛教"的不同

佛系文化并不等于佛教思想。佛系文化只是把一种"不选择的态度""无目标的行为"嫁接在佛教思想上而已，但其实两者之间有着本质区别。一些青年学生接受"佛系文化"，自诩为"佛系青年"，认为自己超然于世，不断彰显自己在思想境界上的"非物质化""非功利化"。他们的认知错误是，认为"佛系"就是佛家文化所秉承的人生态度。要从根源上帮青年学生理解佛教的人生态度。对此，南京大学徐小跃教授提出，"佛系"是一种伪佛和"佛"的污名化。佛教的"空观""随缘"等表现的是万物联系、万物不断变化的道理，既"诸法无我""诸行无常"。所以佛教教人低调做人、谦逊待人、感恩他人、顺应规律做正确的选择、对自身行为怀有责任感和敬畏

① 陶志欢：《高校"佛系青年"现象的生成逻辑与引导策略》，《思想理论教育》2018 年第 5 期。

② 习近平：《思政课是落实立德树人根本任务的关键课程》，《求是》2020 年第 17 期。

感，超越、淡然、潇洒地面对得失，自然、平常地应对变化。[①] 云南师范大学李广良教授也曾指出，面对生活压力，人生困苦，佛教的解决办法是要求看透人生的真相，通过艰苦的修行来获得最终的解脱。这并不是逃避，或者宣扬一种无所谓的人生态度，而是要求我们深入生活，深入世间，主张在生活中修行，在修行中生活。大乘佛教六度中的"精进"强调的就是一种刚健有为的人生态度。所以，佛教的人生态度，与"佛系"表现出的那种漠然的态度、麻木的态度、逃避的态度、安于现状的态度、消极应对的态度是有明显不同的。

（二）思政课要辩证区分佛系文化中消极因素和积极因素，给予不同的引导方式

对佛系文化要有所区分，不能谈"佛"色变，也不能以佛系对待"佛系"。目前学界有一些观点认为"佛系"的本质是影响青年人的一种消极社会观点。例如："佛系"是对自身的不负责和对国家的不负责。"佛系"文化对负面情绪的强调，易引发潜在极端负面思想和集体沉沦。"佛系"与"丧文化"作为亚文化，虽不是每时每刻都存在于青年的生活之中，但也有潜移默化的文化共同性。沉浸在其中的青年，即使怀抱着"暂时发泄"的想法，也很难说不形成对自身的负面评价，进而调低理想设定。[②] 这种观点虽然也认为"佛系"有时只是青年人的"暂时发泄"，但对佛系文化的判定较为消极。在与大量青年学生的访谈中，我们发现，青年学生的"佛系"大致分为两种。一种是"冷静自处""暂时发泄""自我安慰"的"佛系"，其并不等于思想和行为的消极。有一些青年学生的"佛系"是远离社会浮躁、对生活冷静思考后选择的一种生活方式。对学习和生活中的一些事情，他们怀着不争不抢、不钻营不吹捧的随性、豁达态

---

① 徐小跃：《"佛系"是伪佛：中国传统文化如何消解佛系》，《探索与争鸣》2018 年第 4 期。

② 陈赛金、陈超俊：《当代青年"佛系"现象的成因与对策》，《思想理论教育》2018 年第 7 期。

度。“以就业为例，游学、旅游创业考察等‘慢就业’‘间隔年’现象，就是青年群体结合个人实际，具体问题具体分析后深思熟虑的选择，是一种更理性成熟的就业观。”① 有一些青年学生在做出积极的行为之后，没有达到理想的目标，用“佛系”自我开解，以缓解暂时的失落心理。比如发个“佛系”表情包，进行自我安慰。而在这种心理建设成功后，其行为再度积极。所以，这种调适是积极有益的，起到缓和压力和焦虑的作用。另一种是“自我满足”“自我否定”的“佛系”。其思想和行为是消极的。如部分青年学生因为家庭条件优渥而不思进取、不愿努力，这种“佛系”表现为“自我满足”。部分青年学生觉得自己过于平庸、没有优点、不愿做“徒劳”“无结果”的努力，奉行冷漠回避、无欲无求的处世态度，这种“佛系”表现为“自我否定”。所以，思政课在理性批判佛系文化时，一定要将青年学生对学习生活的冷静豁达态度、面对困难时的自我情绪纾解和丧失了对学习和生活期待的消极价值观相区分。

（三）思政课要帮助青年学生树立正确的责任感和奋斗观

新时代青年学生是在“温室”中长大的一代，他们的物质生活条件普遍比较好，但不能因此就丧失了对自己、对他人、对社会的责任感，丧失了奋斗观。“啃老”“不思进取”的思想不仅不适合物质生活水平低的过去，同样不适合新时代。从家庭角度，要引导他们怀有对家人父母的感恩与回报之心。2021 年 10 月，关于辽宁女大学生蔡畅的一段视频在网络上收获了近 50 万次点赞，“我家是干收废品的，父母很累。我有个特别实在特别土的梦想，就是给我妈买个大别墅。他们干活特别累，然后把我养得也挺好的，想好好对他们”。短短几句话，饱含心疼、感恩、担当和回馈。网友们纷纷夸她自信乐观、不虚荣、懂感恩。从国家、民族和社会角度，要引导他们树立远大理想，感受

---

① 《识心、育心、安心：青年群体心态秩序之建构》，《光明日报》2020 年 2 月 14 日，第 11 版。

自身肩负的国家和时代的使命和责任，并积极投身实践。一代人有一代人的使命与责任。民族复兴的重任与每一位青年学生的艰苦奋斗息息相关。习近平总书记强调："新时代中国青年要勇于砥砺奋斗。奋斗是青春最亮丽的底色。'自信人生二百年，会当水击三千里。'民族复兴的使命要靠奋斗来实现，人生理想的风帆要靠奋斗来扬起。没有广大人民特别是一代代青年前赴后继、艰苦卓绝的接续奋斗，就没有中国特色社会主义新时代的今天，更不会有实现中华民族伟大复兴的明天。千百年来，中华民族历经苦难，但没有任何一次苦难能够打垮我们，最后都推动了我们民族精神、意志、力量的一次次升华。今天，我们的生活条件好了，但奋斗精神一点都不能少，中国青年永久奋斗的好传统一点都不能丢。在实现中华民族伟大复兴的新征程上，必然会有艰巨繁重的任务，必然会有艰难险阻甚至惊涛骇浪，特别需要我们发扬艰苦奋斗精神。奋斗不只是响亮的口号，而是要在做好每一件小事、完成每一项任务、履行每一项职责中见精神。"①

（四）思政课要引导青年学生对"成功"的定义做多样化的解读

在一个快速发展，分数用绩点量化、工作用 KPI 考核、事事以结果说话的社会中，要引导青年学生摒弃社会的浮躁之风。鼓励青年学生不忘初心，成为有理想信仰、有执着信念、有高尚品德、有丰富知识、有内在涵养、有爱好兴趣、有健康体魄、有审美情操、热爱劳动的德智体美劳全面发展的人。不要把自己的人生价值片面地用分数、钱财和物质来衡量。由于每个人的出生环境、所经历的生活都不一样，不能简单盲目地攀比，一切向最高标准看齐。生活中，大多数人是普通人。只要每个人根据自己的目标不断奋斗，体现出自我的价值，无论结果如何，都是成功的人。《人民日报》有过专门的评论："其实，我们都是普通人，但普通人同样可以活得高贵，活出尊严。每一个全力以赴的身影，都是一个家庭追求幸福生活的缩

---

① 习近平：《在纪念五四运动 100 周年大会上的讲话》，人民出版社，2019，第 9 页。

影。靠自己的双手做事，勤勤恳恳努力，干干净净奋斗，就值得尊敬。”所以，面对浮躁的社会，青年人要把人生目标放置于广阔的天地之中，以“有为”“敢为”抵抗“无所谓”的佛系文化。习近平总书记强调：“青年要保持初生牛犊不怕虎、越是艰险越向前的刚健勇毅，勇立时代潮头，争做时代先锋。一切视探索尝试为畏途、一切把负重前行当吃亏、一切‘躲进小楼成一统’逃避责任的思想和行为，都是要不得的，都是成不了事的，也是难以真正获得人生快乐的。”①

（五）思政课要加强青年学生的心态教育

在佛系文化的影响下，部分青年学生在面对社会现实和人生挫折时，不去深入分析与思考如何积极应对、不去总结失败原因，反而不断降低自己的人生目标，用“佛系”这个词不断自我麻痹，行尸走肉一般生活。现在高校普遍对青年学生进行心理健康教育，通过开展心理健康教育和心理咨询，帮助青年学生矫正心理问题。同时，思政课也要注意加强青年学生的心态教育。要引导青年学生清楚，健康的人格和积极的心态同样是人生价值的重要体现。不仅如此，健康的人格和积极的心态还是其实现学业目标、工作目标、家庭目标等的重要因素。思政课在加强青少年的健康人格和心态教育时，尤其要注意培育青年学生的乐观性格，提高其对困难和挫折的心理承受能力。“温室”里长大的青年学生，所遭遇的人生挫折较少，抗打击能力弱，常常会因一时的挫折而消沉。青年学生正处于人格定性的关键时期，要着重培养他们对挫折的承受力与坚强意志。就像《真心英雄》的歌词所写的那样，不经历风雨，怎么见彩虹。没有人能随随便便成功。成功的背后，永远是坚韧不拔、百折不挠的艰辛努力。青年要把挫折作为磨炼自己的机遇，而不是转身逃避妥协的借口。思政课在弘扬主流意识形态、宣传正能量时，不仅要讲清楚党和国家重要历史人物、英雄人物所作出的巨大贡献，也要讲清楚他们遭遇的挫折以及对待挫折的态

① 习近平：《在纪念五四运动100周年大会上的讲话》，人民出版社，2019，第8页。

度。而且英雄人物也是普通人。“中华民族能够经历无数灾厄仍不断发展壮大，从来都不是因为有救世主，而是因为在大灾大难前有千千万万个普通人挺身而出、慷慨前行！”[①] 要引导青年学生清楚，在面临现实压力时，犹豫、彷徨、失落和迷茫在所难免，但犹豫、彷徨、失落和迷茫之后最终还是要以一种健康、积极、向上的态度去面对，要增强自己面对失败和困难的信心和勇气，而不是降低自己的学习生活目标。“奋斗的道路不会一帆风顺，往往荆棘丛生、充满坎坷。强者，总是从挫折中不断奋起、永不气馁。新时代中国青年要勇做走在时代前列的奋进者、开拓者、奉献者，毫不畏惧面对一切艰难险阻，在劈波斩浪中开拓前进，在披荆斩棘中开辟天地，在攻坚克难中创造业绩，用青春和汗水创造出让世界刮目相看的新奇迹！”[②]

（六）思政课要引导青年学生对各种非主流社会思潮和观点不要盲目跟风

一些青年学生的思想和行为本来较为积极，但受佛系文化传播的影响，开始盲目的跟风，认为“消极”“无所谓”才是新潮，才能获得“圈子”认可，才能体现和凸显自己“新人类”身份。要引导青年学生反省自身是否有“盲目跟风”的现象。要告诫青年学生人云亦云、无自主判断能力绝不是“新时代”青年的标签。青年人要对各种社会思潮和观点加以分析和甄别，树立远大理想。思政课可以多向青年学生介绍毛泽东、邓小平等党和国家领导人在青年时期对社会思潮和观点的辨析态度，引导青年学生在面对各种非主流意识形态社会思潮和观点时，务必要理性分析、认真甄别。如，毛泽东在领导驱张运动的过程中，对改良主义、空想社会主义抱有很大的热情。毛泽东甚至设想，自己邀上一群志同道合的人，租一间房

---

① 习近平：《在全国抗击新冠肺炎疫情表彰大会上的讲话》，人民出版社，2020，第15页。

② 习近平：《在纪念五四运动100周年大会上的讲话》，人民出版社，2019，第9～10页。

子，办一所自修大学，在里面“实行共产的生活”。关于毛泽东这一时期的想法，他在《湘江评论》的“创刊宣言”中表达得很清楚，“主张群众联合，向强权者做持续的‘忠告运动’，实行‘呼声革命’——面包的呼声，自由的呼声，平等的呼声——‘无血革命’”。在延安的时候，毛泽东曾对斯诺说：“在这个时候，我的思想是自由主义、民主改良主义、空想社会主义等思想的大杂烩。我憧憬‘十九世纪的民主’、乌托邦主义和旧式的自由主义，但是我反对军阀和反对帝国主义是明确无疑的。”① 就在党的早期组织创建过程中，毛泽东开始与中国早期的马克思主义者有了联系，特别是在1920年初，毛泽东在北京与李大钊多次接触，对马克思主义开始逐步关注和了解。1920年5月，毛泽东在上海多次拜访陈独秀，毛泽东后来回忆：“在上海，和陈独秀讨论我读过的马克思主义书籍。陈独秀谈他自己信仰的那些话，在我一生中可能是关键性的那个时期，对我产生了深刻的印象。”“他对我的影响也许超过其他任何人。”“我一旦接受了马克思主义对历史的正确解释以后，我对马克思主义的信仰就没有动摇过……到了1920年夏天，在理论上，而且在某种程度的行动上，我已成为一个马克思主义者了，而且从此我也认为自己是一个马克思主义者了。”②

第五节　内卷化

一　内卷化的表现

康德在《判断力批判》中最早使用过 involutions theorie③，意为

① 〔美〕埃德加·斯诺：《红星照耀中国》，董乐山译，作家出版社，2012，第101页。

② 〔美〕埃德加·斯诺：《红星照耀中国》，董乐山译，作家出版社，2012，第105～107页。

③ 韦森：《斯密动力与布罗代尔钟罩：研究西方世界近代兴起和晚清帝国相对停滞之历史原因的一个可能的新视角》，《社会科学战线》2006年第1期。

与“进化”相对的一种事物。邓晓芒认为 involutions theorie 是复归和衰退的意思，将其译为“退行论”。[①] 之后，美国学者戈登威泽用“内卷化”来描绘一种文化模式，即文化模式停滞不前，其内部不断精细化而无法突破自身变成更新的形态。而美国学者格尔茨将“内卷化”引入农业生产研究领域，其在《农业内卷化：印度尼西亚的生态变化过程》一书中描述道，农民不断增加劳作时间、不断推进耕种精细化，以边际报酬递减为代价进行不计效率的农业生产。根据以上定义，我们能看出“内卷化”在普遍意义上是指一种投入增加而无收益、发展和突破，依旧停滞在固有的旧框架中的现象，若从生产 - 收获的产出比来说，生产增加，收益不增加，也是一种“倒退”现象，一定程度上契合了 involution 的本意——内旋。黄宗智、杜赞奇在研究中国社会问题时引入这一概念，“内卷化”遂成为中国学界的一个研究视角。而 2020 年，这一词语被网民特别是青年学生广泛使用，正如《中国青年报》的报道所言，“最近，也许没有哪个学术用语比‘内卷’更加出圈了”[②]。

现在的青年学生，言必谈“卷”。“大学生们刷爆朋友圈的几张‘内卷’图片是这样的：有的人骑在自行车上看书，有的人宿舍床上铺满了一摞摞的书，有的人甚至边骑车边端着电脑写论文。这些图片最早在清华北大的‘学霸’之间流传。之后，‘边骑车边看电脑’的‘清华卷王’等热门词语登上热搜，相关的表情包也出现在了不少大学生的社交软件中。”[③] 内卷现象一方面表现出青年学生对学习抱有较高的热情，另一方面表达的是青年学生感受到的学习压力。将作业或论文字数写到超出要求几千字，工科实验报告填完要花费

---

① 王琛：《“内卷化”及其文化心理机制分析》，《深圳大学学报》（人文社会科学版）2013 年第 5 期。

② 余盛峰：《“内卷”一词出圈 年轻人为何会有内卷情绪?》，《中国青年报》2020 年 11 月 6 日，第 2 版。

③ 叶雨婷、李明圆：《大学生的“内卷”：竞争还是内耗》，《中国青年报》2020 年 11 月 9 日，第 5 版。

一个小时做一个漂亮封面，力求精益求精，到最后，几乎每个人的作业、论文、报告的内容和形式都超出了老师的要求，但能够获得满绩的青年学生比例是固定不变的，也就是在作业、论文、报告的质量普遍提升档次的情况下，满绩的分数区间也是"水涨船高"，也即大家普遍付出了更多的努力，而每个人最终得到的收益却没有显著增加。这些例子都真实地反映了现在高校内卷的困境。

二　内卷化对青年学生的影响及原因

2020年上半年"内卷化"一度成为席卷各大社交媒体的宠儿，"内卷"成为青年学生开口闭口谈及的热词，而随后《三联生活周刊》的一篇题为《绩点为王：中国顶尖高校年轻人的囚徒困境》的文章迅速传播于青年学生群体，引起了青年学生的共鸣。内卷化对青年学生产生了一定影响，但这些影响不全是负面影响，以下我们从正面影响和负面影响两个方面来加以分析。一方面，大部分青年学生可以坦然接受"内卷"，认为"内卷"是比较正常的现象，同时认为"内卷"普遍提高了青年学生的竞争力。因为身边的同学都是通过高考选拔出来的，学习能力和其他各方面能力都具有一定的优秀特质。而且伴随着社会竞争日趋激烈，在这样的环境下，青年学生们使出"浑身解数"进行"内卷"，也是应对竞争压力的正常反应。学习本身就是一件有压力的事情，适当的压力对人有促进作用。"随着竞争的加剧，我们需要不断提升自身竞争力才能争取到我们想要的东西，我们也就被'内卷'驱使着前进，并不断克服困难。""即便这种前行是被动的，但当我们做到之后，再回头看，就会发现：那些自己曾经认为的困难，其实也不过如此吧。"① 另一方面，少部分青年学生认为内卷对当代的大学生造成了很多不良影响。一是，青年学生认为自己会因"内卷"而迷茫，表达了"被卷""卷

① 叶雨婷、李明圆：《大学生的"内卷"：竞争还是内耗》，《中国青年报》2020年11月9日，第5版。

不动”的无奈。他们认为内卷的残酷在于被动地参与进来，积极地甚至要过度地投入精力，同伴彼此 PK，每个人都筋疲力尽，却又觉得没有获得进步。二是，青年学生过于看重“内卷”，频繁地参与各种竞争和比拼，会造成脑力和体力的透支，也容易产生紧张、忧虑、自卑等消极情绪体验，不利于个体的身心健康。据他们反映，有时自己求胜心切，带着较大的心理压力参与竞争，反而会产生怯场与失误，影响正常水平的发挥，而且对自己的心理健康也会产生长期和深远的影响。三是，青年学生被“内卷”牵引，甚至奉行“绩点为王”，把绩点作为唯一的追求。这些青年学生把绩点的意义无限放大，甚至为了追求绩点，不择手段。为了绩点做一些违反自己初心和放弃道德品质的事情，例如刷水课、盲目参加一些考证、考试作弊等。四是，青年学生过多强调“内卷”，注重个人成绩，影响对集体精神和集体道德的培养。在与青年学生的访谈中，很多青年学生反映，现在的“00 后”青年学生参加公共事务和集体活动，尤其是对绩点增长没有影响的公共事务和集体活动的意识薄弱。这直接导致青年学生缺乏集体荣誉感和归属感，责任意识不强，也成为高校思想政治工作者感到棘手的问题。五是，还有一部分青年学生，天天嚷着“内卷”，却置身“卷”外。他们将视线聚焦于“内卷”之下的激烈竞争，却在实际学习生活中碌碌无为，继续做着“咸鱼”、各种“划水”，甚至向往日剧《凪的新生活》中女主角大岛凪的“躺平”生活，内卷也成为他们贩卖焦虑、抗拒努力的“借口”。

而“内卷化”之所以被青年学生迅速接受、传播，实际上投射出的是青年学生对当代社会激烈竞争的态度，换言之，内卷文化的核心是一种竞争文化。一方面青年学生不断为了考试绩点激烈竞争，为以后社会上自己可能要遭遇的996、各种 KPI 考核所担忧，另一方面青年学生对当下的学习状态和未来发展却显得越来越无法掌控。虽然已经在满负荷学习，但对自身现状仍不满意，不断给自己加码。中国有句古话，“逆水行舟，不进则退”，而内卷貌似是“逆水行舟，行也没进”。但从上文分析中我们也能看出，对于内卷，不是所有青年学生都持有相同态度。有人欣然迎接内卷，有人吐槽或抱怨内卷是“内耗”，有人放弃不卷。青年学生被“内卷”影响的原因主要有以下三点。

（一）对“竞争”缺乏正确认识容易使青年学生被“内卷”影响

部分青年学生对“竞争”存在认识误区。他们觉得只有“00后”这一代人遭遇到较为激烈的竞争，遭遇升学、就业、房价、婚育成本、加班与待遇的苦恼。他们认为自己被迫卷入快速前进的历史车轮之下，只能不情不愿地参加各种竞争。在整个过程中相互比拼，全力以赴地进行，最后在大家普遍努力的情况下，大家的成绩评定、各种证书数量却依旧和大家普遍不努力时的分量相同。最后，身心疲惫，却并没有让自己与别人相比更优秀。

（二）用人导向和考核评定标准的不合理容易使青年学生被“内卷”影响

近年来，社会和学校中出现了一些不合理的用人导向和考核评定标准。例如，一些用人单位在招聘时，片面地以双一流学校和专业、拥有多少证书、获奖多少次等作为用人条件；校内一些教师布置的作业没有严格的评分标准。青年学生认为其提交的作业字数越多，形式越丰富，相应的给分越高。所以，青年学生容易在这种模糊的用人导向和考核评定标准下，做出很多非理性、无意义的行为。

（三）对自我缺乏正确认识容易使青年学生被“内卷”影响

部分青年学生不能较好认识自我，无法形成对自己的正确认识，就容易随波激流，盲目跟着“卷”。看到别人考证，自己也去报名。看到别人选课较多，自己也去选。作业论文的质量已经精益求精了，看到别人字数或者其他形式超过自己，又去进行修改。这些盲目跟风的“卷”，的确对自己是一种激励，但是在某些形式方面的投入其实浪费了更多的时间和精力，尤其是采取了一些“无意义”的竞争手段死磕，投入和产出不对等，将学习耗在了内卷上，对青年学生的成长没有太大的促进作用。如果将一些投入到“无意义”竞争上的时间和精力投入到其他方面，可能会更好地提升自己。

三　思政课如何对内卷化进行理性批判和引导

内卷化映射出青年学生对竞争文化的认识。如前所述，由于对竞争错误的、模糊的、非理性的认识，他们中的一部分人容易受内卷的不良影响而产生消极的想法。思政课要从根本入手，引导青年学生用马克思主义历史的、辩证的思维看待竞争，理性参与竞争，寻找独特的自己。思政课教师也要以身作则，带头制定适度的、健康的、合理的学习检验标准，避免青年学生陷入无意义的内卷。

（一）思政课要纠正青年学生对“竞争”的错误认识

从党和国家层面，要从防止社会阶层固化、畅通通过竞争向上流动的通道，给更多青年学生创造人生出彩的机会来避免“内卷”。从青年学生层面，思政课要引导青年学生正确认识“竞争”。首先，竞争具有普遍性。在国家快速发展时期和改革深水期，青年学生的确有较大的竞争压力。但并不是只有“00后”青年学生有竞争的压力，每个时代的青年学生都要肩负那个时代赋予的重任。正如习近平总书记所指出的：“时间之河川流不息，每一代青年都有自己的际遇和机缘，都要在自己所处的时代条件下谋划人生、创造历史。”①“近代以来，我国青年不懈追求的美好梦想，始终与振兴中华的历史进程紧密相联。在革命战争年代，广大青年满怀革命理想，为争取民族独立、人民解放冲锋陷阵、抛洒热血。在社会主义革命和建设时期，广大青年响应党的号召，向困难进军，向荒原进军，保卫祖国，建设祖国，在新中国的广阔天地忘我劳动、艰苦创业。在改革

---

① 《十八大以来重要文献选编》（中），中央文献出版社，2016，第2页。

开放历史新时期，广大青年发出团结起来、振兴中华的时代强音，为祖国繁荣富强开拓奋进、锐意创新。”① 现代社会竞争无处不在，想获得更强的能力就势必要比别人做更多的事、付出比别人更多的努力。成长，就要无惧挑战。没有量的积累就不会产生质的飞跃。所以，只是“口嗨”卷，而不付诸努力，不起任何作用。其次，竞争的作用和意义不仅仅在于求赢、求尖、求顶。吐槽内卷的同学，只看到最后的成绩看似“原地踏步”，却没有深刻体会到在“竞争的过程中”大家的收获普遍增多，能力普遍提高。不能用赢、用最好来代替成长的意义。在竞争中青年学生可以对自己的特点和能力有进一步的认识，客观地认识自己，查缺补漏、扬长补短，完善自己、促进自己，也是一种收获。即使是没有达到设定的目标，或者遭遇到挫折，也能认真寻找原因，酝酿“东山再起”。而且要重视竞争中的合作和团队意识，不能专注于竞争中的“自我”凸显。合作是人类生存的必要方式，人们通过合作，取长补短，既可以发挥个人的优势，又可弥补个人的缺陷，这是在竞争中获胜的前提，是提高个体核心竞争力的关键。综上，不能直面竞争、把竞争结果看得过重和把竞争作为个人的私事，都是一种不可取的做法。

（二）思政课要引导青年学生适度参与“竞争”、精准“竞争”

思政课教师要引导青年学生用矛盾原理分析和选择竞争。一方面，人的精力总是有限的，而面对众多的课程以及社团活动、社会实践活动、考证考级等，并不是选课越多越好、活动参加越多越好、考证考得越多越好。另一方面，竞争中经常遭受失败，也会使人产生挫折感、失败感与自卑感。青年学生不要盲目跟随潮流，不能胡子眉毛一把抓，要懂得区分主次矛盾，要瞄准核心，找准关键。竞争参与要适度。要找到有意义的、自己感兴趣的能切实提高自己的竞争去参与。避免过密竞争、极度竞争、恶性竞争。同时，每一个

① 《十八大以来重要文献选编》（上），中央文献出版社，2014，第 277 页。

领域都会有非常优秀的人存在，要保持开放的态度去参与竞争，不要专注于竞争结果。要反对“课课都上”“证证都要”“试试都考”的不理性行为。在可以自我选择的情况下，要选择有益的、核心课程来上，要选择能锻炼、提升自己的活动来参加，对学业考核有清晰的认识。切忌在表面功夫上下力气。比如上一些刷绩点的水课、为加分参加不感兴趣的社团，写凑字数的论文、专门制作实践报告的封皮，做毫无质量可言的课堂发言、冗长乏味超时的小组 PPT 汇报，这些都是不可取的行为。这种无意义的竞争不仅浪费了青年学生的时间和精力，也浪费了学校和社会的资源。

（三）思政课要引导青年学生找寻“独特”的自己

青年学生要有独立的、清醒的自我意识。生活不是不由自主地被推着往前走。人的主观能动性对改变客观世界具有重要的作用。人人都有压力，越有压力，越要有自我意识，越要有主动性。如果处处依照“攻略”，你卷，我比你更卷，只为卷而卷，最后形成的只能是车间批量生产千篇一律、毫无特色的“流水线”“产品”。“教育的真谛在于自我探索、自我发现，并形成自我意识与自我认同。”① 要鼓励青年学生不要被单一同质化的成功观绑架，鼓励青年学生去寻找自己真正的兴趣，在学习中“找寻自我”“发现自我”“确立自我”，发挥教育在培养人的“创造力”、塑造人的“独立性”上的作用。“为什么我们的学校总是培养不出杰出人才?”“没有自己独特创新的东西，……这是很大的问题。”著名的“钱学森之问”多年前就已经向青年学生提出创新的要求。青年学生学业发展和未来人生规划有很多选择，要根据各自的具体条件和兴趣，提出自己的奋斗目标，而不是千军万马涌上一条独木桥。而“如何去学习和做研究”“未来如何去生存和生活”，需要一个漫长的试错过程。马克思 1835

① 王琛：《“内卷化”及其文化心理机制分析》，《深圳大学学报》（人文社会科学版）2013 年第 5 期。

年在《青年在选择职业时的考虑》一文中指出："如果我们通过冷静的研究，认清所选择的职业的全部份量，了解它的困难以后，我们仍然对它充满热情，我们仍然爱它，觉得自己适合它，那时我们就应该选择它，那时我们既不会受热情的欺骗，也不会仓促从事。"① 所以，大学不仅是社会流动的跳板，更是找到自己的理想、沉淀自己的品格的象牙塔。以学习为例，要引导青年学生杜绝形式的、表面的、浮躁的学习，更加重视对内涵、意义、特色、经典和公正的追求，也要反对"跃进式"学习，引导学生树立"循序渐进""厚积薄发"的学习生活态度。

（四）思政课教师要带头制定适度的、健康的、合理的学习检验标准

学校不能将检验青年学生的学习标准制定得过于模糊，引发青年学生无意识的判定和超越，也不能将检验青年学生的学习标准制定得过于主观，引发青年学生用过多的精力来揣测、摸底和迎合，更不能制定得过高，使青年学生"卷不动"。要为青年学生提供一个公平、可预期的学习发展环境，使其以更加自信、热情、积极的状态对待当下和面向未来。思政课教师在这一方面要起到带头作用，注意以身作则。思政课的课程考核体系要有统一、合理的标准，更加重视青年学生课堂发言、作业、论文等的质量和特色，摒弃大篇幅的、重复的、无意义的内容。比如，在课堂发言时，要求每位发言的同学遵守同样的时间要求，发言时不能重复其他同学的观点，不能通篇讲述网络观点而没有自己的见解。在布置作业时，明确告知字数要求，明确告知即使超过既定字数也不加分等。

① 《马克思恩格斯全集》第40卷，人民出版社，1982，第4～5页。

结　语

高校思政课建设性和批判性相统一研究紧密结合习近平总书记在学校思想政治理论课教师座谈会上的讲话精神，即学界、理论界所称的习近平总书记的“3·18”讲话精神展开。习近平总书记在“3·18”讲话中提出“八个相统一”的论断，这是对中国共产党成立以来思政课历史经验的总结，也是对新时代思政课改革创新所寄予的希望，其提炼和反映了思政课的发展规律。以此为切入点，研究者选择高校思政课建设性和批判性相统一为研究任务，既呈现了对习近平总书记“3·18”讲话精神的学习体会，又是对新时代高校思政课如何加强主流意识形态建设、批判影响青年学生的不良社会观点和思潮的回应和回答。本书对高校思政课建设性和批判性相统一进行了基本理论阐释，梳理分析了高校思政课建设性和批判性相统一的历程、经验和启示，指明了高校思政课建设性和批判性相统一的实践要求和实践方向，在深入分析高校思政课建设性和批判性相统一面临的现实境遇基础上提出了实现建设性和批判性相统一的科学方法。同时，紧扣新时代思政课的现实问题和青年学生的思想实际，解答了如何传导主流意识形态，如何对影响青年学生的不良社会思潮和观点进行批判和引导。研究坚持以生为本，践行理论性与实践性相统一的原则，力求将思政课立德树人的根本任务落到实处、落到具体问题上。同时，研究还存在有待提升的空间，如本书中的研究对象是高校本科阶段的大学生群体，在以后的研究中可进一步拓展至其他群体。

参考文献

经典文献类

《马克思恩格斯文集》(1~10卷),人民出版社,2009。

《马克思恩格斯选集》(第1~4卷),人民出版社,2012。

《列宁选集》(第1~4卷),人民出版社,2012。

《列宁专题文集》,人民出版社,2009。

《毛泽东选集》(第1~4卷),人民出版社,1991。

《毛泽东文集》(第1~8卷),人民出版社,1993~1999。

《邓小平文选》(第1~3卷),人民出版社,1993~1994。

《江泽民文选》(第1~3卷),人民出版社,2006。

《胡锦涛文选》(第1~3卷),人民出版社,2016。

《建党以来重要文献选编》,中央文献出版社,2011。

《三中全会以来重要文献选编》(上、下),中央文献出版社,2011。

《十二大以来重要文献选编》(上、中、下),中央文献出版社,2011。

《十三大以来重要文献选编》(上、中、下),中央文献出版社,2011。

《十四大以来重要文献选编》(上、中、下),中央文献出版社,2011。

《十五大以来重要文献选编》（上、中、下），中央文献出版社，2011。

《十六大以来重要文献选编》（上、中、下），中央文献出版社，2004、2006、2008。

《十七大以来重要文献选编》（上、中、下），中央文献出版社，2009、2011、2013。

《十八大以来重要文献选编》（上、中、下），中央文献出版社，2014、2016、2018。

《十九大以来重要文献选编》（上、中），中央文献出版社，2019、2021。

习近平：《习近平谈治国理政》（第1～3卷）外文出版社，2014、2017、2020。

《习近平新时代中国特色社会主义思想学习纲要》，学习出版社、人民出版社，2019。

《习近平关于青少年和共青团工作论述摘编》，中央文献出版社，2017。

习近平：《决胜全面建成小康社会 夺取新时代中国特色社会主义伟大胜利——在中国共产党第十九次全国代表大会上的报告》，人民出版社，2017。

习近平：《在文艺工作座谈会上的讲话》，人民出版社，2015。

习近平：《在哲学社会科学工作座谈会上的讲话》，人民出版社，2016。

习近平：《在北京大学师生座谈会上的讲话》，人民出版社，2018。

习近平：《在全国党校工作会议上的讲话》，人民出版社，2016。

习近平：《在纪念五四运动100周年大会上的讲话》，人民出版社，2019。

习近平：《在全国抗击新冠肺炎疫情表彰大会上的讲话》，人民出版社，2020。

习近平：《论中国共产党的历史》，中央文献出版社，2021。

习近平：《在党史学习教育动员大会上的讲话》，人民出版社，2021。

习近平：《在庆祝中国共产党成立100周年大会上的讲话》，人民出版社，2021。

《中共中央关于制定国民经济和社会发展第十四个五年规划和二〇三五年远景目标的建议》，人民出版社，2020。

著作类

《毛泽东早期文稿（1912.6—1920.11）》，湖南出版社，1990。

《毛泽东 邓小平 江泽民论教育》，人民教育出版社、中央文献出版社、北京师范大学出版社，2002。

《普通高校思想政治理论课文献选编（1949－2008）》，中国人民大学出版社，2008。

《加强和改进大学生思想政治教育重要文献选编（1978－2014）》，知识产权出版社，2015。

《中国共产党思想政治教育史》，高等教育出版社，2016。

《关于深化新时代学校思想政治理论课改革创新的若干意见》，人民出版社，2019。

《高校意识形态工作论纲》，人民出版社，2018。

《习近平总书记教育重要论述讲义》，高等教育出版社，2020。

《学习习近平总书记8·19重要讲话》，人民出版社，2013。

《初心：共产党员纪念册》，人民出版社，2018。

《历史是最好的教科书：学习习近平同志关于党的历史的重要论述》，中共党史出版社，2014。

俞吾金：《意识形态论》，人民出版社，2009。

侯惠勤：《马克思的意识形态批判与当代中国》，中国社会科学出版社，2010。

郑永廷：《社会主义意识形态发展研究》，人民出版社，2002。

陈先达：《坚持马克思主义在意识形态领域指导地位研究》，经济科学出版社，2015。

庄福龄：《马克思主义史》（第1~4卷），人民出版社，1996。

庄福龄：《马克思主义中国化伟大理论成果》，人民出版社，2004。

成仿吾：《战火中的大学——从陕北公学到人民大学的回顾》，人民出版社，2014。

艾四林、王明初：《社会主义主流意识形态与当今中国社会思潮》，人民出版社，2014。

闫方杰：《自媒体时代意识形态工作研究》，人民出版社，2018。

王永贵：《马克思主义意识形态理论与当代中国实践研究》，人民出版社，2013。

朱继东：《新时代党的意识形态思想研究》，人民出版社，2018。

王永进：《高校意识形态工作话语权研究》，上海交通大学出版社，2017。

刘建军、王斯敏：《社会主义核心价值观七日谈》，河北人民出版社，2015。

冯刚主编《改革开放40年高校思想政治教育编年史（1978—2018）》，北京师范大学出版社，2019。

卜建华、胡玉宁、王群林：《社会思潮的传播与维护高校意识形态安全研究》，山东人民出版社，2016。

邹庆华：《提升当代社会主流意识形态认同度研究》，中国社会科学出版社，2017。

期刊类

习近平：《思政课是落实立德树人根本任务的关键课程》，《求是》2020年第17期。

习近平：《把握新发展阶段，贯彻新发展理念，构建新发展格局》，《求是》2021年第9期。

《〈马克思主义基本原理概论〉（2018年版）修订说明》，《思想理论教育导刊》2018年第5期。

秦宣：《改革开放以来我们党意识形态建设的基本经验》，《中国特色社会主义研究》2009年第5期。

田心铭：《略论意识形态工作的几个问题——学习习近平总书记在全国宣传思想工作会议上的讲话精神》，《马克思主义研究》2013年第11期。

辛向阳：《习近平新时代中国特色社会主义思想大众化叙事的多维视角》，《北京社会科学》2021年第6期。

陈宝生：《办好中国特色社会主义高校 切实履行好立德树人根本职责》，《时事报告（党委中心组学习）》2017年第1期。

王炳林、郝清杰：《意识形态建设是高校思想政治工作的灵魂》，《国家教育行政学院学报》2017年第1期。

李辽宁：《当代中国思想政治教育意识形态功能研究》，华中师范大学博士学位论文，2006年。

祝念峰：《学习贯彻习近平总书记关于意识形态工作的重要论述》，《中国高校社会科学》2017年第5期。

王学俭、杨昌华：《立德树人：中国特色社会主义高校的立身之本》，《新疆师范大学学报》（哲学社会科学版）2017年第6期。

王易：《科学引领多样化社会思潮是高校宣传思想工作的重要责任》，《中国高等教育》2015年第Z2期。

杨瑞森：《把思想性政治性同理论性科学性更紧密地结合起来》，《思想理论教育导刊》2019年第1期。

刘建军、朱倩：《思政课要解决学生的理想信念问题——学习习近平“3·18讲话”中关于理想信念的重要论述》，《思想理论教育导刊》2020年第12期。

陈锡喜、刘伟：《论高校思想政治理论课建设性和批判性的统一》,《思想理论教育》2019 年第 5 期。

徐春艳、项久雨:《思想政治教育批判性的马克思主义求证》,《思想教育研究》2013 年第 5 期。

陈金龙:《新时代思想政治理论课建设的思维方法——学习习近平总书记在学校思想政治理论课教师座谈会上的重要讲话》,《思想理论教育》2019 年第 4 期。

卢黎歌、隋牧蓉:《“八个相统一”:推动思想政治理论课改革创新的遵循原则》,《学校党建与思想教育》2019 年第 9 期。

张楠:《理直气壮办好思政课 用习近平新时代中国特色社会主义思想铸魂育人——访教育部高校思想政治理论课教学指导委员会主任委员顾海良教授》,《思想理论教育导刊》2019 年第 4 期。

康沛竹、艾四林:《思政课改革创新的“八个相统一”》,《人民论坛》2019 年第 13 期。

张雷声:《新时代思想政治理论课教学的重要遵循》,《马克思主义理论学科研究》2019 年第 2 期。

林泰:《为社会主义建设者和接班人培根铸魂》,《思想理论教育导刊》2019 年第 4 期。

佘双好:《当代社会思潮的内涵、特征及研究意义》,《学校党建与思想教育》2011 年第 7 期。

孙宇伟、陶文昭:《高校思想政治理论课坚持建设性和批判性相统一:理论蕴涵、现实问题和科学方法》,《思想教育研究》2020 年第 10 期。

魏志奇:《新发展阶段:科学内涵、主要特征与重大意义》,《科学社会主义》2021 年第 3 期。

陈正桂:《美国公民教育的特征及对我国思想政治教育的启示》,《思想政治教育研究》2010 年第 3 期。

孙健:《十八大以来海外学界对“中国梦”的认知评析》,《当代世界与社会主义》2019 年第 6 期。

徐艳玲、王盛椿:《我国社会主要矛盾认知的历史流变及其启示》,《思想理论教育导刊》2018 年第 10 期。

张晓萌:《马克思主义中国化进程中党创办新型高等教育的历史探索》,《马克思主义研究》2020 年第 5 期。

吴付来、杨子强:《抗战时期中国共产党创办新型高等教育的特点探析》,《中国高等教育》2017 年第 19 期。

刘建军:《论共产主义信仰的崇高境界》,《思想理论教育导刊》2013 年第 3 期。

闫方洁:《共产主义崇高理想与中国特色社会主义共同理想》,《教学与研究》2020 年第 5 期。

苗瑞丹:《文化强国视阈下社会主义核心价值观引领作用探析》,《马克思主义研究》2021 年第 5 期。

朱红、余洪波:《青年知识分子社会主义核心价值观的认同与践行及其影响因素——基于 20 名高校教师的深度访谈》,《探索》2020 年第 5 期。

马喜宁:《新时代劳动教育与高校思想政治教育有机融合的路径探析》,《中国劳动关系学院学报》2020 年第 6 期。

马福运、高静毅:《思想政治理论课马克思主义大众化功能的提升路径分析》,《思想理论教育导刊》2017 年第 1 期。

张继龙、董军:《"四史"融入〈马克思主义基本原理〉教学的误区及其矫正》,《教育评论》2021 年第 10 期。

杜运辉:《马克思主义视阈下的大陆新儒学》,《马克思主义研究》2017 年第 5 期。

张继龙:《驳西方"中国新帝国主义论"》,《马克思主义研究》2020 年第 5 期。

栾轶枚:《"丧文化"流行为哪般》,《人民论坛》2018 年第 7 期上。

宋德孝:《青年"佛系人生"的存在主义之殇》,《中国青年研究》2018 年第 3 期。

报纸类

《在纪念孔子诞辰2565周年国际学术研讨会上的讲话》，《人民日报》2014年9月25日，第2版。

《习近平在全国高校思想政治工作会议上强调把思想政治工作贯穿教育教学全过程 开创我国高等教育事业发展新局面》，《人民日报》2016年12月9日，第1版。

《习近平在全国教育大会上强调 坚持中国特色社会主义教育发展道路 培养德智体美劳全面发展的社会主义建设者和接班人》，《人民日报》2018年9月11日，第1版。

《习近平首次点评“95后”大学生》，《人民日报》2017年1月3日，第2版。

《习近平在全国宣传思想工作会议上强调 举旗帜聚民心育新人兴文化展形象 更好完成新形势下宣传思想工作使命任务》，《人民日报》2018年8月23日，第1版。

《全国脱贫攻坚总结表彰大会在京隆重举行》，《人民日报》2021年2月26日，第1版。

《习近平主持召开中央财经委员会第十次会议强调 在高质量发展中促进共同富裕 统筹做好重大金融风险防范化解工作》，《人民日报》2021年8月18日，第1版。

习近平：《让多边主义的火炬照亮人类前行之路——在世界经济论坛“达沃斯议程”对话会上的特别致辞》，《人民日报》2021年1月26日，第2版。

陈先达：《历史唯物主义与中国道路》，《光明日报》2016年9月7日，第13版。

魏士强：《准确把握青年学生特点精准开展思想政治工作》，《学习时报》2020年7月13日，第6版。

杜尚泽：《“大思政课”我们要善用之》，《人民日报》2021 年 3 月 7 日，第 1 版。

《识心、育心、安心：青年群体心态秩序之建构》，《光明日报》2020 年 2 月 14 日，第 11 版。

后 记

本书是国家社科基金高校思政课研究专项项目“高校思政课坚持建设性和批判性相统一的理论蕴涵和思路方法研究”的最终成果。自2019年获得立项以来，笔者和课题组其他成员付出了艰辛的劳动，大量查找和研读资料、广泛调研、长时间访谈、多次研讨、数次调整写作提纲，力求实现历史积淀与现实观照的融合、总体方法指向与具体问题解决的融合。课题最终获得国家社科基金高校思政课研究专项项目成果“良好”等级的结项鉴定。

在课题成果付梓之际，要特别感谢所有为笔者提供帮助的老师、领导、前辈和同学。本书的出版得到全国重点马克思主义学院、中共上海市委宣传部与华东师范大学共建马克思主义学院、上海高校示范马克思主义学院华东师范大学马克思主义学院的支持，得到上海高校马克思主义理论高峰学科计划、华东师范大学“双一流”建设计划等的支持；还要特别感谢社会科学文献出版社王小艳老师在本书出版过程中所有的辛苦工作。

孙宇伟

2022年7月15日

图书在版编目（CIP）数据

高校思政课建设性和批判性相统一研究 / 孙宇伟著
. -- 北京：社会科学文献出版社，2022.10
ISBN 978 - 7 - 5228 - 1150 - 5

Ⅰ.①高… Ⅱ.①孙… Ⅲ.①高等学校 - 思想政治教育 - 教学研究 - 中国 Ⅳ.①G641

中国版本图书馆 CIP 数据核字（2022）第 218515 号

高校思政课建设性和批判性相统一研究

著　　者 / 孙宇伟

出 版 人 / 王利民
责任编辑 / 王小艳
责任印制 / 王京美

出　　版 / 社会科学文献出版社 · 马克思主义出版分社（010）59367004
地址：北京市北三环中路甲 29 号院华龙大厦　邮编：100029
网址：www. ssap. com. cn
发　　行 / 社会科学文献出版社（010）59367028
印　　装 / 三河市龙林印务有限公司

规　　格 / 开 本：787mm × 1092mm　1/16
印 张：18.75　字 数：268 千字
版　　次 / 2022 年 10 月第 1 版　2022 年 10 月第 1 次印刷
书　　号 / ISBN 978 - 7 - 5228 - 1150 - 5
定　　价 / 98.00 元

读者服务电话：4008918866

本书由华东师范大学马克思主义学院资助出版